刘昀 著

平反律源流考辨

中国社会科学出版社

图书在版编目（CIP）数据

平仄律源流考辨 / 刘昀著 . — 北京：中国社会科学出版社，2021.7

ISBN 978-7-5203-9157-3

Ⅰ.①平… Ⅱ.①刘… Ⅲ.①普通话—语音学—研究 Ⅳ.① H11

中国版本图书馆 CIP 数据核字（2021）第 187483 号

出 版 人	赵剑英
责任编辑	张 潜
责任校对	侯 静
责任印制	王 超

出　　版	中国社会科学出版社
社　　址	北京鼓楼西大街甲 158 号
邮　　编	100720
网　　址	http://www.csspw.cn
发 行 部	010-84083685
门 市 部	010-84029450
经　　销	新华书店及其他书店
印　　刷	北京明恒达印务有限公司
装　　订	廊坊市广阳区广增装订厂
版　　次	2021 年 7 月第 1 版
印　　次	2021 年 7 月第 1 次印刷
开　　本	710×1000　1/16
印　　张	15.5
字　　数	223 千字
定　　价	86.00 元

凡购买中国社会科学出版社图书，如有质量问题请与本社营销中心联系调换

电话：010－84083683

版权所有　侵权必究

目 录

第一章 引言 ··· 1
   第一节 选题缘由 ·· 1
   第二节 研究方法 ·· 5

第一部分 从"永明体"到近体

第二章 诗律源流 ··· 11
   第一节 永明"声病" ·· 11
   第二节 "徐庾体"诗歌与声律过渡 ·························· 47
   第三节 "沈宋体"诗歌与声律定型 ·························· 64

第三章 律句考辨 ··· 69
   第一节 律句观变迁 ·· 69
   第二节 拗、律句统计研究 ··································· 82

第四章 "永明"余响——近体诗中的"子类特殊形式" ············ 90
   第一节 平仄互换 ·· 90
   第二节 节奏调整 ·· 95
   第三节 "响字"之说 ······································· 102
   第四节 历史渊源 ··· 103

1

第二部分　从四声到平仄

第五章　关于四声 ··· 111
　第一节　"发明"四声 ··· 111
　第二节　四声之辨 ··· 119

第六章　关于平仄 ··· 182
　第一节　命名之由 ··· 182
　第二节　历史面貌 ··· 184

第七章　关于"平仄律"的实验研究 ························· 198
　第一节　材料与方法 ··· 198
　第二节　幅度积测试 ··· 211
　第三节　s值实验 ·· 218
　第四节　边界测试 ··· 232

第八章　结论 ··· 236

参考文献 ··· 239

第一章 引言

第一节 选题缘由

近体诗是唐代文学的代表。近体诗格律一经确立，便蔚然成风，影响中国文学千年之久。诗律问题，也一直是历代学者热议的话题。

以往学者的研究涉及律诗定型、四声八病、诗乐关系、佛教影响、律诗形式等方面，但在"八病"内容、四声来源、调值构拟、梵文影响、律句标准等一系列重要问题上都有分歧，因此进一步的研究是有必要的。研究近体诗格律的学者大多站在文学史的视角看问题，语言研究比较少，仍有研究空间。

站在语言角度研究近体诗律的文献大多使用数据库和统计方法。近体诗的数据统计，都要涉及"合律"的概念，但"律"本身就是一个见仁见智的概念。除典型的 AaBb 四种句型外，还有其他格式。还有一些句子在"律句"与"非律句"的边缘徘徊。统计标准不唯一，结果也不好确定。

《易经》说"言有序"。有序之言，如果再加上对偶（颔联、颈联）、押韵、粘对等规则，就是错落有致，结构精致的近体诗。近体诗抑扬顿挫的声律，得益于汉语高低起伏的声调。但井然有序的结构，也限制了永明诗人在声调上对于"极端的错综美"[①]的追求。根据类型学原理，受

[①] 俞敏：《永明运动的表里》，《俞敏语言学论文集》，商务印书馆2008年版，第291页。

限制的分布中，对立要素一般会减少。因此，成熟的近体诗，虽以"四声"为声律基础，实际的对立要素却是二元的：平——仄。

"平"是平声，"仄"包括上、去、入三声。问题是，为什么会有这样的对立格局呢？

江永在《古韵标准·入声第一部·总论》指出："入声与去声最近，《诗》多通用为韵，与上声韵者间有之，与平声韵者少，以其远而不谐也。"①

段玉裁在《六书音韵表·古四声说》中说："古平上为一类，去入为一类，上与平一也，去与入一也。"②

王力先生指出："先秦的声调，除了以特定的音高为其特征外，分为舒促两大类，但又细分为长短。舒而长的声调就是平声，舒而短的声调就是上声。促声不论长短，我们一律称为入声。促而长的声调是长入，促而短的声调就是短入。"③

周祖谟先生依据上古韵文的押韵情况，指出："平与入相远，去与入最近。"④

谢纪锋先生研究了《说文》中不同声调的"读若"字相互匹配的情况，也指出："四种声调中，每两两相邻的两种声调比较接近，相隔越远，距离越大。"⑤可见，从语义和来源上看，对立的双方似乎应该是"平上"和"去入"。

章太炎先生考察了慧琳《一切经音义》的中长短元音的对音情况后指出："去声者，引气呼之。今作去声。必先遒促其气，劫之令吐，平上

---

① （清）江永：《古韵标准》，中华书局1982年影印本，第73页。
② （清）段玉裁：《六书音韵表》，中华书局1983年影印本，第16页。
③ 王力：《汉语史稿》，中华书局2004年版，第78—79页。
④ 周祖谟：《古音有无上去二声辨》，周祖谟《问学集》，中华书局1966年版，第32—80页。
⑤ 谢纪锋：《从〈说文〉读若看古音四声》，北京市语言学会《罗常培纪念论文集》，商务印书馆1984年版，第316—344页。

第一章 引言

异是，故去声为引音……音纽相同而声势异，其引音者皆去声。"①

施向东先生考察玄奘对音②，刘广和先生考察不空对音③，也一致认为平去声音节长，上入声音节短。可见，从中古时期梵汉对音的情况看，两两相对的也可能是"平去"和"上入"。从近现代汉语方言的情况看，没有韵尾的"平上去"三声是"舒声"，受塞音韵尾影响戛然而止的"入声"是"促声"，即顾炎武所谓"长言，则今之平上去声，短言，则今之入声也"④。戴震说："平上去三声，近乎气之阳，物之雄，衣之表；入声近乎气之阴，物之雌，衣之里。"⑤因此，四声中对立的双方也可以是"平上去"和"入"。那么，平仄二分，平声何以自成一类呢？

我们也许可以认为，汉语中平声字的数量与上、去、入三声字的数量之和是大致相等的，正好平衡，因此有这样的划分。但近体诗在选择对立的要素时未必要求这种数量平衡。例如，押韵就是某个韵部的字与其他多个韵部的字两相对立，相互比照，与韵部内字数多少无关。遇上"窄韵"时更是要"以少对多"。分类是对性质的分类，而不是数量上的划分，只不过平仄这两种性质不同的要素在数量上又正好平分秋色，这也为近体诗的写作提供了方便。

"平——仄"这种奇妙的二元对立不仅在近体诗中存在，在后代的词、曲、戏剧创作中都有举足轻重的地位。汉语中有很多"骈词"和四字结构，也多少受到"平仄"规律的影响。周祖谟先生发现：

> 在汉语里还有很多由两部分并列组成的四字成语，以第二字是

---

① （清）章太炎：《国故论衡》，上海古籍出版社 2011 年点校本，第 24—25 页。
② 施向东：《玄奘译著中的梵汉对音和唐初中原方音》，《语言研究》1983 年第 1 期。
③ 刘广和：《唐代八世纪长安音的韵系和声调》，《河北大学学报》（哲学社会科学版）1991 年第 3 期。
④ （清）顾炎武：《音学五书》，中华书局 1982 年影印本，第 60 页。
⑤ （清）戴震：《答段玉裁论韵书》，《戴震集》，上海古籍出版社 1980 年点校本，第 82 页。

平声字，第四字是仄声字的居多。先平后仄，跟骈词和双音词极相似。这在成语中的数量也比较多。因为是约定俗成的，又是符合词语组合规律的，所以一般都不能改变先后的次序。①

无独有偶，成熟的近体诗也有"二、四"平仄相间的规则。规则是人为的，但也应该和语言本身的物理特性密切相关。

另外，中古汉语的全浊声母清化之后，在很多方言中的演变（以北方方言为主，不包括徽语、闽语等南方方言）也是以平、仄为分化条件的。②

可见，平仄二分，是艺术语言的创作基础，是自然语言的存在形式，也是汉语方言语音演变的重要条件。如此重要的对立，在历史上真实的面貌究竟是什么？"平仄律"和"长短律""轻重律"是大相径庭还是同实异名？从四声"发明"到平仄二分的机制是什么？"平仄二分"格局在同样有"四声"的现代汉语诗歌中销声匿迹又是为了什么？

这一系列的问题内涵丰富，非笔者所能驾驭。但"律句"是近体诗的存在形式，四声与平仄，是诗律的重要物质基础，也是分析格律时难以回避的话题，在此笔者不自量力，拟从创作动机、设计要求、形成过程等方面探索唐代近体诗定型的过程，从古声调的音类、音理、音值等方面梳理四声演变、平仄定型的历史脉络，并提出一些不太成熟的看法，希望能够抛砖引玉，得到方家的批评指正。

另外，过去大多语音实验的对象都是口语或专门为语音实验设计的实验用句，较少涉及艺术作品，本研究试图在这个方面做一点初步的尝试。

---

① 周祖谟：《汉语骈列的词语和四声》，《北京大学学报》（哲学社会科学版）1985年第3期。
② 关于浊音清化后的分化情况，参考麦耘先生的《"浊音清化"分化的语音条件试释》和朱晓农先生的《全浊弛声论——兼论全浊清化（消弛）低送高不送》两篇文章。

第二节　研究方法

一　比较

把汉语诗歌和汉藏语系少数民族格律诗、越南格律诗以及梵文诗歌进行比较。通过比较探胜求宝，远观庐山真貌。

二　实验

请越南发音人录制汉越语音频，用南开大学桌上语音工作室、praat等语音软件进行声学实验，用 Execl 与 MATLAB 软件统计和分析数据。

三　统计

对各阶段代表诗人作品和特殊句式做小范围统计。

四　样本处理

唐诗统计的样本来自北京大学李铎博士研发的"全唐诗分析系统"。该系统已对诗句的平仄进行了细致的标注。但受到"又音"影响，个别汉字平仄两读，系统难以一一识别。为此，笔者用新加坡国立大学的秦少康博士设计的"广韵又音检索程序"对诗句的电子版进行了再次标注。如图 1-1 所示，将诗句（txt 格式）和"又音字表"（txt 格式，字表内部不能出现空格）导入系统中，点击"start"按钮，程序会自动计算出多音汉字，并在汉字后面标注"@"。

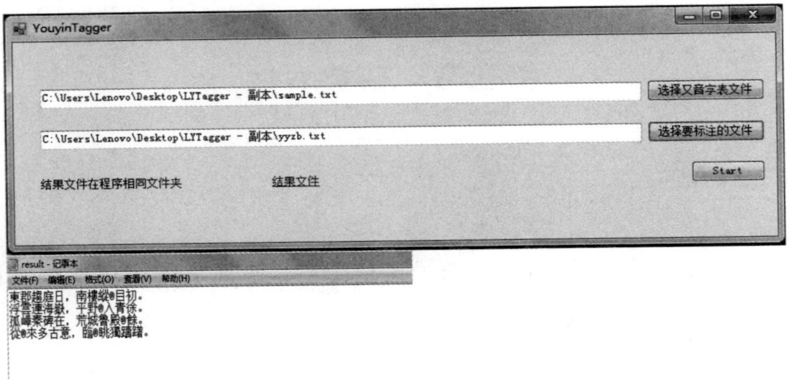

平仄律源流考辨

图1-1 "广韵又音检索程序"使用示意

　　结合语义和格律，对计算机标注的地方进行核查，并修改原有的标注结果。例如，杜甫律诗《夜宴左氏庄》中颈联和尾联下句"看剑引杯长""扁舟意不忘"中的"长"和"忘"两字，在系统中都标为仄声，但根据诗歌的上下文可以判断，这是一首平韵近体诗，"长""忘"在韵脚的位置上，应该标注为平声。杜甫律诗《晚晴》尾联上句"时闻有馀论"中的"论"字，系统标注为平声，但是"论"在这里作名词用，应该是仄声，且"论"字处在诗句的节奏点（第五字）上，应该与下句韵脚的平声字平仄相对，所以应该改平声为仄声。刘长卿《寻南溪常山道人隐居》尾联下句"相对亦忘言"的"相"字，系统标为仄声，但"相"为仄声时为宰相义，所以应该改仄声为平声。

　　对于平仄两读而意义不变的字，根据律句（准律句）格式的常见程度（详见第三章）来确定平仄，优先选用律句或近体诗中更常见的平仄格式。上文所引"相对亦忘言"中的"忘"字，系统标为仄声，全句格式为"仄仄仄仄平"，是非律句，改仄为平后全句格式为"平仄仄平平"，是标准律句。"看君用幽意"（杜甫《重过何氏五首·四》）、"看君妙为政"（杜甫《送鲜于万州迁巴川》）中的"看"，可平可仄，如果是平声，全句的平仄为"平平仄平仄"，如果是去声，全句的平仄为"仄平仄平仄"，前者是第（二）类律句，后者是第（四）类"拗句"，前者更常见，因此"看"取平声的读法。"狂歌过于胜"（杜甫《陪王侍御宴通泉东山野亭》）中的"过"，如果是平声，则全句为"平平平平仄"，不合格律，如果是去声，则全句为"平平仄平仄"属于第（二）类律句，因此取去声的读法。

第一部分

从"永明体"到近体

第二章　诗律源流

"若无新变，不能代雄。"①"永明体"诗文即南朝声律"新变"的典型代表。齐武帝永明年间，政通人和，"盛为文章"。沈约、周颙、谢朓、王融等文人调配运用平、上、去、入四声，创作了大量"转拘声韵，弥尚丽靡"②的"新体"五言诗歌，世称"永明体"。对于这种新兴的文体，当时文人毁誉参半。有人趋之若鹜，"景慕"学习，文学批评家刘勰更是写了《文心雕龙·声律》一篇与沈约唱和。以钟嵘为代表的学者则认为永明声律"使文多拘忌，伤其真美"③，梁武帝萧衍也持"雅不好焉"的消极态度。在正反观点的交锋与碰撞中，永明文学得到了文坛的广泛关注，完成了自然声律向人为声律的过渡，彰显了汉语语音独特的审美价值，并继往开来，一举开创了唐代近体诗的先河，成为古体诗和近体诗之间的桥梁，其影响之深远，粲然可观。

永明文学的理论基础是"四声八病"理论。

第一节　永明"声病"

从逻辑上讲，诗歌应该先有声律，才有违律的"声病"，永明声律论

---

① （梁）萧子显：《南齐书》，中华书局1972年点校本，第902页。
② （唐）姚思廉：《梁书》，中华书局1973年点校本，第690页。
③ （梁）钟嵘：《诗品》，（清）何文焕《历代诗话》，中华书局2004年版，第5页。

则是反其道而行之，先是用"排除法"将不合规矩的诗句摒除，然后才在此基础上归纳和发展出正面的声律理论。也就是说，沈约等人在明确什么是"合律"之前，先明确了什么是"非律"的"声病"。

永明"声病"主要有八种：平头、上尾、蜂腰、鹤膝、大韵、小韵、旁纽（大纽）、正纽（小纽）。其中，前四病讲究四声，后四病调和声、韵。前四病的理论基础是魏晋南北朝时期新发现的"平、上、去、入"四个调位，后四病的思想源泉是东汉末年兴起的反切。鉴于本研究主要指向"声律"问题，所以，后文论述中较少涉及搭配声、韵的"大韵、小韵、旁纽、正纽"四病。

一 旧说回顾

最早论及永明诗病的是南朝的文学批评家钟嵘。《诗品·序》中说："蜂腰鹤膝，闾里已具。"① 关于平头、上尾、蜂腰、鹤膝四病最早的记载出现在《南史·陆厥传》中："时盛为文章，吴兴沈约、陈郡谢朓、琅邪王融以气类相推毂，汝南周颙善识声韵。约等文皆用宫商，将平上去入四声，以此制韵，有平头、上尾、蜂腰、鹤膝。五字之中，音韵悉异，两句之内，角徵不同，不可增减。世呼为'永明体'。"②

这段文字只是大概说明了"声病"的出现场合和位置，并没有详细解释其中的内涵。迄今可见关于永明声病最详细的资料出现在中唐时期（距离沈约所处的年代三百年左右）日本高僧遍照金刚（空海）编纂的《文镜秘府论·西卷·文二十八种病》中。空海法师于唐贞元二十年（804）到唐元和元年（806）访唐，接触了大量的中国诗文论著作，因此《文镜秘府论》不仅记载了沈约的观点，也记录了刘滔、刘善经等后代学

---

① （梁）钟嵘：《诗品》，（清）何文焕《历代诗话》，中华书局2004年版，第5页。
② （唐）李延寿：《南史·卷四十八·列传三十八》，中华书局1975年点校本，第1195页。

者对原说的演绎。各种学说交错混杂，很容易引人遐思。因此，历代学者对"八病"所指，甚至"八病"理论是否来自沈约的看法都不尽相同，其中不乏另辟蹊径，独树一帜的新奇观点：

纪昀（清）《沈氏四声考》说："休文但言四声五音，不言八病，言八病自唐人始。"今人刘跃进先生也持类似看法。① 刘先生指出，当时的体制尚未完善，沈约不可能创造出连唐人都无法避免的八病之说。郭绍虞、卢盛江等先生不以为然，认为沈约本人就是声病理论的最早探索者。②

郭绍虞先生认为蜂腰、鹤膝"绝不是第二、第五字或第五、第十五字的关系"，而是"文字的音节"的问题。郭先生认同《蔡宽夫诗话》的说法："所谓蜂腰鹤膝者，盖又出于双声之变。若五字首尾皆浊音，而中一字清，即为蜂腰。首尾皆清音，而中一字浊，即为鹤膝。"③

冯春田先生指出，"平头"为平声之头，即五言诗一联的首四字全是平声，"上尾"即上声之尾，即五言诗一联末尾两字全是上声，"蜂腰"指五言诗出句和对句的第三字全是去声，"鹤膝"是说五言诗出句和对句的第四字全是入声。④

钟如雄先生将八病理论和"拗句"理论结合在一起研究，指出平头、上尾、蜂腰、鹤膝四病都是一句诗内部的声病。⑤"平头"病犯在应平而仄，"上尾"病犯在应仄而平，"蜂腰""鹤膝"与此类似，"四病"都是指一句诗内部平仄组合失衡。

---

① 刘跃进：《四声八病二题》，《门阀士族与永明文学》，生活·读书·新知三联书店1996年版，第351页。
② 卢盛江：《齐梁声律论几个问题新探》，《江西师范大学学报》（哲学社会科学版）2010年第5期。
③ 郭绍虞：《蜂腰鹤膝解》，《社会科学战线》1979年第3期。
④ 冯春田：《永明声病说的再认识——谈平头、上尾、蜂腰、鹤膝》，《语言研究》1982年第1期。
⑤ 钟如雄：《永明诗病说猜想（上）——揭秘平头、上尾、蜂腰、鹤膝》，《社会科学研究》2010年第5期。

李海英考察了八病理论的演变过程，认为"旧八病"和"初唐八病"不同，甚至有相反的所指。①

鉴于上述争论尚未解决，我们有必要结合永明诗人的创作实践，重新验证"声病"理论草创之初的本来面目，并由此挖掘近体诗格律的理论源泉。

二 声律"四病"

（一）材料问题

沈约本人对"平头、上尾、蜂腰、鹤膝"四病的解释杳无踪迹。我们可以看到的较为详尽的材料只有《文镜秘府论》。空海法师在辑录声病理论时，综合取舍了《诗髓脑》《文章仪式》《文笔式》等文献的观点。因此《文镜秘府论》对"声病"的记载并非一家之言。其中的材料虽然不能尽信，但可以与永明诗歌相互对比，彼此佐证。因此，下文对声律"四病"的论述将以《文镜秘府论·西卷·文二十八种病》中的材料为起点和主要参考。

永明文人数量众多，《南史·陆厥传》《梁书·庾肩吾传》等材料都提到的有沈约、谢朓、王融三人。沈约德高望重，是永明新律的主要倡导者，谢朓善于调配平仄，钟嵘《诗品·序》说"谢朓今古独步"②，严羽《沧浪诗话》说："谢朓之诗，已有全篇似唐人者。"③ 王融年少，但精于审音，有些学者甚至认为四声"发明"始于王融。因此，下文将选取他们三人的作品为永明诗歌的代表，进行统计。三位诗人（特别是沈约和谢朓）作品众多，但其中有一部分是比较典型的乐府诗，有一部分是四

---

① 李海英：《诗格"八病"现象研究》，硕士学位论文，山东师范大学，2009年，第49页。
② （梁）钟嵘：《诗品》，（清）何文焕《历代诗话》，中华书局2004年版，第3页。
③ （宋）严羽：《沧浪诗话·诗评》，郭绍虞《沧浪诗话校释》，人民文学出版社1961年版，第158页。

第二章　诗律源流

言古诗，也有一部分未必直接受到了永明声律论的影响。

永明声律论作为一种理论，发轫于竟陵王萧子良的西邸。

《梁书·武帝本纪》："竟陵王子良开西邸，招文学，高祖（梁武帝萧衍）与沈约、谢朓、王融、萧琛、范云、任昉、陆倕并游焉，号曰'八友'。"①

《南史·沈约传》记载："永明二年又兼著作郎，撰次起居注。（永明）五年春又被敕撰《宋书》。六年二月毕功，表上之。"②

西邸文学盛会，大概开始于永明二年（484），永明诗歌的纲领性文献，《宋书·谢灵运传论》完成于永明六年（488）。③新兴声律理论的建立，需要一个发展和实验的过程，因此，本研究将选择三位代表诗人在永明七年（489）之后创作的诗歌进行统计。关于诗歌的创作年代，主要参考刘跃进先生编纂的《门阀士族与永明文学·永明文学系年》，铃木虎雄先生编纂的《沈约年谱》，④孙兰编写的《谢朓研究·谢朓诗文系年》，⑤以及柏俊才编写的《"竟陵八友"考论·"竟陵八友"诗文系年》。⑥诗歌文本，全部来自逯钦立先生编校，中华书局出版的《前秦汉魏晋南北朝诗》。所选诗歌如表2-1所示。

---

① （唐）李延寿：《南史》，中华书局1975年点校本，第168页。
② （唐）李延寿：《南史·卷五十七·列传第四十七》，中华书局1975年点校本，第1414页。
③ 刘跃进：《永明文学系年》，刘跃进《门阀士族与永明文学》，生活·读书·新知三联书店1996年版，第325—372页。
④ ［日］铃木虎雄：《沈约年谱》，商务印书馆1935年版，第7—64页。
⑤ 孙兰：《谢朓研究》，齐鲁书社2014年版，第41—65页。
⑥ 柏俊才：《"竟陵八友"考论》，博士学位论文，华中师范大学，2008年，第285—450页。

平仄律源流考辨

表 2-1　　　　　　　　永明声律"四病"统计用诗

写作年代	序号	诗作	页码①	联/句	作者
齐武帝永明九年（491）	1	《三月三日率尔成章诗》	1644	12/24	
齐武帝永明十年（492）	2	《冬节后至丞相第诣世子车中作》	1646	5/10	
	3	《饯谢文学离夜诗》	1648	4/8	
齐武帝永明十一年（493）	4	《新安江至清浅深见底贻京邑游好诗》	1635	7/14	
	5	《应王中丞思远咏月诗》	1645	5/10	
	6	《咏湖中雁诗》	1646	5/10	
	7	《咏桃诗》	1652	4/8	
	8	《伤王融》	1653	4/8	
	9	《咏芙蓉诗》	1658	2/4	沈约
齐明帝建武三年（496）	10	《别范安成诗》	1648	4/8	
齐明帝永泰元年（498）	11	《学省愁卧》	1640	6/12	
齐东昏侯永元元年（499）	12	《伤谢朓》	1653	4/8	
梁武帝天监六年（507）	13	《宿东园诗》	1641	10/20	
梁武帝天监五年（506）	14	《应诏乐游苑饯吕僧珍诗》	1632	10/20	
				82/164	
永明八年（490）	15	《咏邯郸故才人嫁为厮养卒妇》	1417	5/10	
	16	《同咏坐上所见一物·席》	1454	4/8	
永明九年（491）	17	《将发石头上烽火楼诗》	1448	4/8	
	18	《离夜诗》	1448	4/8	
	19	《同咏乐器·琴》	1453	4/8	
永明十年（492）	20	《同羁夜集诗》	1428	6/12	谢朓
	21	《新亭渚别范零陵云诗》	1428	5/10	
	22	《临溪送别诗》	1449	4/8	
永明十一年（493）	23	《和何议曹郊游诗二首·一》	1439	5/10	
建武二年（495）	24	《游敬亭山诗》	1424	10/20	
	25	《晚登三山还望京邑诗》	1430	7/14	
建武三年（496）	26	《春思诗》	1435	6/12	
				64/128	

① 指诗歌在《先秦汉魏晋南北朝诗》中的页码。

第二章　诗律源流

续表

写作年代	序号	诗作	页码	联/句	作者
永明七年（498）	27	《大惭愧门诗》	1399	6/12	
	28	《春游回文诗》	1400	5/10	
永明八年（490）	29	《咏琵琶诗》	1402	4/8	
	30	《药名诗》	1403	4/8	
	31	《星名诗》	1403	4/8	王融
	32	《奉和月下诗》	1403	2/4	
	33	《咏池上梨花诗》	1403	2/4	
	34	《咏梧桐诗》	1403	2/4	
永明九年（491）	35	《萧谘议西上夜集诗》	1396	5/10	
	36	《饯谢文学离夜诗》	1401	4/8	
				38/76	
总计				184/368	

（二）"声病"辨释

1. 关于"平头"

《文镜秘府论·西卷·文二十八种病》记录：

> 平头诗者，①五言诗第一字不得与第六字同声，第二字不得与第七字同声。同声者，不得同平上去入四声，犯者名为犯平头。平头诗曰："芳（平）时（平）淑气清，提（平）壶（平）台上倾。"如此之类，是其病也。②
>
> 或曰：③上句第一字与下句第一字，同平声不为病，同上去入声一字即病。若上句第二字与下句第二字同声，无问平上去入，皆是巨病。④

---

① 据卢盛江先生考证，这一段文字引自上官仪的《笔札华梁》。《文笔式》略同。
② ［日］遍照金刚撰，卢盛江校考：《文镜秘府论汇校汇考·二》，中华书局 2006 年版，第 913 页。
③ 据卢盛江先生考证，这一段文字出自元兢的《诗髓脑》。
④ ［日］遍照金刚撰，卢盛江校考：《文镜秘府论汇校汇考·二》，中华书局 2006 年版，第 920 页。

或曰：①……若能参差用之，则可矣。谓第一与第七、第二与第六同声，如"秋（平）月（入）""白（入）云（平）"之类。②

这里至少对应三种关于"平头"的解释：

第一，五言诗第一字与第六字同调或者第二字与第七字同调即犯"平头"。

第二，第一字与第六字同为平声是可以的，但同为上去入三声不行。第二字与第七字只要同调，无论平上去入，都是"平头"。

第三，五言诗的前两个字要参差使用四声。卢盛江先生结合例诗："芳（平）时（平）淑气清，提（平）壶（平）台上倾。山（平）方（平）翻类矩，波（平）圆（平）更若规。……朝（平）云（平）晦初景，丹（平）池（平）晚飞雪。飘（平）枝（平）聚还散，吹（平）杨（平）凝且灭。"③指出第三段话涉及的"平头"，"就是上下两句首文字均为平声之病的意思"④。在《文笔十病得失》中，像"开（平）金（平）绳之宝历，钩（平）玉（入）镜之珍符"这样的案例属于"笔得者"。其中一、六字与二、七字两组中有一组是同调的。因此，只有一、六字或只有二、七字同调，不算"平头"。"开金、钩玉""澄晖、覆光"这样的组合是合理的。所谓"平头"，是指五言诗第一字与第六字同调，并且第二字与第七字也同调。

那么，哪种说法更切合永明代表诗人的创作实践呢？现统计如下（见表2-2）：

---

① 据卢盛江先生考证，这一段文字出自刘善经的《四声指归》。
② ［日］遍照金刚撰，卢盛江校考：《文镜秘府论汇校汇考·二》，中华书局2006年版，第923页。
③ ［日］遍照金刚撰，卢盛江校考：《文镜秘府论汇校汇考·二》，中华书局2006年版，第913页。
④ ［日］遍照金刚撰，卢盛江校考：《文镜秘府论汇校汇考·二》，中华书局2006年版，第919页。

表 2-2　　　　　　　　　　永明诗人"平头"声病统计

序号	一、六同调		二、七同调	
	一、六同平	一、六同上去入	二七同平	二、七同上去入
1	共4联 开、流（第2联） 东、西（4） 游、高（5） 长、雕（10）	0	4 花、莺（2） 阳、安（3） 丝、杨（5） 筵、瓶（8）	0
2	2 廉、门（1） 高、珠（3）	1 贵、况（2）	0	0
3	0	0	1 池、山（1）	0
4	1 沧、清（4）	1 岂、俯（5）	1 言、川（1）	0
5	2 方、圆（1） 高、西（2）	0	3 楼、园（2） 轩、门（4） 房、光（5）	0
6	1 羣、单（3）	1 刷、一（5）	0	1 羽、举（5）
7	2 风、风（1） 歌、游（3）	0	0	0
8	0	0	0	0
9	1 微、轻（1）	0	0	0
10	1 生、分（1）	0	0	0
11	4 秋、萧（1） 愁、高（2） 虚、神（3） 缨、江（5）	0	1 人、窗（2）	1 馆、宇（3）
12	0	2 调、思（2） 尺、一（4）	1 言、随（3）	0

续表

序号	一、六同调		二、七同调	
	一、六同平	一、六同上去入	二七同平	二、七同上去入
13	4 陈、安（1） 东、聊（2） 惊、征（6） 茅、平（7）	0	4 王、仁（1） 篱、扉（4） 阴、烟（8） 蒙、龄（10）	0
14	1 推、扬（4）	1 命、授（7）	0	0
沈约合计	23/82≈28.05% 35.37%	6/82≈7.32%	15/82≈18.29% 20.73%	2/82≈2.44%
15	2 开、窥（2） 憔、娇（4）	0	1 中、言（5）	1 笋、镜（2）
16	1 汀、幽（2）	0	0	0
17	2 荆、江（3） 归、其（4）	0	1 飞、如（4）	0
18	0	0	0	0
19	2 雕、冲（2） 春、秋（3）	0	2 庭、门（1） 时、淫（4）	0
20	2 霜、寒（3） 樵、荆（5）	0	1 君、能（6）	0
21	0	0	2 庭、湘（1） 平、陵（4）	1 事、上（5）
22	1 荒、秋（3）	1 叶、日（2）	1 城、溪（3）	0
23	3 朝、微（2） 江、山（3） 流、嗟（5）	0	1 光、风（2）	0

第二章　诗律源流

续表

序号	一、六同调		二、七同调	
	一、六同平	一、六同上去入	二七同平	二、七同上去入
24	3 交、樛（4） 缘、归（8） 皇、皇（10）	0	1 藤、枝（4）	0
25	1 余、澄（3）	0	2 霞、江（3） 情、能（7）	0
26	4 茹、阯（1） 兰、萍（2） 巢、黄（3） 幽、山（6）	0	2 溪、山（1） 郊、人（4）	0
谢朓合计	21/64≈32.81% 34.37%	1/64≈1.56%	14/64≈21.88% 25.01%	2/64≈3.13%
27	2 兰、旆（1） 丹、丝（2）	1 一、百（4）	0	0
28	0	0	0	0
29	2 丝、花（2） 芳、龙（4）	0	0	0
30	1 韩、随（4）	0	2 芎、蘅（3） 原、庭（4）	0
31	1 仙、蓬（3）	1 久、每（2）	0	0
32	1 雕、香（1）	0	2 云、风（1） 知、迟（2）	0
33	2 翻、集（1） 芳、深（2）	0	0	0
34	1 骞轻（1）	0	0	0

续表

序号	一、六同调		二、七同调	
	一、六同平	一、六同上去入	二七同平	二、七同上去入
35	2 徘、惜（1） （徘徊） 衿、江（2）	0	0	0
36	2 离、分（2） 春、还（4）	0	0	0
王融合计	14/38≈36.84% 42.11%	2/38≈5.26%	4/38≈10.53% 10.53%	0
平均值	58/184≈31.52% 36.41%	9/184≈4.89%	33/184≈17.93% 20.10%	4/184≈2.17%

将上表进一步简化、归并，可以得到如下结果：

表2-3 　　　　　　　　　永明诗人"平头"统计

	一、六同调		二、七同调		一、六同调且二、七同调
	同平	同上去入	同平	同上去入	
沈约	23/82≈28.05%	6/82≈7.32%	15/82≈18.29%	2/82≈2.44%	7/82≈8.54%
	一、六同平：28.05%	一、六同上去入或二、七同调：（6+15+2-1）/82≈26.83%			
	一、六同调：35.37%		二、七同调：20.73%		
	一、六同调或二、七同调：（23+6+15+2-7）/82≈47.56%				
谢朓	21/64≈32.81%	1/64≈1.56%	14/64≈21.88%	2/64≈3.13%	7/64≈10.94%
	一、六同平：32.81%	一、六同上去入或二、七同调：（1+14+2）/64≈26.56%			
	一、六同调：34.37%		二、七同调：25%		
	一、六同调或二、七同调：（21+1+14+2-7）/64≈48.44%				
王融	14/38≈36.84%	2/38≈5.26%	4/38≈10.53%	0	2/38≈5.26%
	一、六同平：36.84%	一、六同上去入或二、七同调：（2+4）/38≈15.79%			
	一、六同调：42.11%		二、七同调：10.53%		
	一、六同调或二、七同调：（14+2+4-2）/38≈47.37%				

续表

	一、六同调		二、七同调		一、六同调且二、七同调
	同平	同上去入	同平	同上去入	
平均	58/184≈31.52%	9/184≈4.89%	33/184≈17.93%	4/184≈2.17%	16/184≈8.70%
	一、六同平：31.52%	一、六同上去入或二、七同调：(22+17+6)/184≈24.46%			
	一、六同调：36.41%		二、七同调：20.10%		
	一、六同调或二、七同调：(39+31+18)/184≈47.83%				

统计可知，如果用"一、六同调或二、七同调"来衡量"平头"，那么三位代表诗人"自违其例"的诗歌都接近百分之五十（沈约47.56%，谢朓48.44%，王融47.37%，平均47.83%）。"平头"作为八病之首，如果被触犯到这种程度，就很值得怀疑了。因此，第一种关于"平头"的标准过于苛刻，不能代表永明诗人的真实意图。

从统计数据可以看出，沈约、谢朓、王融三人在五言诗前两个字的调声方面有两个共同的原则：第一，避免二、七字同调。一、六两字同调的数目远远超出二、七两字同调的数目。其中王融的表现最为突出。（沈约29/17，谢朓22/16，王融16/4，总计67/37）。第二，优待平声。无论是在一、六字还是在二、七字的位置上，同平声的数目都远多于同上、去、入三声的数目（沈约"一、六"同调平仄比：23/6，"二、七"同调平仄比：15/2；谢朓"一、六"同调平仄比：21/1，"二、七"同调平仄比：14/2；王融"一、六"同调平仄比：14/2，"二、七"同调平仄比：4/0；总计58/9，33/4）。

第二字是五言诗的节奏点，避免二、七同调，反映了永明诗人对节奏点的重视。优待平声，可能的原因有两个，一是平声字数目较多，二是永明诗人不以同平声为声病。

据俞敏先生的统计，《切韵》中四声的数目如表2-4所示。[①]

[①] 俞敏：《后汉三国梵汉对音谱》，俞敏《俞敏语言学论文集》，商务印书馆2008年版，第45页。

表 2-4　　　　　　　　　《切韵》四声数目统计

调类	平		仄		
	上平	下平	上	去	入
百分比	23.9%	22.1%	17.0%	19.1%	17.7%
总计	46.0%		53.8%		

魏晋时期成段的语言，如嵇康《与山巨源绝交书》中四声的比例与此类似。按照这个统计结果，一六、二七字同为平声的情况自然出现的概率大概是 21.2%（46%*46%）左右。永明代表诗人一、六同平声的出现比例（沈约 28.05%，谢朓 32.81%，王融 36.84%，平均 31.52%）都高于这个自然概率。可见一、六字同平声是可以被接受的，甚至是一种比较流行的写作方法。二、七字同平声的出现比例（沈约 18.29%，谢朓 21.88%，王融 10.53%，平均 17.93%）一般都略低于这个自然概率，可见节奏点上的二、七字同调，无论平上去入，都是永明诗人要尽量避免的问题。一、六同调者平声多于上、去、入三声是"不以同平声为声病"调声的结果，二、七同调者平声多于上、去、入三声的原因主要是平声字多。

这样看来，上述关于"平头"的第二条标准：一、六两字不能同上去入，二、七两字不能同调，无论平上去入，比较符合永明诗人的审美取向。根据这个标准，三位诗人触犯"平头"的比例分别是：沈约 26.83%，谢朓 26.56%，王融 15.79%，平均 24.46%。王融的犯规率最低。

第二条标准关注到了五言诗第二字后的节奏点，以及平声与上去入三声的不同，这其实是一种很接近近体诗律的"平头"标准。沈约等人虽然宽待平声，但此时还没有很明确地认识到平、仄的不同。他们的工作标准，仍然是平上去入，"颠倒相配"，以一对三，难度较大，也难免犯规。因此沈约自己也说：

宫商之声有五，文字之别累万。以累万之繁，配五声之约，高下低昂，非思力所举，又非止若斯而已。十字之文，颠倒相配，字不过十，巧历已不能尽，何况复过于此者乎？……韵与不韵，复有精粗，轮扁不能言，老夫亦不尽辩此。约论四声，妙有诠辩，而诸赋亦往往与声韵乖。①

如果用第三条标准，即"一、六同调且二、七同调"来评价"平头"之病，结果很理想，平均犯病率不到百分之十（沈约8.54%，谢朓10.94%，王融5.26%，平均8.70%）。这一标准将一二、六七两字组作为整体来考虑，充分注意到了五言诗"上二、下三"的节奏，但是在"上二"组合中不分主次，没有充分注意"音步"②中的节奏点，对节奏点同调的"澄（平）晖（平）、覆（去）光（平）"和非节奏点同调的"开（平）金（平）、钩（平）玉（入）"现象一视同仁，所以应该是一种从永明体向近体过渡的声律理论。

综上所述，上述三条关于"平头"的标准，第一条不足为据，第三条是永明诗人的"底线"，违反了这一原则，就一定病犯"平头"。第二条是永明诗人的"心之所向"和尽量遵循的原则，这一原则反映了永明体诗歌逐渐向近体诗靠拢和发展的轨迹。

2.关于"上尾"

各家对"上尾"的认识差异不大。

《文镜秘府论·西卷·文二十八种病》记录：

上尾诗者，③五言诗中第五字不得与第十字同声，名为上尾。诗曰："西北有高楼（平），上与浮云齐（平）。"如此之类，是其病也……如此病，比来无有免者。此是诗之疣，急避。④

---

① （梁）萧子显：《南齐书》，中华书局1972年点校本，第899—900页。
② 这里的"音步"不是指韵律音系学意义上的韵律层级单位。严格地说，应该叫"节拍"。
③ 上官仪说。
④ ［日］遍照金刚撰，卢盛江校考：《文镜秘府论汇校汇考·二》，中华书局2006年版，第931—932页。

或云：^①……此上尾，齐、梁已前，时有犯者。齐、梁已来，无有犯者。此为巨病。若犯者，文人以为未涉文途者也。唯连韵者，非病也。如"青青河畔草（上声豪韵），绵绵思远道（上声豪韵）"是也。^②

……若第五与第十故为同韵者，不拘此限。^③

可见，"上尾"是指五言诗上、下句尾字同调，属于"巨病"。诗人都要退避三舍，否则罪不可逭。只有同韵的字不受"上尾"限制。沈约、谢朓、王融三人病犯"上尾"的情况如表2-5所示：

表2-5　　　　　　永明诗人"上尾"声病统计

序号	五、十同调	"连韵"情况
1	0	
2	0	
3	共1联 带、盖（第1联）	带、盖，去声泰韵
4	0	
5	0	
6	1 塘、翔（1）	塘，平声唐韵，宕摄；翔，平声阳韵，宕摄
7	0	
8	0	
9	0	
10	0	
11	0	
12	0	
13	0	
14	0	
沈约合计	2	

---

① 元兢说。

② ［日］遍照金刚撰，卢盛江校考：《文镜秘府论汇校汇考·二》，中华书局2006年版，第937页。

③ ［日］遍照金刚撰，卢盛江校考：《文镜秘府论汇校汇考·二》，中华书局2006年版，第940页，引自刘善经《四声指归》。

第二章 诗律源流

续表

序号	五、十同调	"连韵"情况
15	0	
16	1 池、差（1）	池、差，平声支韵
17	0	
18	0	
19	0	
20	0	
21	0	
22	0	
23	0	
24	0	
25	0	
26	0	
谢朓合计	1	
27	0	
28	0	
29	明、清（1）	明，平声庚韵，梗摄；清，平声清韵，梗摄
30	0	
31	0	
32	0	
33	0	
34	0	
35	0	
36	0	
王融合计	1	
平均值	4/184≈2.17%；2/184≈1.09%（去掉连韵的2联）	

统计可知，沈约、谢朓、王融三位诗人基本都能避免"上尾"之病，犯则的诗句极少。而且，第五、第十字同调的四联诗中，有两联是"连韵"，不能算病犯"上尾"。另外两联的上下两句末字虽然同调不同韵，但都属于相同的韵摄。沈约《咏湖中雁诗》的第一联第五字"塘"为"唐"韵，第十字"翔"属"阳"韵；王融《咏琵琶诗》第一联的第五字"明"为"庚"韵，"清"属"清"韵。"阳、唐""庚、清"都属于后世能"同用"的韵，在诗歌中可以通押，所以严格地说也不是很典型的

"上尾"。这样一来，几位永明诗人几乎完全规避了"上尾"声病。

3. 关于"蜂腰"

《文镜秘府论》记载：

> 蜂腰诗者，五言诗一句之中，第二字不得与第五字同声。言两头粗，中央细，似蜂腰也。诗曰："青轩（平）明月时（平）……"又曰："闻君（平）爱我甘（平），窃独（入）自雕饰（入）。"①
>
> 凡句五言之中，而论"蜂腰"，则初腰事（初句避免蜂腰）须急避之。②
>
> 初句第二字不得与第五字同声，又是剧病。③
>
> 或曰：④"君"（平）与"甘"（平）非为病；"独"（入）与"饰"（入）是病。所以然者，如第二字与第五字同去上入，皆是病，平声非病也。此病轻于上尾、鹤膝，均于平头，重于四病（大韵、小韵、旁纽、正纽）。⑤
>
> 刘氏（刘滔）云：……此是一句中之上尾。……沈氏云；⑥"五言之中，分为两句，上二下三。凡至句末，并须要煞。"即其义也。⑦
>
> 刘滔亦云："又第二字与第四字同声（同平上去入，不是同平仄），亦不能善。此虽世无的目，而甚于蜂腰。"⑧

---

① ［日］遍照金刚撰，卢盛江校考：《文镜秘府论汇校汇考·二》，中华书局2006年版，第949—950页。

② ［日］遍照金刚撰，卢盛江校考：《文镜秘府论汇校汇考·二》，中华书局2006年版，第950页。

③ ［日］遍照金刚撰，卢盛江校考：《文镜秘府论汇校汇考·二》，中华书局2006年版，第953页。引自《诗格》。

④ 元兢说。

⑤ ［日］遍照金刚撰，卢盛江校考：《文镜秘府论汇校汇考·二》，中华书局2006年版，第954页。

⑥ 刘善经引沈约说。

⑦ ［日］遍照金刚撰，卢盛江校考：《文镜秘府论汇校汇考·二》，中华书局2006年版，第956页。

⑧ ［日］遍照金刚撰，卢盛江校考：《文镜秘府论汇校汇考·二》，中华书局2006年版，第956页。

第二章 诗律源流

由引文可知，五言诗第二、五字同调即犯"蜂腰"之病，首句尤其不能犯规，否则便成"剧病"。根据唐代元兢的说法，"蜂腰"病可以对平声网开一面，二、五同平可以容忍，同上、去、入则需竭力避免。

第二、五字是永明体诗歌重要的节奏点和"要煞"，特别是第二字，既与"平头"相关，也与"蜂腰"相关。"蜂腰"的根本原理与"平头""上尾"一样，都是为了诗歌韵律边界处的音节能够起伏变化，相异相显。

至于"要煞"的具体位置，又有二、五和二、四两说。下面将结合永明诗人的创作实践进行分析。

表2-6　　　　　　　永明诗人"蜂腰"声病统计

序号	二、五同调		二、四同调	初腰（第一句二、五同调）
	同平	同上、去、入		
1	共7句 芳、斯（第2句） 莺、枝（4） 安、儿（6） 临、陂（8） 杨、垂（10） 瓶、卮（16） 胡、炊（18）	0	4 阳、华（5） 丝、空（9） 晨、伊（15） 当、情（21）	0
2	0	0	3 公、权（1） 阶、钱（7） 当、原（9）	0
3	0	0	1 池、如（1）	0
4	2 川、珍（2） 君、尘（14）	2 仞、树（5） 以、水（13）	3 言、舟（1） 浪、时（7） 吾、嚣（11）	0
5	3 园、才（6） 门、苔（8） 光、哉（10）	0	3 楼、思（5） 轩、珠（7） 光、悠（10）	0

平仄律源流考辨

续表

序号	二、五同调		二、四同调	初腰（第一句二、五同调）
	同平	同上、去、入		
6	0	0	1 浮、轻（5）	0
7	0	0	0	0
8	0	0	1 长、奇（1）	0
9	0	0	0	0
10	0	0	2 平、年（1） 言、樽（5）	0
11	1 窗、扉（4）	1 馆、满（5）	1 人、轩（3）	0
12	0	0	2 锋、奇（2） 言、霜（5）	0
13	1 光、遒（17）	0	9 王、鸡（1） 仁、樵（2） 阡、交（6） 根、霜（10） 冈、寒（14） 阴、层（15） 烟、轻（16） 蒙、山（19） 龄、能（20）	0
14	1 民、浔（18）	0	1 陪、成（19）	0
沈约合计	15/164≈9.15% 18/164≈10.98%	3/164≈1.83%	31/164≈18.90%	0
15	1 言、私（10）	0	1 悴、自（7）	0
16	1 生、池（1）	0	0	1

第二章 诗律源流

续表

序号	二、五同调		二、四同调	初腰（第一句二、五同调）
	同平	同上、去、入		
17	1 如、何（8）	0	3 徊、京（1） 高、关（3） 吴、山（5）	0
18	0	0	2 绳、高（1） 潮、知（5）	0
19	2 门、枝（2） 淫、垂（8）	0	0	0
20	1 君、人（11）	0	5 言、今（2） 歧、乡（4） 蛸、吟（6） 城、良（8） 能、松（12）	0
21	3 湘、游（2） 还、流（4） 陵、求（8）	0	1 平、方（7）	0
22	1 城、阴（5）	0	1 溪、难（6）	0
23	2 风、音（4） 行、今（10）	0	4 心、容（1） 光、红（3） 垂、清（5） 尝、离（7）	0
24	2 枝、低（8） 鼯、啼（10）	0	1 行、纤（13）	0
25	1 情、乡（13）	0	6 阳、京（2） 霞、成（5） 江、如（6） 英、芳（8） 哉、欢（10） 期、何（11）	0

平仄律源流考辨

续表

序号	二、五同调		二、四同调	初腰（第一句二、五同调）
	同平	同上、去、入		
26	0	0	3 溪、春（1） 山、朝（2） 郊、游（7）	0
谢朓 合计	15/128≈11.72% 15/128≈11.72%	0	27/128≈21.09%	1/128≈0.78%
27	1 青、渝（3）	2 里、道（8） 楚、保（10）	3 崖、伊（2） 辕、绳（5） 言、虚（10）	0
28	0	0	1 吹、纶（7）	0
29	3 风、清（2） 锵、声（6） 门、生（8）	0	0	0
30	3 衣、裳（4） 蘅、翔（6） 庭、光（8）	0	2 台、严（1） 原、神（7）	0
31	0	0	2 谓、正（7） 陵、霜（8）	0
32	1 云、钱（1）	0	2 风、珠（2） 迟、神（4）	1
33	0	0	1 春、流（3）	0
34	0	0	0	0
35	1 山、长（4）	0	0	0
36	0	0	3 知、歌（1） 轩、黄（3） 江、明（7）	0

续表

序号	二、五同调		二、四同调	初腰（第一句二、五同调）
	同平	同上、去、入		
王融	9/76≈11.84%	2/76≈2.63%	14/76≈18.42%	1/76=1.32%
合计	11/76≈14.47%			
平均	39/368≈10.60%	5/368≈1.36%	72/368≈19.57%	2/368≈0.54%
	44/368≈11.96%			

如果以第二、五字为五言内部的韵律边界和节制"蜂腰"的"要煞"，三位永明诗人基本都能规避"蜂腰"之病。所统计的诗歌中，二、五同调的句子屈指可数，仅占总数的百分之十左右（沈约10.98%，谢朓11.72%，王融14.47%，平均11.96%）。如果按元兢所说，将二、五同平的句子排除在外，那么犯规率只有百分之一左右（沈约1.83%，谢朓0%，王融2.63%，平均1.36%），非常严谨。不过，比照二、五同平出现的自然概率（21.2%），平声其实也属于"蜂腰"需要避免的范围。永明诗人虽然常对平声字"法外开恩"，但并不具备像唐人（元兢）那样明确的平仄观。

首句二、五同调的"初腰"作为"剧病"，只在两首诗中出现（谢朓《同咏坐上所见一物·席》、王融《奉和月下诗》），犯规比例不到百分之一，古代诗论家所言不虚。

刘滔关于二、四是否同调的论述，虽然不是近体诗律，但已相去不远，只差平仄之分。由统计数据可知，二、四同调的诗句占总数的百分之二十左右（沈约18.90%，谢朓21.09%，王融18.42%，平均19.57%），大概是二、五同调诗句的两倍。

从一联中上、下句第四字和第五字相对的情况，也能看出第四、五字在永明诗歌中的地位。如上文"上尾"一节所述，永明诗人第五、第十字同调相犯的情况很少。那么第四字与第八字相对的情况又如何呢？

表2-7　　　　　永明诗歌一联上、下句第四、八字相对情况统计

序号	第四、八字同调
1	3 伊、兰（第7联），宝、羽（8），情、何（12）

续表

序号	第四、八字同调
2	4 权、虚（1），如、池（2），钱、苔（4），原、佳（5）
3	0
4	5 清、冬（2），乔、游（3），时、无（4），斯、磷（5），器、衣（6）
5	0
6	2 春、回（1），轻、孤（3）
7	1 春、人（4）
8	1 奇、前（1）
9	0
10	1 衰、离（2）
11	2 阴、微（3），为、多（5）
12	2 才、奇（1），何、丘（4）
13	6 鸡、樵（13），盘、交（3），风、霜（5），愁、寒（7），层、轻（8），山、能（10）
14	3 崿、河（4），细、上（6），成、抽（10）
沈约合计	30/82≈36.59%
15	1 罗、蛾（2）
16	1 衣、尘（4）
17	3 京、曾（1），关、云（2），山、澜（3）
18	2 高、层（1），知、难（3）
19	1 雨、死（1）

续表

序号	第四、八字同调
20	4 炎、今（1），尊、乡（2），流、吟（3），华、良（4）
21	0
22	2 风、霞（2），徒、多（4）
23	3 容、中（1），清、幽（3），离、归（4）
24	2 纡、幽（7），奇、丹（9）
25	4 长、京（1），成、如（3），春、芳（4），何、流（6）
26	1 春、朝（1）
谢朓合计	24/64≈37.50%
27	4 蓬、伊（1），绳、凋（3），成、中（4），王、元（5）
28	1 纶、妆（4）
29	0
30	2 严、闲（1），近、远（3）
31	0
32	0
33	1 流、繁（2）
34	1 门、池（2）
35	1 未、自（5）
36	2 黄、清（2），明、如（4）
王融合计	12/38≈31.58%
平均值	66/184≈35.87%

从统计数据可知，一联上、下句第四、八字同调的比例较高（沈约 36.59%，谢朓 37.50%，王融 31.58%，平均 35.87%），并没有明显的相对

之势。可见，就永明诗歌而言，第五字仍然是比第四字更为重要的节奏点。"永明"律离唐律的调声理论，还差"一字之遥"。

4. 关于"鹤膝"

《文镜秘府论》记载：

> 鹤膝诗者，五言诗第五字不得与第十五字同声。言两头细，中央粗，似鹤膝也，以其诗中央有病。诗曰："拨棹金陵渚（上声），遵流背城阙，浪蹙飞船影（上声），山挂垂轮月。"①

> 或曰：如班姬（班婕妤）诗云："新裂齐纨素（去声），皎洁如霜雪，裁为合欢扇（去声），团团似明月。"……此曰第三句者，举其大法耳。但从首至末，皆须以次避之，若第三句不得与第五句相犯，第五句不得与第七句相犯。②

可见，"鹤膝"指相邻两联上句的末字不能同调。

前四种声病中，"鹤膝"的影响范围最大。"蜂腰"的约束范围在"一简之内"，"平头""上尾"可以辖制"两句之中"，"鹤膝"的影响范围则扩大到了联与联之间，甚至全篇。永明诗人病犯"鹤膝"的情况如表2-8所示：

表 2-8　　　　　　　　永明诗人"鹤膝"声病统计

序号	相邻两联第五、十五字同调	
	同平	同上去入
1	0	1 联病犯"鹤膝" 见、去（第21、23句）
2	0	0
3	0	0
4	0	1 淬、水（11、13）
5	0	0

---

① ［日］遍照金刚撰，卢盛江校考：《文镜秘府论汇校汇考·二》，中华书局2006年版，第973—974页。

② ［日］遍照金刚撰，卢盛江校考：《文镜秘府论汇校汇考·二》，中华书局2006年版，第979页。

第二章　诗律源流

续表

序号		相邻两联第五、十五字同调
6	0	0
7	0	1 灼、曲（3、5）
8	0	0
9	0	1 叶、绿（3、5）
10	0	0
11	0	0
12	0	0
13	0	0
14	0	0
沈约合计	0 4.88%	4/82≈4.88%
15	0	1 识、疐（7、9）
16	0	2 若、撷、拂（3、5、7）
17	0	1 近、岫（3、5）
18	0	0
19	0	0
20	2 游、同、人（7、9、11）	
21	0	0
22	3 诗、初、阴、然（1、3、5、7）	0
23	0	0
24	3 托、日（3、5） 蔓、唳、漫（7、9、11）	0
25	2 安、薆（1、3） 洲、淫（7、9）	0
26	1 簧、陶（9、11）	0
谢朓合计	11/64≈17.19% 23.44%	4/64≈6.25%

37

续表

序号	相邻两联第五、十五字同调	
27	3 心、渝（1、3） 山、臣、孤（7、9、11）	0
28		1 羽、道（7、9）
29	0	0
30		1 敞、茧（1、3）
31	0	0
32	0	0
33	0	0
34	1 枝、幽（1、3）	0
35	1 近、暮（5、7）	0
36	0	0
王融合计	5/38≈13.16% 18.42%	2/38≈5.26%
平均值	8.70% 14.13%	5.43%

统计可知，三位诗人对"鹤膝"的规避程度不同。沈约犯规率最低（4.88%），谢朓犯规率最高（23.44%）。仄韵诗中犯规的一般是平声字，平韵诗中犯规的一般是上、去、入三声字。仄韵诗比平韵诗犯规的次数多。"鹤膝"出现次数较多的《晚登三山还望京邑》《大惭愧门》两首，都是仄韵诗。谢朓犯规频率高，也与仄韵诗相关。

三　近体萌芽

永明以前，诗歌创作只讲押韵，不求声律，只讲诗乐合一，不考虑语言要素的"颠倒相配"。"平头""上尾""蜂腰""鹤膝"的理论颠覆了这一传统，首次借助语言本身的特征，将声律引入诗文创作中，"开古体、近体分途之渐"①，为唐代近体诗的发展和定型，奠定了坚实的基础。

（一）"平头""上尾"与近体"对式律"

回避"平头"和"上尾"，则五言诗一联的上、下句在第二字与第五字两个重要的节奏点上出现了声调的对比。"上尾"一条中"连韵者，非病也"的规定，又为近体诗首句押韵的合理存在做好了铺垫。

避免了"平头"和"上尾"的"永明律联"有两种，第一种既符合永明律，也合乎近体诗律。如：

×平××上，×上××平。
×平××上，×去××平。
×平××上，×入××平。
×平××去，×上××平。
×平××去，×去××平。
×平××去，×入××平。
×平××入，×上××平。
×平××入，×去××平。
×平××入，×入××平。

×上××平，×平××上。
×上××平，×平××去。
×上××平，×平××入。
……

以上律联"四声"相对的模式已经和近体诗类似，近体"对式律"的雏形了然可见。不过，永明律讲究的不是"一平对三仄"，而是四声交错，所以还有一种律联，只合乎永明律，但却不是近体诗的标准形式。

---

① （清）贺贻孙：《诗筏》，参见知网（http://www.cnki.net/kcms/Detail/frame/GxdbSectton.aspx？ BH=2399913）。

而且，这类永明律联的变化形式比上一类更多，更复杂。既符合永明律，也符合近体诗律的律联，上句的第二字（或第五字）和下句的第五字（或第二字）一般是平声，只照顾"永明律"的律联则没有这个限制，因此组合方式更加多样。

例如：

×上××去，×入××平。
×上××入，×去××平。
×上××去，×去××平。
×上××入，×入××平。

×去××上，×入××平。
×去××入，×上××平。
×去××上，×上××平。
×去××入，×入××平。

×入××上，×去××平。
×入××去，×上××平。
×入××上，×上××平。
×入××去，×去××平。
……
×平××上，×去××入。
×平××上，×入××去。
×平××去，×上××入。
×平××去，×入××上。
×平××入，×上××去。
×平××入，×去××上。
……
×上××去，×去××入。

第二章 诗律源流

×上××入，×入××去。
×去××上，×上××入。
×去××入，×人××上。
×入××上，×上××去。
×入××去，×去××上。
……

上述永明律联都规避了"平头""上尾"之病，但如果用近体诗"对式律"的标准来分析，则前十二联第二字失对，中间六联末字失对，最后六联第二字、末字均失对。

避忌"平头""上尾"的永明律联虽然精致玲珑，变化多端，但过分烦琐，不利于诗歌创作，所以唐代诗人卢照邻说"'八病'爰起，沈隐侯永做拘囚……后生莫晓，更恨文律烦苛"。皎然也说："沈休文酷裁八病，碎用四声，故风雅殆尽……"①

唐人元兢用"换头术"简化和改进了"平头"的理论。

《文镜秘府论·天卷·调声》记载：

> 换头（或名"拈二"）者，若（元）兢《于蓬州野望》诗云：
> 飘飘（平平）宕渠域，旷望（去去）蜀门隈。
> 水共（上去）三巴远，山随（平平）八阵开。
> 桥形（平平）疑汉接，石势（入去）似烟回。
> 欲下（入去）他乡泪，猿声（平平）几处催。
>
> 此篇第一句头两字平，次句头两字去上入（仄）。次句头两字去上入（仄），次句头两字平。次句头两字又平，次句头两字去上入（仄）。次句头两字又去上入（仄），次句头两字又平。如此轮转，自初以终篇，名为双换头，是最善也。若不可得如此，即如篇首第二字是平，下句第二字是用去上入（仄）；……唯换第二字，……此亦

---

① （唐）皎然：《诗式》，（清）何文焕《历代诗话》，中华书局2004年版，第26页。

名为换头，然不及"双换"。又不得句头第一字是去上入（仄），次句头用去上入（仄），则声不调也。可不慎欤？[①]

"换头术"有效规避了"平头"声病，与"两句之内，角徵不同"的永明声律一脉相承，同时又对"碎用四声"的烦琐规则进行了简化和变通，确立了平仄二元对立的观念，强调了第二字作为节奏点的重要作用，并且在这个节奏点初步建立了近体诗的"粘式律"。从"平头"到"换头"，五言诗的第二字化茧成蝶，律化过程基本完成。

另外，元兢对"平头"的附加解释"上句第一字与下句第一字，同平声不为病，同上去入声一字即病"[②]，以及换头术中不得"句头第一字是仄，次句头又用仄声"的规定在一定程度上避免了近体诗中"孤平"句的出现。这一条规则对于 bA 联"平（仄）平平仄仄，仄（平）仄仄平平"影响不大，但是可以避免 aB 联出现"仄仄平平仄，仄平仄仄平"的问题。

（二）"鹤膝"与"粘式律"

规避"鹤膝"之病，避免了五言诗句式的简单重复，单数句尾字与双数句异调，又与下联的单数句异调，则双数句尾字与下一联的单数句有可能同调，形成"粘"的关系。因此，一部分避免第五、十五字同声相犯的永明律联已经初步具备了类似近体诗的粘、对关系。例如：

沈约《咏桃诗》

歌（平）童（平）暗（去）理（上）曲（入），
游（平）女（上）夜（去）缝（平）裳（平）。
讵（上）减（上）当（平）春（平）泪（去），
能（平）断（去）思（平）人（平）肠（平）。

[①] ［日］遍照金刚撰，卢盛江校考：《文镜秘府论汇校汇考·一》，中华书局 2006 年版，第 159—160 页。

[②] ［日］遍照金刚撰，卢盛江校考：《文镜秘府论汇校汇考·二》，中华书局 2006 年版，第 920 页。

第二章 诗律源流

王融《萧谘议西上夜集诗》

徘（平）徊（平）将（平）所（上）爱（去），
惜（入）别（入）在（去）河（平）梁（平）。
衿（平）袖（去）三（平）春（平）隔（入），
江（平）山（平）千（平）里（上）长（平）。

但是，也有一些避开了"平头""上尾""蜂腰""鹤膝"的标准永明律句仍然不能相粘，例如：

沈约《冬节后至丞相第诣世子车中作》

宾（平）阶（平）绿（入）钱（平）满（上），
客（入）位（去）紫（上）苔（平）生（平）。
谁（平）当（平）九（上）原（平）上（去），
郁（入）郁（入）望（去）佳（平）城（平）。

谢朓《离夜诗》

玉（入）绳（平）隐（上）高（平）树（去），
斜（平）汉（去）耿（上）层（平）台（平）。
离（平）堂（平）华（平）烛（入）尽（上），
别（入）幌（上）清（平）琴（平）哀（平）。

另有一些符合粘缀规则的近体诗律句又触犯"鹤膝"之病。例如：

王维《相思》

红（平）豆（入）生（平）南（平）国（入），
春（平）来（平）发（入）几（上）枝（平）。aB
愿（去）君（平）多（平）采（上）撷（入），
此（上）物（入）最（去）相（平）思（平）。bA

43

常建《题破山寺后禅院》

清（平）晨（平）入（入）古（上）寺（去），
初（平）日（入）照（去）高（平）林（平）。bA
竹（入）径（去）通（平）幽（平）处（去），
禅（平）房（平）花（平）木（入）深（平）。aB
山（平）光（平）悦（入）鸟（上）性（去），
潭（平）影（上）空（平）人（平）心（平）。bA
万（去）籁（去）此（上）都（平）寂（入），
但（去）余（平）钟（平）磬（去）音（平）。aB

究其根源，还是因为永明诗人缺乏明确的平仄二分观念。如果以平、仄调声，五言诗最多可能有 $2^5=32$ 种变化模式（包括非律句）：五连平一种，四平一仄五种，三平二仄十种，二平三仄十种，一平四仄五种，五连仄一种。如果以平、上、去、入为调声基础，那么五言诗会出现 $4^5=1024$ 种变化模式。所以，永明律句变换繁多，不胜枚举，永明律联的组合方式更是远多于近体诗的律联。

近体诗的律句主要有四大类[①]：

（1）仄起仄收：仄仄平平仄 a

（2）仄起平收：平仄仄平平（王力先生写作"仄仄仄平平"）A

（3）平起仄收：仄平平仄仄（王力先生写作"平平平仄仄"）b

（4）平起平收：平平仄仄平 B

其组合方式如图 2-1 所示：

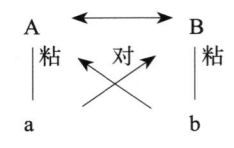

图 2-1 近体诗律句组合方式

[①] 施向东：《诗词格律初阶》，天津大学出版社 2001 年版，第 71—88 页。

箭头表示相对，直线表示相粘。箭头的方向表示律句出现的顺序。四类律句排列组合，可以形成有限的循环。五言律诗共有四种变化形式。

表 2-9　　　　　　　　　五言律诗的变化形式

	仄起式	平起式
首句不入韵	aB, bA, aB, bA	bA, aB, bA, aB
首句入韵	AB, bA, aB, bA	BA, aB, bA, aB

在这一框架内，即使五言再扩展成七言，全篇的组合方式也是严整有序的。

表 2-10　　　　　　　　　七言律诗的变化形式

	仄起式	平起式
首句不入韵	bA, aB, bA, aB	aB, bA, aB, bA
首句入韵	BA, aB, bA, aB	AB, bA, aB, bA

相对而言，永明律联的组合更加旖旎多变。永明律联的组合方式可以用图 2-2 表示：

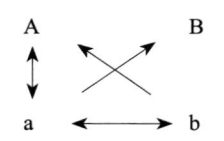

图 2-2　永明律联组合方式

在永明律联中，a 式句不仅能和 B 式句组合成 aB，也可以和 a、A、b 式句随意组合。例如：

沈约《三月三日率尔成章诗》第六联

绿帻文照耀，紫燕光陆离。

入入平去去，上去平入平。

仄仄平仄仄，仄仄平仄平。aA

谢朓《同羁夜集诗》第二联

已对浊尊酒，复歧故乡客。
上去入平上，入平去平入。
仄仄仄平仄，仄平仄平仄。ab

王融《大惭愧门诗》第五联

隆汉乃王臣，失楚信元保。
平去上平平，入上去平上。
平仄仄平平，仄仄仄平仄。Aa

谢朓《晚登三山还望京邑诗》第六联

佳期怅何许，泪下如流霰。
平平去平上，去上平平去。
平平仄平仄，仄仄平平仄。ba

严谨的诗律需要重复与循环，前后呼应，不能永无止境地变化下去，所以，要想在永明律的基础上建立严整规范的"粘式律"，还需举要删芜，进一步精简永明律句的数量与组合方式。精简的根本方法，就是将四声对立简化为平仄对立。

（三）"蜂腰"与"二四（六）"分明

避免二、五同声相犯，反映了永明诗人对五言诗节奏的初步认识：上二，下三。这种一分为二的切分方法与《诗经》的二、二节奏没有本质区别，五言诗中第五个字的作用并没有得到充分的发挥，而此时五言诗的节奏，也尚未完全成熟。

《文心雕龙·明诗》："汉初四言，韦孟首唱……至成帝品录，三百余篇，朝章国采，亦云周备，而辞人遗翰，莫见五言。所以李陵、班婕妤，见疑于后代也。……《召南·行露》始肇半章，孺子《沧浪》亦有全曲，《暇豫》优歌远见春秋，《邪径》童谣近在成世，阅时取证则五言久矣。"①

由引文可知，五言诗歌历史悠久，但一直散现于《诗经》《暇豫歌》等民歌中，一直到汉成帝时期，仍然不成系统。汉初诗作仍以四言为主，五言诗的流行，始于东汉，到南北朝时期，始"居文词之要"②。从四言到五言，是中国古典诗歌的重大飞跃，新增加的第五个字作为"活字"，为诗歌的节奏变化提供了更多的选择（2-2-1；2-1-2），并极大地拓展了诗歌的写作空间。但节奏的完善需要一个过程。永明时期，五言诗歌刚刚开始流行，永明诗人在创作五言诗的同时也创作了一些四言诗歌，③因此在节奏观念上多少会受到四言诗的制约，不能明确地对五言诗的三字尾做进一步的切分，所以只能先讲究二、五异声。

至徐陵、庾信等诗人之后，这种现象开始改观，五言诗作二、四异声的比例迅速增加，唐诗声律"二四（六）"分明，逢双必究的声调处理原则逐渐走上了轨道。

第二节 "徐庾体"诗歌与声律过渡

《周书·庾信传》记载：

庾信字子山……时（庾）肩吾为梁太子中庶子，掌管记。东海徐（摛）为左卫率。摛子（徐）陵及（庾）信，并为抄撰学士。父子在东

---

① （南朝）刘勰：《文心雕龙》，王运熙、周锋译注《文心雕龙译注》，上海古籍出版社2012年版，第30页。
② （梁）钟嵘：《诗品》，（清）何文焕《历代诗话》，中华书局2004年版，第3页。
③ 当时的诗文总集《昭明文选》虽以五言诗为大宗，但仍然选录了三十余首四言诗歌。

宫……既有盛才，文并绮艳，故世号为徐、庾体焉。①

庾信历仕梁、北魏、北周三代，在诗文创作上"集六朝之大成，而导四杰之先路"。②"为梁之冠绝，启唐之先鞭。"③徐陵生活在梁、陈二朝，其诗作声律严谨，上承"永明"，下启盛唐，"流宕以成韵度，纳之古诗中则如落日余光，置之近体中则如春晴始旦矣"④。

徐庾体诗歌在一定程度上继承了永明声律，但具体情况与永明体诗人不尽相同。下文拟对徐陵、庾信的五言诗歌做具体考证。

杜甫评价说："庾信文章老更成，凌云健笔意似横。""庾信平生最萧瑟，暮年诗赋动江关。"因此本研究将以庾信暮年所作思乡情切，哀动江关的《拟咏怀二十七首》（编号1—27，共137联，274句）为统计样本。徐陵的诗作传世的不多，本研究选取了《前秦汉魏晋南北朝诗》所录徐陵的所有五言八句文人诗（乐府诗除外）共十三首进行统计。所选诗作有：28《奉和山池诗》（2531）⑤、29《山池应令诗》（2531）、30《别毛永嘉诗》（2531）、31《秋日别庾正员诗》（2531）、32《新亭送别应令诗》（2532）、33《和王舍人送客未还闺中有望诗》（2532）、34《为羊衮州家人答饷镜诗》（2532）、35《咏织妇诗》（2533）、36《内园逐凉》（2533）、37《斗鸡诗》（2533）、38《咏日华诗》（2533）、39《咏雪诗》（2534）、40《春日诗》（2534），共52联，104句。

---

① （唐）令狐德棻等：《周书·列传第三十三》，中华书局1971年点校本，第733页。
② （清）永瑢、纪昀：《四库全书总目提要·卷一百四十八·集部一》，参见 https://www.cnki.net/kcms/Detail/frame/GxdbSectton.aspx？BH=2175735。
③ （明）胡应麟：《艺林学山·卷五》(https://www.cnki.net/kcms/Detail/frame/GxdbSectton.aspx？BH=1683351)。
④ （清）王夫之：《古诗评选》，河北大学出版社2008年点校本，第358页。
⑤ 诗歌在《先秦汉魏晋南北朝诗》一书中出现的页码。

第二章 诗律源流

续表

一 "一简之内"的调声情况

徐、庾体诗歌"一简之内"二、四（五）异声的情况为：

表2-11　　　　　　　　五言内二、四（五）异声情况

序号	二、四字同调		二、五字同调	
	同平	同上、去、入	同平	同上、去、入
1	0	0	共2句 昏、心（第4句） 飞、林（6）	0
2	0	0	4 衣、岩（1） 纶、川（2） 衡、连（8） 思、田（10）	0
3	1 家、强（7）	0	3 为、侯（4） 人、头（6） 伤、秋（10）	0
4	0	0	3 齐、安（6） 然、韩（8） 余、难（10）	1 卫、寓（5）
5	2 忠、惟（1） 情、消（7）	0	2 名、亲（4） 非、秦（6）	0
6	0	0	2 平、恩（2） 金、言（6）	0
7	1 关、音（1）	0	2 颜、多（8） 山、河（10）	0
8	1 营、青（9）	0	4 冰、河（2） 营、多（4） 沟、戈（6） 兮、河（8）	0

续表

序号	二、四字同调 同平	二、四字同调 同上、去、入	二、五字同调 同平	二、五字同调 同上、去、入
9	2 临、菀（1） 秋、悲（9）	0	4 知、情（4） 时、卿（6） 知、生（8） 生、平（10）	0
10	1 歌、燕（1）	0	1 卿、还（4）	0
11	1 前、杯（11）	0	4 凉、情（2） 星、营（8） 风、声（10） 论、名（12）	0
12	0	1 道、可（11）	2 阳、奔（6） 亭、魂（10）	0
13	0	1 流、屯（1）	4 山、云（4） 波、军（6） 臣、闻（8） 求、君（10）	0
14	1 怀、难（6）	0	0	0
15	2 冰开（7） 师围（11）	0	3 横、交（2） 征、茅（4） 风、胶（8）	0
16	1 君人（3）	0	3 松、株（2） 童、跗（6） 言、愚（10）	0
17	0	0	5 茫、晖（2） 军、归（4） 多、衣（6） 蓬、飞（8） 年、围（10）	0

第二章　诗律源流

续表

序号	二、四字同调		二、五字同调	
	同平	同上、去、入	同平	同上、去、入
18	2 言、蝴（5） 天、知（11）	0	4 思、侯（1） 秋、秋（8） 飘、流（10） 时、忧（12）	0
19	1 仪、行（7）	0	0	0
20	1 中、明（7）	1 死、可（1）	2 心、寒（6） 亭、鞍（12）	0
21	1 愁、摇（5）	0	4 茫、非（2） 情、薇（4） 心、违（6） 惊、衰（8）	0
22	0	0	2 光、兰（2） 家、完（4）	0
23	1 湖、无（5）	0	1 尘、重（4）	0
24	0	0	1 年、清（5）	0
25	2 皮、书（5） 知、天（7）	0	2 生、论（2） 卢、樽（6）	0
26	1 风、苏（5）	0	0	0
27	1 排、飞（6）	0	4 云、开（2） 梁、礧（5） 排、灰（6） 王、回（8）	0
庾信合计	23/274≈8.39% 9.48%	3/274≈1.09%	68/274≈24.82% 25.18%	1/274≈0.36%
28	0	0	1 时、池（4）	0

续表

序号	二、四字同调		二、五字同调	
	同平	同上、去、入	同平	同上、去、入
29	1 人、金（3）	0	2 艎、舻（2） 荷、舟（6）	0
30	0	0	2 来、仪（2） 泉、知（6）	0
31	0	0	2 风、潮（4） 鸢、遥（6）	0
32	2 吹、伊（1） 燎、田（3）	0	2 秋、黄（4） 舟、樯（6）	0
33	2 人、何（7）	0	2 钗、鬟（4） 扉、关（6）	0
34	1 亭、团（2）	1 久、愈（4）	1 魂、来（8）	0
35	0	0	1 梭、丝（4）	1 令、素（8）
36	0	0	2 余、东（2） 斋、空（6）	0
37	0	0	2 王、才（2） 鸾、台（6）	0
38	0	1 有、景（3）	0	0
39	2 晨、盈（5） 朝、门（7）	0	0	0
40	1 殊、枝（7）	0	1 摇、飞（4）	0
徐陵合计	9/104≈8.65% 10.57%	2/104≈1.92%	18/104≈17.31% 18.27%	1/104≈0.96%
均值	8.47% 9.79%	1.32%	22.75% 23.28%	0.53%

第二章　诗律源流

可以看出，徐庾体诗歌二、四同调的比例（庾信9.48%，徐陵10.57%，平均9.79%）较永明体诗歌（平均19.57%）有大幅下降，二、五异声，避免永明"蜂腰"的情况反而不太明显（庾信25.18%，徐陵18.27%，平均23.28%）。这说明梁代之后，第四字已经成为五言诗歌的重要节奏点与调声枢纽。诗句的韵律节奏，也正式摆脱了四言诗的影响，由"一分为二"的简单划分进化成了"三分天下"的精巧布局，进一步向近体诗靠拢。

根据杜晓勤先生研究，这种从"二三"到"二二一"的发展与梁以后"二二一"句式的增加有关，"二二一"结构增加的根本原因，是这种韵律结构容易与语法结构保持一致。① 可见，语言的韵律节奏，虽然不完全取决于语法，但是与语法一致的韵律节奏，更容易发展和流传。

节奏点调整之后，单句诗歌中的律句数量随之迅速增长。比较"永明体"诗歌与"徐庾体"诗歌中的标准律句数量，② 可以得到下面的结果：

表2-12　　　　"永明体"与"徐庾体"律句数量对比

序号	标准律句	庾信	徐陵	沈约	谢朓	王融
1	平平仄仄平	48	18	7	6	3
2	仄仄仄平平	17	18	27	15	8
3	仄仄平平仄	21	14	11	5	2
4	仄平平仄仄	32	4	11	4	3
5	平仄仄平平	25	11	16	14	8
6	平平平仄仄	19	10	10	10	6
7	平仄平平仄	14	1	5	5	1
总计		176/274 ≈64.23%	76/104 ≈73.08%	87/164 ≈53.05%	59/128 ≈46.09%	31/76 ≈40.79%

可以看出，"徐庾体"诗歌单句的律化程度明显高于永明诗歌。其中，

---

① 杜晓勤：《大同句律形成过程及与五言诗单句韵律结构变化之关系》，《岭南学报》2016年第2期。

② 关于近体诗律句的评价标准，详见下文。

平仄律源流考辨

徐陵诗歌中的标准律句比例（73.08%），已经可以和唐人媲美。[①] 庾信、徐陵都有一些全篇基本合律的诗作。例如：

庾信《舟中望月》

舟（平）子（上）夜（去）离（平）家（平），
开（平）舲（平）望（去）月（入）华（平）。
山（平）明（平）疑（平）有（上）雪（入），
岸（去）白（入）不（入）关（平）沙（平）。
天（平）汉（去）看（平）珠（平）蚌（上），
星（平）桥（平）视（去）桂（去）花（平）。
灰（平）飞（平）重（平）晕（去）阙（入），
蓂（平）落（入）独（入）轮（平）斜（平）。

徐陵《内园逐凉》

昔（入）有（上）北（入）山（平）北（入），
今（平）余（平）东（平）海（上）东（平）。
纳（入）凉（平）高（平）树（去）下（上），
直（入）坐（上）落（入）花（平）中（平）。
狭（入）径（去）长（平）无（平）迹（入），
茅（平）斋（平）本（上）自（去）空（平）。
提（平）琴（平）就（去）竹（入）筱（上），
酌（入）酒（上）劝（去）梧（平）桐（平）。

徐陵《别毛永嘉诗》

愿（去）子（上）厉（去）风（平）规（平），
归（平）来（平）振（去）羽（上）仪（平）。

[①] 《唐诗三百首》所录平韵近体诗中，标准律句的比例为75%，详见下文。

嗟（平）余（平）今（平）老（上）病（去），

此（上）别（入）空（平）长（平）离（平）。

白（入）马（上）君（平）来（平）哭（入），

黄（平）泉（平）我（上）讵（上）知（平）。

徒（平）劳（平）脱（入）宝（上）剑（去），

空（平）挂（去）陇（上）头（平）枝（平）。

《内园逐凉》第一联"小拗"，《别毛永嘉诗》第四句末尾三连平，除此之外，这三首诗的平仄、粘对、结构与典型的五言律诗别无二致。

二　联内调声情况

表2-13　　　　　　　　　　联内调声情况

序号	一、六字同调		二、七字同调		五、十字同调
	同平	同上去入	同平	同上去入	
1	共2联 风、松（第4联） 由、何（5）	0	0	0	0
2	2 乘、飞（2） 谁、空（3）	0	3 衣、纶（1） 阳、衡（4） 无、思（10）	0	1 岩、川（1） 平声衔韵，仙韵。
3	1 燕、秦（3）	0	2 言、为（2） 怜、伤（5）	0	0
4	2 离、羁（2） 唯、知（5）	0	1 材、臣（1）	0	0
5	3 惟、为（1） 吴、韩（3） 移、终（5）	0	2 朝、名（2） 情、图（4）	0	0

续表

序号	一、六字同调 同平	一、六字同调 同上去入	二、七字同调 同平	二、七字同调 同上去入	五、十字同调
6	3 畴、生（1） 悲、凄（4） 无、归（5）	0	1 言、知（2）	0	0
7	2 胡、羌（2） 枯、青（10）	0	1 心、颜（4）	0	0
8	2 长、鸿（3） 空、徒（5）	0	2 兵、营（2） 颅、兮（4）	0	1 波、河（1） 平声戈韵，歌韵，歌戈同用。
9	1 怀、平（5）	1 秋、生（5）	1 尝、时（6）	0	0
10	2 遥、悬（8） 游、应（5）	0	2 陵、卿（2） 人、书（3）	0	0
11	1 摇、凄（1）	0	3 虹、星（4） 歌、风（5） 前、论（6）	0	0
12	2 流、烽（4） 天、微（6）	0	1 安、阳（3）	0	0
13	0	0	2 林、波（3） 无、求（5）	0	0
14	0	0	1 情、怀（3）	0	0
15	1 轻、明（5）	0	2 冰、风（4） 师、兵（6）	0	0
16	2 横、长（1） 君、真（5）	0	0	0	0

第二章　诗律源流

续表

序号	一、六字同调		二、七字同调		五、十字同调
	同平	同上去入	同平	同上去入	
17	2 都、将（2） 闻、今（5）	0	1 云、蓬（4）	0	0
18	3 寻、中（1） 琴、书（2） 残、新（4）	0	1 天、时（6）	0	0
19	2 其、其（3） 天、居（5）	0	1 仪、仲（4）	0	0
20	2 其、其（3） 拥、乘（6）	0	1 中、图（4）	0	0
21	1 怀、中（3）	0	3 逸、情（2） 愁、心（3） 怜、惊（4）	0	0
22	1 南、东（2）	0	0	0	0
23	1 徒、遥（4）	0	1 湖、梧（3）	0	0
24	0	0	0	1 闷、待（1）	0
25	1 怀、平（1）	0	1 皮、卢（3）	0	1 惛、论（1） 都是平声魂韵。
26	4 萧、凄（1） 关、城（2） 秋、寒（3） 谁、晨（4）	0	0	0	0
27	1 罗、杨（3）	0	2 梁、排（3） 门、王（4）	0	0

续表

序号	一、六字同调		二、七字同调		五、十字同调
	同平	同上去入	同平	同上去入	
庾信合计	44/137≈32.12% 32.85% 59.13%	1/137≈0.73%	35/137≈25.55% 26.28%	1/137≈0.73%	3/137≈2.19%
28	2 楼、临（3） 云、獯（4）	0	0	0	0
29	1 猿、蝉（4）	0	1 萍、荷（3）	0	0
30	1 徒、空（4）	0	0	0	1 规、仪（1） 都是平声支韵
31	2 征、连（1） 青、朱（3）	0	0	0	0
32	1 神、流（4）	0	2 燎、秋（2） 城、舟（3）	0	0
33	1 良、光（4）	0	1 人、唯（4）	0	0
34	0	0	1 来、亭（1）	1 久、久（2）	1 台、开（3） 都是平声哈韵
35	0	0	0	0	0
36	0	0	0	0	0
37	0	0	0	0	0
38	0	0	0	0	1 池、陂（1） 都是平声支韵
39	1 明、应（4）	0	0	0	0
40	0	0	0	0	0
徐陵合计	9/52≈17.31% 17.31% 28.85%	0	5/52≈9.62% 11.54%	1/52≈1.92%	3/52≈5.77%

续表

序号	一、六字同调		二、七字同调		五、十字同调
	同平	同上去入	同平	同上去入	
均值	28.04%	0.53%	21.16%	1.06%	3.17%
	28.57%		22.22%		
	50.79%				

对比永明体诗歌的相关数据，可以看出，徐、庾对"平头""上尾"的态度与永明诗人大致相同，一、六同调仍然多于二、七同调，优待平声。五、十同调依然十分罕见，除个别例外（岩、川），其他五、十同调的字都有"连韵"关系。

另外，从上述两组数据中可以看出，徐、庾体诗歌中犯"平头""鹤膝"声病的平声字与上去入三声比例悬殊，更甚于永明诗歌。徐、庾虽然不一定能够明确区分平仄，但对"平声非病"的原则贯彻得更加彻底。

三 联间调声情况

表 2-14　　　　　　　　　联间调声情况

序号	相邻两联第五、十五字同调		前联对句与后联出句平仄不同	
	同平	同上去入	第二字	第四字
1	0	0	共 2 处 昏、鲋（第 2、3 句） 竹、来（8、9）	2 俗、思（4、5） 悲、得（8、9）
2	0	0	2 幰、知（4、5） 有、阳（6、7）	2 扪、不（4、5） 如、季（6、7）
3		1 远、水（3、5）	3 崿、言（2、3） 为、客（4、5） 子、怜（8、9）	4 无、定（2、3） 里、辽（4、5） 陇、强（6、7） 仍、智（8、9）
4	0	0	2 齐、泣（6、7） 然、彼（8、9）	2 陈、所（4、5） 相、途（8、9）

续表

序号	相邻两联第五、十五字同调		前联对句与后联出句平仄不同	
	同平	同上去入	第二字	第四字
5	0	0	3 子、朝（2、3） 名、起（4、5） 图、住（8、9）	4 为、事（2、3） 足、辞（4、5） 入、消（6、7） 复、阴（8、9）
6	0	1 遇、吐（1、3）	2 知、顾（4、5） 怆、因（8、9）	1 皇、武（8、9）
7	0	0	4 使、笳（2、3） 笛、腰（4、5） 泪、心（6、7） 颜、木（8、9）	4 经、泪（2、3） 肠、束（4、5） 横、不（6、7） 复、期（8、9）
8	0	0	1 营、坂（4、5）	2 灶、垂（4、5） 若、青（8、9）
9	0	0	1 时、特（6、7）	1 羡、悲（8、9）
10	0	0	1 节、陵（2、3）	1 阳、此（2、3）
11	0	0	1 坏、亡（4、5）	3 梁、愤（4、5） 愁、映（6、7） 死、杯（10、11）
12	0	2 振、镜（5、7） 气、问（9、11）	2 马、安（4、5） 亭、道（10、11）	1 云、瓦（4、5）
13	0	0	1 波、士（6、7）	2 败、安（6、7） 未、金（8、9）
14	0	0	2 人、道（2、3） 振、生（8、9）	3 日、云（2、3） 难、氏（6、7） 王、种（8、9）

第二章　诗律源流

续表

序号	相邻两联第五、十五字同调		前联对句与后联出句平仄不同	
	同平	同上去入	第二字	第四字
15	0	0	3 横、竞（2、3） 夔、冰（6、7） 月、师（10、11）	1 定、城（2、3）
16	0	0	0	1 两、人（2、3）
17	0	1 上、返（1、3）	3 茫、护（2、3） 军、有（4、5） 蓬、道（8、9）	3 落、兰（2、3） 勒、尘（4、5） 欲、船（8、9）
18	0	2 蝶、月（5、7） 下、命（9、11）	3 夜、声（2、3） 卷、言（4、5） 秋、泣（8、9）	3 然、屋（2、3） 旧、珠（8、9） 火、知（10、11）
19	1 鸡、于（3、5）	0	2 神、郡（2、3） 仲、下（8、9）	2 悄、行（6、7） 器、情（8、9）
20	0	1 结、穴（15、17）	2 辱、人（2、3） 亭、郡（12、13）	3 能、可（4、5） 自、明（6、7） 据、初（12、13）
21	0	1 葛、落（3、5）	0	1 食、摇（4、5）
22	0	0	2 光、国（2、3） 镜、言（6、7）	2 上、人（2、3） 孤、陇（6、7）
23	0	1 返、妓（5、7）	0	2 惊、七（2、3） 九、无（4、5）
24	1 清、侯（5、7）	0	2 待、昏（2、3） 漫、年（4、5）	1 行、未（4、5）
25	0	0	1 是、皮（4、5）	1 酒、天（6、7）

续表

序号	相邻两联第五、十五字同调		前联对句与后联出句平仄不同	
	同平	同上去入	第二字	第四字
26	0	0	3 惨、门（2、3） 影、风（4、5） 水、言（6、7）	2 尘、白（2、3） 荆、盖（6、7）
27	0	0	1 唳、梁（4、5）	2 军、下（4、5） 飞、轴（6、7）
庾信合计	2/137≈1.46% 8.76%	10/137≈7.30%	49/110≈44.55%[①]	56/110≈50.91%
28	0	1 所、雨（1、3）	1 瓴、生（6、7）	1 多、户（6、7）
29	0	0	1 女、萍（4、5）	2 采、金（2、3） 银、带（4、5）
30	0	0	0	0
31	0	0	2 风、雀（4、5） 鸢、有（6、7）	2 上、帆（4、5） 路、秋（6、7）
32	0	0	1 驾、燎（2、3）	0
33	0	0	0	0
34	0	0	2 亭、久（2、3） 今、见（6、7）	2 愈、空（4、5） 复、鸾（6、7）
35	0	2 指、缕（1、3） 照、泪（5、7）	1 户、平（6、7）	1 帷、掩（6、7）
36	0	0	0	0
37	0	0	1 王、冠（2、3）	0

---

① 三联五言诗的第二（四）字有2处需要相粘，以此类推，四联诗有3处，五联诗有4处，六联诗有5处需要相粘。数字"110"就是根据这个原则统计出来的。

续表

序号	相邻两联第五、十五字同调		前联对句与后联出句平仄不同	
	同平	同上去入	第二字	第四字
38	0	0	1 上、从（4、5）	2 西、昼（2、3） 光、浪（4、5）
39	0	0	2 雪、晨（4、5） 出、朝（6、7）	0
40	0	0	1 涧、殊（6、7）	0
徐陵合计	0 5.77%	3/52≈5.77%	13/39≈33.33%	10/39≈25.64%
均值	1.06% 7.94%	6.88%	41.61%	44.30%

从统计数据可以看出，"徐庾体"诗歌对"鹤膝"的遵守程度优于永明诗歌，但联与联之间，尚未形成严整的"相粘"关系，庾信《拟咏怀二十七首》中的第三、五、七首都是整篇"失粘"。从所选诗作上看，徐陵的声律水平高于庾信，但徐诗中"失粘"情况也不在少数（第二字33.33%，第四字25.64%）。从徐庾体诗歌二、七字同调，病犯"平头"的情况看（庾信26.28%，徐陵11.54%，平均22.22%），近体诗的"相对律"在这里也没有完全建立起来。不能相对，则一联之内上下两句大同小异，不能相粘，则相邻的联雷同一律，缺乏变化。所以，"徐庾体"诗歌虽然是"新体诗"，但还算不上"近体诗"。

总的说来，"徐庾体"诗歌的律化，主要表现在三个方面，一是律句数量的增多，二是节奏模式的变化，三是平声与上去入三声出现了更加明确的分野。至于联内的相对关系与联间的相粘关系，虽然在徐陵的诗歌中初具规模，但与典型的近体诗比较，仍然不够完善。

第三节 "沈宋体"诗歌与声律定型

初唐时期,声律研究蔚成风气,声律著作层出不穷。《诗髓脑》(元兢)、《笔札华梁》(上官仪)、《文笔式》《诗格》(佚名)等都是这一时期的作品。在重视声律的大环境中,诗律形式进一步发展,并且在沈佺期、宋之问的作品中初步定型。

元稹在《唐故检校工部员外郎杜君墓系铭》中说:"唐兴,学官大振,历世之文,能者互出。而又沈、宋之流,研练精切,稳顺声势,谓之为律诗。由是而后,文变之体极焉。"①

《新唐书·宋之问传》记载:"魏建安后迄江左,诗律屡变,至沈约、庾信,以音韵相婉附,属对精密。及宋之问、沈佺期,又加靡丽,回忌声病,约句准篇,如锦绣成文,学者宗之,号为沈宋。"②

李商隐评价说:"沈宋裁辞矜变律。"③

沈宋体诗歌"稳顺声势","回忌声病"的特征可以从律句、粘对、句数、用韵等方面考察。统计全唐诗数据库中沈佺期、宋之问的所有平韵五律,可以得到134首(沈佺期60首,宋之问74首)共1072句。

其中的律句情况如表2-15所示:

表2-15　　　　　　　沈宋体诗歌律句统计

序号	标准律句	沈佺期	宋之问
1	平平仄仄平	102	130
2	仄仄仄平平	47	87
3	仄仄平平仄	65	86

---

① (唐)元稹:《元稹集》,中华书局1983年点校本,第601页。
② (宋)欧阳修,宋祁:《新唐书·二百零二卷·列传第一百二十七》,中华书局1975年点校本,第5751页。
③ (唐)李商隐:《李商隐集·漫成五章》,山西古籍出版社2004年点校本,第155页。

第二章　诗律源流

续表

序号	标准律句	沈佺期	宋之问
4	仄平平仄仄	53	58
5	平仄仄平平	77	78
6	平平平仄仄	39	39
7	平仄平平仄	36	33
	第一类律句所占比例	419/480≈87.29%	511/592≈86.32%
序号	变格律句	沈佺期	宋之问
8	平平仄仄仄	11	17
9	平平仄平仄	6	21
10	平平仄仄平	13	16
	第一类律句所占比例	30/480≈6.25%	54/592≈9.12%
	律句总数	449/480≈93.54%	565/592≈95.44%

沈宋体五言平韵律诗失粘、失对的情况如表 2-16 所示：

表2-16　　　　　　　　沈宋体诗歌失粘、失对情况统计

序号	沈佺期诗作	失粘	失对
1	横吹曲辞·关山月	共1对诗句失粘 合、军（第6、7句：第2字）	共1联失对 落、合（第3联：第2字）
2	有所思	1 岁、延（2、3：4）	1 延、云（2：4）
3	黄鹤	2 影、忆（4、5：2） 池、不（6、7：4）	1[①] 忆、下（3：2） 轩、池（3：4）
4	奉和圣制同皇太子游慈恩寺应制	1 遍、春（6、7：4）	1 春、春（4：4）
5	杂诗三首·其三	1 夜、旗（6、7：4）	1 能、为（4：2） 旗、龙（4：4）
6	和常州崔使君寒食夜	1 里、华（6、7：4）	1 华、南（4：4）
7	少游荆湘因有是题	1 十、生（6、7：4）	1 生、人（4：4）

---

① 第3联1联失对。

平仄律源流考辨

续表

序号	沈佺期诗作	失粘	失对
8	天官崔侍郎夫人卢氏挽歌	1 镫、凭（6、7：2） 下、君（6、7：4）	2 镜、镫（3：2） 君、容（4：4）
9	相和歌辞 王昭君	0	1 鸾、蛾（1：4）
10	上之回	0	1 关、回（1：4）
11	送陆侍御余庆北使	3 辒、不（2、3：4） 赠、辽（4、5：4） 辗、白（6、7：4）	3 不、赠（2：4） 辽、辗（3：4） 白、绿（4：4）
12	题椰子树	0	1 霄、时（3：4）
13	则天门赦改年	1 紫、西（4、5：4）	2 天、圜（1：4） 西、阳（3：4）
14	幸梨园亭观打毬应制	1 綷、为（6、7：2） 傍、花（6、7：4）	2 未、傍（3：4） 为、时（4：2）
总计		14/180≈7.78%	19/240≈7.92%
序号	宋之问诗作	失粘	失对
15	奉和立春日侍宴内出剪䌽花应制	0	1 年、为（1：2）
16	上阳宫侍宴应制得林字	1 翰、何（6、7：4）	1 何、瑶（4：4）
17	松山岭应制	1 翠、今（6、7：4）	1 今、宸（4：4）
18	缑山庙	1 会、云（6、7：4）	1 云、微（4：4）
19	冬夜寓直麟阁	1 暗、云（6、7：4）	1 云、琴（4：4）
20	春日山家	1 药、芝（2、3：4）	1 芝、云（2：4）
21	使往天平军马约与陈子昂新乡为期及还而不相遇	1 少、何（2、3：4）	1 何、悠（2：4）

第二章 诗律源流

续表

序号	沈佺期诗作	失粘	失对
22	送朔方何侍郎	1 復、阳（2、3：4）	1 阳、阴（2：4）
23	送杜审言	1 舟、惜（6、7：2） 屈、泉（6、7：4）	1 惜、落（4：2） 泉、丰（4：4）
24	晚泊湘江	2 湘、復（2、3：2） 北、乡（6、7：4）	2 復、里（2：2） 乡、成（4：4）
25	过蛮洞	1 橘、荒（6、7：4）	1 荒、云（4：4）
26	宿清远峡山寺	1 定、尘（6、7：4）	1 尘、陵（4：4）
27	题大庾岭北驿	1 不、乡（6、7：4）	1 乡、头（4：4）
28	度大庾岭	1 云、令（6、7：2）	1 令、敢（4：2）
29	端州别袁侍郎	1 知、月（4、5：4）	1 月、树（3：4）
30	鲁忠王挽词三首·三	1 斗、公（6、7：4）	1 公、王（4：4）
31	登北固山	1 已、林（6、7：4）	1 林、春（4：4）
32	夏日仙萼亭应制	1 薛、天（6、7：4）	1 天、笙（4：4）
33	登禅定寺阁	1 八、霄（2、3：4）	1 霄、云（2：4）
34	春日宴宋主簿山亭得寒字	1 未、苔（2、3：4）	1 苔、花（2：4）
35	秋晚游普耀寺	1 树、尘（6、7：4）	1 尘、悠（4：4）
36	送许州宋司马赴任	1 外、为（6、7：4）	1 为、心（4：4）
37	送永昌萧赞府	1 言、令（6、7：2）	1 令、入（4：2）
38	送李侍御	1 綵、吴（2、3：4）	1 吴、秦（2：4）

续表

序号	沈佺期诗作	失粘	失对
39	留别之望舍弟	1 後、花（6、7：4）	1 花、南（4：4）
40	渡吴江别王长史	1 不、无（6、7：4）	1 无、催（4：4）
41	息夫人	2 断、为（2、3：2） 作、王（4、5：2）	2 为、作（2：2） 王、君（3：2）
42	过史正议宅	2 遗、好（2、3：4） 故、已（4、5：4）	2 零、遗（1：4） 好、故（2：4）
	总计	30/222≈13.51%	31/296≈10.47%

与齐梁诗歌相比，"沈宋体"诗歌的变化主要表现在以下几个方面：

第一，标准律句的比例相当高（沈佺期87.29%，宋之问86.32%），如果再算上标准律句的变格，则二人的诗作合律的比例都在百分之九十以上。

第二，失粘、失对的比例大幅下降（沈佺期7.78%，7.92%；宋之问13.51%，10.47%），符合粘对规律的律句数占百分之九十左右。齐梁诗"有句无篇"的缺陷得到了改善。

第三，律句的调声规则从"平上去入"辗转相变简化为平仄二声交替出现，四声二元化的创作格局正式形成。

第四，从押韵、句数上看，这134首诗歌都是8句4联，一韵到底，格律精严，词藻绮丽，至此，从永明体到近体的进化过程基本完成。

第三章　律句考辨

唐代近体诗的格律，是对齐梁声律的合理扬弃。近体诗仍然讲究"四声"，但已经根据汉语的超音段特征（详见下文）对四声进行了归并和简化，并将"律化"的原则扩展到整篇，令诗作平仄调谐，粘合贯通，成为一个珠联璧合的整体。一般来说，近体诗的规则是讲究平仄，避忌孤平，追求粘对，押平声韵，工于对仗，限制句数。对于讲粘对、忌孤平、押平韵等问题，历代学者的意见基本一致，但对于近体诗律句数量和种类的问题，以及与此相对应的"拗句"问题，一直以来众说纷纭，难有定论。那么，成熟的近体诗，究竟有哪些平仄搭配形式呢？下文将以五言近体诗为例，对唐代近体诗的律句进行分析和统计。

第一节　律句观变迁

一　隋唐时期的"用声法式"

早在隋唐时期，就有学者系统地探讨了这一问题。《文镜秘府论·天卷·诗章中用声法式》[①]一节，以五言诗中平声数量的多少为标准，将近体诗的平仄格式分为四大类，共十八种。

[①]　据说出自刘善经的《四声指归》。

表 3-1　《文镜秘府论·诗章中用声法式》平仄格式统计（一）

一平声	二平声	三平声	四平声
1 九州不足步 2 目击道存者	3 玄经满狭室 4 绿水涌春波 5 雨数斜塍断 6 蒙县阙庄子 7 永惭问津所 8 咏歌殊未已 9 百行①咸所该	10 披书对明烛 11 兰生半上阶 12 无论更漏缓 13 天命多羸仄 14 终缺九丹成 15 水潢众②浍来 16 浐雷扬远声	17 儒道推桓荣 18 非关心尚贤③
共 2 种	共 7 种	共 7 种	共 2 种

用排除法可以推知，五言一平声的：平仄仄仄仄，仄仄平仄仄，仄仄仄仄平，二平声的：平仄平仄仄，平仄仄仄平，三平声的：平仄平仄平，仄仄平平平，仄平平平仄，仄平平仄平，四平声的：平平仄平平，仄平平平平，平平平平仄十二种格式不符合唐诗"声法式"的要求。

按照五言诗第一音步以及全句末字的平仄对上述例句做进一步分类，可以得到以下结果：

表 3-2　《文镜秘府论·诗章中用声法式》平仄格式统计（二）

a 仄起仄收	A 仄起平收	b 平起仄收	B 平起平收
仄仄平平仄 雨数斜塍断	平仄仄平平 终缺九丹成	仄平平仄仄 咏哥殊未已	平平仄仄平 兰生半上阶
平仄平平仄 天命多羸仄	仄仄仄平平 绿水涌春波	平平平仄仄 无论更漏缓	平平平仄平 非关心尚贤
仄仄仄平仄 目击道存者	平仄平平平 儒道推桓荣	平平仄平仄 披书对明烛	仄平仄平平 浐雷扬远声
平仄仄平仄 蒙县阙庄子	仄仄平仄平 百行咸所该	平平仄仄仄 玄经满狭室	

---

① "行"作名词用，所以是仄声。另外下文"三平声"目录下已经有"浐雷扬远声"（仄平平仄平）一条，所以"百行咸所该"应该是"仄仄平仄平"格式。

② "众"（眾）有平仄两读，在这里应读仄声。原文中将这一句放入"三平声"一栏，可见是将其当作平声对待了。但是如果"众"读平声，那么这一句的平仄格式为"仄平平仄平"，又与"浐雷扬远声"一条相同。考虑到"仄平仄仄平"一般都被划入"拗句"范围，下文中暂时不讨论这一条。

③ ［日］遍照金刚撰，卢盛江校考：《文镜秘府论汇校汇考·一》，中华书局 2006 年版，第 178 页。

续表

a 仄起仄收	A 仄起平收	b 平起仄收	B 平起平收
		仄平仄仄仄 九州不足步	
		仄平仄平仄 永惭问津所	

由表可见，《诗章中用声法式》中不仅总结了"平平仄仄平"等唐人常见的律句，也列出了一些后人认为是"古风"的"三连平"句以及不甚合律的"孤平""孤仄""三连仄"句：平仄平平平，仄仄平仄平，仄平仄仄仄，仄平仄平仄。这四种例句有一个共同特点，就是二、五异声，避开了"蜂腰"旧病。被"声法式"排除在外的五言一平声格式"平仄仄仄仄""仄仄平仄仄"，在近体诗中也会偶然出现。但是这两类句子二、四、五字全是仄声，有可能触犯"蜂腰"。由此可见，《文镜秘府论》对律句的评价标准仍然受到永明声律论的影响。《诗章中用声法式》是承前启后的调声法则。

从所选例句来看，"九州不足步"一句来自曹植的《五游咏》，"浐雷扬远声"和"儒道推桓荣"引自梁刘孝威的《奉和简文帝太子应令》，其余的十五句都难觅出处，可能是作者为了说明声律临时创造的诗句。较早用唐人诗作（以杜律为主）来研究近体诗律（拗句）的是元代诗论家方回。清代的学者王世禛、赵执信、翟翚等学者将这一研究系统化，并编纂成谱。

二 清代的声调谱

王世禛在《律诗定体》中依次用 aB, bA, aB, bA; AB, bA, aB, bA; bA, aB, bA, aB; BA, aB, bA, aB 四种类型的五言律诗总结了近体诗的平仄格式。四首诗 32 句，全部可以归纳为七种形式，无一例外。① 其中"平平仄仄平"格式的诗句数量最多，原因大概是 a、A、b 三

---

① （清）王士禛：《律诗定体》，（清）王夫之等《清诗话》，上海古籍出版社 1963 年标点本，第 113—114 页。

类的第一字都可以不论，但B式句第一字如果不论，就会变成"孤平"句。B式句的标准形式只有一类，因此数量最多。

表3-3　　　　　　　　《律诗定体》律句统计

a 仄起仄收	A 仄起平收	b 平起仄收	B 平起平收
仄仄平平仄	平仄仄平平	仄平平仄仄	平平仄仄平
粉署依丹禁 翠岛浮香霭 赐果来东阁 忝向鸾台下 世职推传盛 此地从头白	凉雨晚来过 时复幸鸾坡 开户燕泥香 鸡树代相传 铅椠喜呈书	好风天上至 九重闻视草 捲帘书帙静 小臣叨侍从 桂枝家共折 夜间方步月	城虚爽气多 瑶池澹绿波 连朝雨送凉 分冰近玉床 仍看雁影连 明王许荐贤 花枝暖欲舒 春刑是减除 经年望稚车
平仄平平仄	仄仄仄平平	平平平仄仄	
知去丹墀近	夏过日初长 屡得被恩光 漏尽欲朝天 粉署夜方初	芸香能护字	

另外，《律诗定体》的夹注中提到了三种"拗用"的形式。第一，"好风天上至"（仄平平仄仄）一类，若第四字拗用平，则第三字要补救，变成"仄平仄平仄"。

第二，"粉署依丹禁，城虚爽气多。"（仄仄平平仄，平平仄仄平）一类，如果上句"依"字拗用仄，则下句第三字"必拗用平"[①]，即"仄仄仄平仄，平平平仄平"。

第三，"五律，凡双句二四应平仄者（平平仄仄平），第一字必用平，

[①] （清）王士禛：《律诗定体》，（清）王夫之等《清诗话》，上海古籍出版社1963年标点本，第113页。

断不可杂以仄声（仄平仄仄平），以平平止有二字相连，不可令单也。"①

以上三类，分别相当于王力先生所讲的"子类特殊形式""小拗"②和"孤平拗救"。③

王士禛的甥婿赵执信在《律诗定体》的基础上增补了近体诗律句（拗句）的数量。赵执信《声调谱》整理收录的"律句"以及"拗律句"有：

表3-4　　　　　　　　《声调谱》律（拗）句统计

类型	平仄格式	例句	《声调谱》评价
a式句	1 仄仄平平仄	不寝听金钥（杜甫《春宿左省》）	律句1④
	2 平仄平平仄	今夜鄜州月（杜甫《月夜》）	律句2
	3 仄仄仄平仄	带甲满天地（杜甫《送远》）	拗句⑤
		竹露滴清响（孟浩然《夏日南亭怀辛大》，五言古诗）	第三字仄，亦拗律句⑥
	4 平仄仄平仄	花隐掖垣暮（杜甫《春宿左省》）	掖，拗字。⑦ "起句'仄仄仄平仄'或'平仄仄平仄'，唐人亦有此调，但下句必须用三平或四平。如'仄平平仄平，平平平仄平'"是也⑧

---

①　（清）王士禛：《律诗定体》，（清）王夫之等《清诗话》，上海古籍出版社1963年标点本，第113—114页。
②　王力：《诗词格律概要》，北京出版社1979年版，第66页。
③　王力：《诗词格律概要》，北京出版社1979年版，第63页。
④　《声调谱·论例》中说："与律句同者，不著笔，近体中不拗者，亦不著笔"，根据这个原则，正文中没有标注的部分，应该就是赵执信认可的律句。
⑤　（清）赵执信：《声调谱》，（清）王夫之等《清诗话》，上海古籍出版社1963年标点本，第341页。
⑥　（清）赵执信：《声调谱》，（清）王夫之等《清诗话》，上海古籍出版社1963年标点本，第331页。
⑦　（清）赵执信：《声调谱》，（清）王夫之等《清诗话》，上海古籍出版社1963年标点本，第341页。
⑧　（清）赵执信：《声调谱》，（清）王夫之等《清诗话》，上海古籍出版社1963年标点本，第328页。

平仄律源流考辨

续表

类型	平仄格式	例句	《声调谱》评价
a式句	5 平仄仄仄去	高阁客竟去（李商隐《落花》）	拗句起，下句：小园花（此字拗救）乱飞①（仄平平仄平）
	6 仄仄仄仄仄	苒苒迹始去（杜牧《句溪夏日送卢霈秀才归王屋山将欲赴举》）	五字俱仄，下句：悠悠心（此字必平，救上句）所期。"此必不可不救，因上句第三、四字皆当平而反仄，必以此第三字平声救之，否则落调矣。上句'仄仄平仄仄'亦同。"②
	7 仄仄平仄仄		
A式句	8 平仄仄平平	因见古人情（杜甫《送远》）	律句3
	9 仄仄仄平平	未解忆长安（杜甫《月夜》）	律句4
b式句	10 仄平平仄仄	广陵相遇罢（孟浩然《广陵别薛八》）	律句5
	11 平平平仄仄	羊公碑字在（孟浩然《与诸子登岘山》）	律句6
	12 平平仄平仄	何时倚虚幌（杜甫《月夜》）	拗句③
		平沙渡头歇（孟浩然《秋登万山寄张五》，五言古诗）	拗律句④
	13 平平仄仄仄	亲朋尽一哭（杜甫《送远》）	尽，可仄⑤
		心飞逐鸟灭（孟浩然《秋登万山寄张五》五言古诗）	拗律句⑥

---

① （清）赵执信：《声调谱》，（清）王夫之等《清诗话》，上海古籍出版社1963年标点本，第327页。

② （清）赵执信：《声调谱》，（清）王夫之等《清诗话》，上海古籍出版社1963年标点本，第327页。

③ （清）赵执信：《声调谱》，（清）王夫之等《清诗话》，上海古籍出版社1963年标点本，第340页。

④ （清）赵执信：《声调谱》，（清）王夫之等《清诗话》，上海古籍出版社1963年标点本，第330页。

⑤ （清）赵执信：《声调谱》，（清）王夫之等《清诗话》，上海古籍出版社1963年标点本，第341页。

⑥ （清）赵执信：《声调谱》，（清）王夫之等《清诗话》，上海古籍出版社1963年标点本，第330页。

续表

类型	平仄格式	例句	《声调谱》评价
B	14 平平仄仄平	天寒梦泽深（孟浩然《与诸子登岘山》）	律句 7
	15 平平平仄平	年年山下人（于鹄《秦越人洞中咏》）	"第三字平，亦拗以别律。"
		悠悠心所期（杜牧《句溪夏日送卢霈秀才归王屋山将欲赴举》）	心，"此字必平。救上句。"（上句是"苒苒迹始去"，仄仄仄仄仄）
	16 仄平平仄平	夕岚飞鸟还（王维《崔濮阳兄季重前山兴》五言古诗）	拗律句① 若"仄平平仄平"，变而仍律者也②

《声调谱》中的标准"律句"与《律诗定体》完全一致，一共七种。在此基础上，赵执信又归纳出了四类"拗律句"：（1）平平仄仄仄，（2）平平仄平仄，（3）仄（平）仄仄平仄，（4）仄（平）平平仄平。其中，第二类和第三类出现在律诗中时仍被称作"拗"，如果出现在古体诗中则被标注为"拗律句"。第三类和第四类一般对下句或上句的平仄格式有所要求。另外，还有平仄仄仄仄，仄仄仄仄仄，仄仄平仄仄三类，它们出现的条件是：下句B式句的第三个字必须是平声。"仄仄仄仄仄"句中，应该有入声，如："草木（入）岁月（入）晚"。"五仄无一入声字在内，依然无调也。"③

《声调谱》明确认定是"古诗句"和"落调"的格式有"仄平仄仄仄，仄平仄平仄，平仄平仄仄，仄平仄仄平"四种：

平平仄仄仄，下句仄仄仄平平，律诗常用。若"仄平仄仄仄"

---

① （清）赵执信：《声调谱》，（清）王夫之等《清诗话》，上海古籍出版社 1963 年标点本，第 329 页。

② （清）赵执信：《声调谱》，（清）王夫之等《清诗话》，上海古籍出版社 1963 年标点本，第 328 页。

③ （清）赵执信：《声调谱》，（清）王夫之等《清诗话》，上海古籍出版社 1963 年标点本，第 341 页。

则为落调矣。盖下有三仄，上必二平也。①

北山白云里（仄平仄平仄，孟浩然《秋登万山寄张五》）后注：

我心素已闲（仄平仄仄平），并此俱是天然古句。②
起句第二字仄第四字平者，如"仄仄平平仄"或"平仄平平仄"或"平仄仄平平"俱可，若"平仄平仄仄"则古诗句矣。③
……仄平仄仄平，则古诗句矣。④

在"拗救"问题上，《声调谱》在《律诗定体》的基础上增补了"平（仄）仄仄仄仄"需对"平（仄）平平仄平"一条，如："士有不得志（五仄），棲棲吴（必平）楚间（孟浩然《广陵逢薛八》）。"⑤"高阁客竟去（拗句起），小园花（此字拗救）乱飞（李商隐《落花》）。"⑥ 这一条相当于王力先生提出的"大拗必救"⑦和"大拗、孤平拗救同时并用"⑧。

对于"仄（平）仄仄平仄，平（仄）平平仄平"一类拗救，赵执信仍犹豫不决。他在书中引用杜牧的《句溪夏日送卢霈秀才归王屋山将欲

---

① （清）赵执信：《声调谱》，（清）王夫之等《清诗话》，上海古籍出版社1963年标点本，第328页。
② （清）赵执信：《声调谱》，（清）王夫之等《清诗话》，上海古籍出版社1963年标点本，第330页。
③ （清）赵执信：《声调谱》，（清）王夫之等《清诗话》，上海古籍出版社1963年标点本，第328页。
④ （清）赵执信：《声调谱》，（清）王夫之等《清诗话》，上海古籍出版社1963年标点本，第328页。
⑤ （清）赵执信：《声调谱》，（清）王夫之等《清诗话》，上海古籍出版社1963年标点本，第342页。
⑥ （清）赵执信：《声调谱》，（清）王夫之等《清诗话》，上海古籍出版社1963年标点本，第327页。
⑦ 王力：《诗词格律概要》，北京出版社1979年版，第65页。
⑧ 王力：《诗词格律概要》，北京出版社1979年版，第71页。

赴举》说：

> 野店正（宜平而仄）纷泊，茧蚕初（宜仄而平。第一字仄，第三字必平）引丝。（第三字救上句。亦可不救）。①

翟翚《声调谱拾遗》进一步增补和扩充了《声调谱》中的律句。《声调谱》中的十六种律句、拗律句，都被录入《声调谱拾遗》中，兹不赘录。翟翚对律句的态度相当宽容，他抱着"拾遗补漏"的心态，又为《声调谱》增补了以下三类准律句。

表3-5　　　　　　　　　《声调谱拾遗》准律句

类型	平仄格式	例句	《声调谱拾遗》评价
a	仄仄平仄仄	已历千万转（李白《寻高凤石门山中元丹丘》）	拗律句②
b	仄平仄平仄	故人得佳句（杜甫《奉达岑参补阙见赠》）	得，宜平而仄。佳，宜仄而平。"赵谱云：第三字仄，第四字平，则第一字必平。观此似不必拘。"③
b	仄平仄仄仄	世人共鲁莽（杜甫《空囊》）	共，宜平而仄。"赵谱谓中唐后无此调，亦非。证例在韩愈、裴说诗。"④

对于"仄（平）仄仄平仄，平（仄）平平仄平"和"平（仄）仄仄仄仄，平（仄）平平仄平"两类"拗救"，翟翚认为可救，可不救。

---

① （清）赵执信：《声调谱》，（清）王夫之等《清诗话》，上海古籍出版社1963年标点本，第327页。
② （清）翟翚：《声调谱拾遗》，（清）王夫之等《清诗话》，上海古籍出版社1963年标点本，第354页。
③ （清）翟翚：《声调谱拾遗》，（清）王夫之等《清诗话》，上海古籍出版社1963年标点本，第361页。
④ （清）翟翚：《声调谱拾遗》，（清）王夫之等《清诗话》，上海古籍出版社1963年标点本，第362页。

平仄律源流考辨

翟翚引用杜甫的《奉答岑参补阙见赠》"冉冉柳枝碧（仄仄仄平仄），娟娟花蕊红（平平平仄平）"一句，并注释说"柳"，"宜平而仄"，"花"，"第三字平，所以救上句第三字之仄……上句亦可不救"①。拗而不救的例证为：杜甫《夜雨》"通籍恨多病（平仄仄平仄），为郎忝薄游（平平仄仄平）。"②

在"窈窕清禁闼，罢朝归不同"（仄仄平仄仄，仄平平仄平。杜甫《奉答岑参补阙见赠》）一句后，翟翚标注"禁，宜平而仄"，"归，平字拗救"，"第三字用平，救上句亦救本句。本句第一字仄，故第三字必平也"。③拗而不救的例证为：韩愈《独钓》"远岫重叠出（仄仄平仄仄），寒花散乱开（平平仄仄平）。"翟翚标注："不救上句，可与杜甫'奉答岑参诗'参看。"④ "秋半百物变（平仄仄仄仄），溪鱼去不来（平平仄仄平）。"翟翚标注："不救上句，可与杜甫《夜雨》诗参看。"⑤ 从标注中的"参看《夜雨》"可以看出，翟翚对第四字拗与第三字拗的诗句一视同仁，并没有明确区分"大拗"与"小拗"。

从"故人得佳句"与"世人共鲁莽"两个例证来看，翟翚对"孤平"的态度也比较宽容。

翟翚虽然不分大、小拗，不注重"孤平"，但是对"拗句"在一联中的出现位置特别关注。他指出："凡律诗，上句拗，下句犹可参用律调；下句拗，则上句必以拗调协之。此不易之法。"⑥

---

① （清）翟翚：《声调谱拾遗》，（清）王夫之等《清诗话》，上海古籍出版社 1963 年标点本，第 361 页。
② （清）翟翚：《声调谱拾遗》，（清）王夫之等《清诗话》，上海古籍出版社 1963 年标点本，第 361 页。
③ （清）翟翚：《声调谱拾遗》，（清）王夫之等《清诗话》，上海古籍出版社 1963 年标点本，第 361 页。
④ （清）翟翚：《声调谱拾遗》，（清）王夫之等《清诗话》，上海古籍出版社 1963 年标点本，第 364 页。
⑤ （清）翟翚：《声调谱拾遗》，（清）王夫之等《清诗话》，上海古籍出版社 1963 年标点本，第 364 页。
⑥ （清）翟翚：《声调谱拾遗》，（清）王夫之等《清诗话》，上海古籍出版社 1963 年标点本，第 362 页。

第三章 律句考辨

李白的《南阳送客》中，有"斗酒勿为薄（仄仄仄平仄），寸心贵不忘（仄平仄仄平）"一句，翟翚注释说："上句不拗，下句亦不可著此，今人失调处在不论上下句。细参之。"①

也就是说，翟翚认为律诗的一联当中，拗、律句出现的顺序可以是："拗句、律句""律句、律句""拗句、拗句"，但不能是"律句、拗句"。

三 现代声律理论

启功先生在《诗文声律论稿》中化繁为简，用"竹竿律"概括了纷繁变换的律句格式，并且对五（七言）律句中每一个位置上可以出现以及不应出现的平仄形式都做出了规定。② 启功先生评价律句的标准可以用表3-6来总结。

表3-6　启功先生的律句标准

类型			七言句		五言句				
出现序列			甲	乙	丙	丁	戊	己	庚
单字		可以		孤平 孤仄		孤仄			
		不能			*孤平 *同己	*孤平 *孤仄	*孤平 *孤仄		
组合	甲乙丙	可以	平平平、仄仄仄						
		不能							
	丙丁戊	可以			平平平、仄仄仄				
		不能			*仄平仄				
	戊己庚	可以					平平仄、平仄仄 仄仄平、仄平平		
		不能					*平平平、*仄平仄 *仄仄仄、*平仄平		

---

① （清）翟翚：《声调谱拾遗》，（清）王夫之等《清诗话》，上海古籍出版社1963年标点本，第363页。

② 启功：《诗文声律论稿》，中华书局2004年版，第25—28页。

平仄律源流考辨

根据上述标准，五言近体诗的标准律句共有七种，即王世祯在《律诗定体》中列举的七种平仄形式。七言诗的标准律句共有十四种。①

王力先生的《汉语诗律学》《诗词格律概要》《诗词格律十讲》是诗律研究的集大成之作。综合上述几种文献，王力先生的律句观可以归纳为以下表格（表3-7）。

表3-7　　　　　　　王力先生的律句观

a 仄起仄收	A 仄起平收	b 平起仄收	B 平起平收
仄仄平平仄：律句	平仄仄平平：律句	仄平平仄仄：律句	平平仄仄平：律句
平仄平平仄：律句	仄仄仄平平：律句	平平平仄仄：律句	仄平平仄平 孤平本句自救：昨来闻更贫。（刘眘虚）②
仄（平）仄仄平仄 变例：我有一瓢酒（韦应物）③，明月隐高树（陈子昂）④ 平仄脚，第三字仄声为变格（一）：此地一为别。挥手自兹去。（李白）相当少见，往往在下句同一位置上用一个平声字补偿⑤	仄仄平平平 变例：漠漠秋云低（杜甫）⑥；平平脚，第三字平声为变格（三）：积雪浮云端。（祖咏）罕见的例外⑦	平平仄仄仄 子类特殊形式⑧；特定的变格，五言第一字必须用平声。⑨ 因此，"仄平仄平仄"不合律	平平仄仄平 五言诗第三字，不依照平仄格式为变例⑩：禅房花木深（常建）；仄平脚，第三字平声为变格（四）：云霞生薜帷。（钱起）这种变格最为常见⑪

---

① （a）平平仄仄平平仄，仄平平平平仄，平平平平平仄，仄仄仄仄平平仄。（B）仄仄平平仄仄平，平仄平平仄仄平。（b）平仄仄平平仄仄，仄仄仄平平仄仄，平仄平平平仄仄，仄仄仄仄平仄仄。（A）仄仄平平仄仄平，平平仄仄仄平平，仄仄平平仄平平，平平仄仄平平平。
② 王力：《诗词格律概要》，北京出版社1979年版，第64页。
③ 王力：《汉语诗律学》，上海教育出版社2005年版，第89页。
④ 王力：《汉语诗律学》，上海教育出版社2005年版，第89页。
⑤ 王力：《诗词格律概要》，北京出版社1979年版，第45页。
⑥ 王力：《汉语诗律学》，上海教育出版社2005年版，第89页。
⑦ 王力：《诗词格律概要》，北京出版社1979年版，第48页。
⑧ 王力：《汉语诗律学》，上海教育出版社2005年版，第100页。
⑨ 王力：《诗词格律概要》，北京出版社1979年版，第50页。
⑩ 王力：《汉语诗律学》，上海教育出版社2005年版，第89页。
⑪ 王力：《诗词格律概要》，北京出版社1979年版，第48—50页。

第三章　律句考辨

续表

a 仄起仄收	A 仄起平收	b 平起仄收	B 平起平收
仄（平）仄平仄仄 丑类特殊形式①；大拗必救，五言第四字拗，对句的第三字要用一个平声字补偿：远送从此别，青山空復情。（杜甫）②	平仄平平平 末字"平平平"是古体诗的标准平仄③	平平仄仄仄 变例：端居不出户（王维）④ 仄仄脚，第三字仄声为变格（二）：潮平两岸阔。相当常见，五言第一字必平⑤	仄平仄仄平 王力：孤平拗句⑥
仄（平）仄仄仄仄 大拗必救：向晚意不适，驱车登古原。（李商隐）孤雁不饮啄，飞鸣声念群。（杜甫）与孤平拗救并用：人事有代谢，往来成古今。（孟浩然）⑦	仄仄平平平 节奏点拗。二月湖水清（孟浩然）⑧	仄平仄仄仄 同意赵执信观点⑨ 非律句⑩	平平仄平平 节奏点拗。行塘阅清辉。（韦应物）⑪

总的来看，王力先生的律句观接近清人赵执信，但具体表述略微不同。赵执信的"拗律句"，在王力先生的理论体系中，一般称为"变例"或"变格"。

综上所述，历代学者对"仄仄平平仄，平仄平平仄，平平仄仄平，仄平平仄仄，平平平仄仄，平仄仄平平，仄仄仄平平"七类律句的看法

---

① 王力：《汉语诗律学》，上海教育出版社 2005 年版，第 107 页。
② 王力：《诗词格律概要》，北京出版社 1979 年版，第 65—66 页。
③ 王力：《汉语诗律学》，上海教育出版社 2005 年版，第 90 页。
④ 王力：《汉语诗律学》，上海教育出版社 2005 年版，第 88 页。
⑤ 王力：《诗词格律概要》，北京出版社 1979 年版，第 46 页。
⑥ 王力：《汉语诗律学》，上海教育出版社 2005 年版，第 85 页。
⑦ 王力：《诗词格律概要》，北京出版社 1979 年版，第 68 页。
⑧ 王力：《汉语诗律学》，上海教育出版社 2005 年版，第 90 页。
⑨ 王力：《汉语诗律学》，上海教育出版社 2005 年版，第 92 页。
⑩ 王力：《诗词格律概要》，北京出版社 1979 年版，第 47 页。
⑪ 王力：《汉语诗律学》，上海教育出版社 2005 年版，第 90 页。

基本一致。分歧主要集中在以下两个方面：

第一，上述七类之外的平仄格式，如"平平平仄平"（在"己"处孤仄），"平平仄仄仄"（末尾三连仄），"平平仄平仄"（节奏点叠平）等，虽然不太合律却又屡次出现，到底应不应该算律句？

第二，"平平仄仄仄"，"平平仄平仄"两类b式句的第一个字是否一定要用平声，犯"孤平"的"仄平仄仄仄"，"仄平仄平仄"是否合律。王力先生认为它们不合律，赵执信举棋不定，有时认为它们是"天然古句"（北山白云里），有时又用"拗句同律"来注释"洞门黑无底"。《文镜秘府论》、翟翚都持"似不必拘"的态度。

第二节 拗、律句统计研究

下文拟针对上述问题进行统计。鉴于历代学者都喜欢以杜甫的诗作为样本研究诗律，且杜诗向来有"遣辞必中律""文律早周旋"的美名，因此本研究将以杜甫的平韵近体诗为主要统计对象。统计用的杜诗共有605首，4712句。其中有五言绝句32首（首句仄起不入韵26首，首句平起不入韵6首），五言律诗573首（首句仄起不入韵419首，首句仄起入韵26首，首句平起不入韵119首，首句平起入韵9首）。另外，还有《唐诗三百首》中除杜诗外的70首平韵五言律诗，24首平韵五言绝句，共656句作为参照对象。统计的文本来自国家图书馆的全唐诗数据库。

一 律句分类

赵执信在《声调谱》中提到："平平仄平仄，为拗律句"，乃仄韵古诗下句之正调也。[①]"律诗平平仄仄平，第二句之正格。若仄平平仄平，

[①] （清）赵执信：《声调谱》，（清）王夫之等《清诗话》，上海古籍出版社1963年标点本，第330页。

变而仍律者也。即是拗句。仄平仄仄平则古诗句矣。"① 可见，律句与"非律句"之间并非判若鸿沟，而是有过渡的地带，古体和近体偶尔也可以开放边界，互通有无。那么，近体诗的"律句"到底应该有多少类呢？

历代学者讨论的近体诗律句（拗律句），大致可以归纳为 21 种类型。这 21 类的出现比例如表 3-8 所示：

表 3-8　　　　　　　　律句（拗律句）出现比例统计

序号	平仄格式	类型	出现次数／比例		出现概率①
			杜甫平韵近体诗	《唐诗三百首》平韵近体诗	
1	平平仄仄平	B	983/4712≈20.86%	126/656≈19.21%	2.82%
2	仄仄仄平平	A	717/4712≈15.22%	85/656≈12.96%	3.30%
3	仄仄平平仄	a	669/4712≈14.20%	82/656≈12.50%	3.30%
4	仄平平仄仄	b	472/4712≈10.02%	59/656≈8.99%	3.30%
5	平仄仄平平	A	441/4712≈9.36%	76/656≈11.59%	2.82%
6	平平平仄仄	b	337/4712≈7.15%	33/656≈5.03%	2.82%
7	平仄平平仄	a	320/4712≈6.79%	31/656≈4.73%	2.82%
	总计 1		3939/4712≈83.60%	492/656=75.00%	
8	平平仄仄仄	常见变格	164/4712≈3.48%	30/656≈4.57%	3.30%
9	平平仄仄仄	子类特殊形式	143/4712≈3.03%	27/656≈4.12%	2.82%
10	平平平仄平	常见变格，小拗对句救	133/4712≈2.82%	20/656≈3.05%	2.41%
	总计 2		440/4712≈9.34%	77/656≈11.74%	
11	仄仄仄平仄	a 小拗	70/4712≈1.49%	11/656≈1.68%	3.85%
12	平仄仄仄仄	a 小拗	45/4712≈0.96%	14/656≈2.13%	3.30%
13	仄平平仄平	B 孤平自救	34/4712≈0.72%	16/656≈2.44%	2.82%
	总计 3		149/4712≈3.16%	41/656≈6.25%	
14	仄仄平平平	A 三连平	19/4712≈0.40%	4/656≈0.61%	2.82%

---

① （清）赵执信：《声调谱》，（清）王夫之等《清诗话》，上海古籍出版社 1963 年标点本，第 328 页。

① 如上所述，《切韵》中的平声字约占总字数的 46.0%，上去入三声约占总字数的 53.8%，根据这个比例，二平三仄的五言诗自然出现的概率为 $0.46^2*0.538^3≈3.30\%$，以此类推，二仄三平的五言诗出现的概率为 2.82%，四平一仄，四仄一平，五连仄的五言诗出现的概率分别为 2.41%，3.85%，4.51%。

平仄律源流考辨

续表

序号	平仄格式	类型	出现次数 / 比例		出现概率
			杜甫平韵近体诗	《唐诗三百首》平韵近体诗	
15	平仄平平平	A 三连平	6/4712≈0.13%	2/656≈0.30%	2.41%
16	仄平仄仄仄	b 孤平，三连仄	29/4712≈0.62%	2/656≈0.30%	3.85%
17	仄平仄仄平	b 孤平	19/4712≈0.40%	4/656≈0.61%	3.30%
18	仄仄平仄平	a 大拗	19/4712≈0.40%	4/656≈0.61%	3.85%
19	平仄仄仄仄	a 大拗	11/4712≈0.23%	4/656≈0.61%	3.85%
20	仄仄仄仄仄	a 大拗	9/4712≈0.19%	2/656≈0.30%	4.51%
21	平仄平仄仄	a 大拗	8/4712≈0.17%	3/656≈0.46%	3.30%
	总计 4		120/4712≈2.55%	25/656≈3.81%	
	总计		4648/4712≈98.64%	635/656≈96.80%	

统计可知，1-7 类平仄格式的出现比例远高于它们自然出现的概率，第 8-10 类平仄格式的出现频率略高于自然概率。总的来说，它们都属于诗人在近体诗创作中倾向于使用的格式。在杜诗和唐诗三百首中，都占到了句子总数的绝大多数（杜诗 92.94%《唐诗三百首》86.74%）。

第 11-13 类平仄格式的出现频率略低于自然概率，第 14-21 类出现的频率很低，远低于自然概率。因此，标准的近体诗一般对其敬而远之。

施向东先生曾经用"原型范畴"理论来解释诗歌押韵的问题。[①] 近体诗律句的问题也可以用这种思路来界定。根据原型范畴学说，范畴成员之间的关系是不平等的，原型是范畴内的典型成员，其中包含最多的该范畴成员共有的特征，其他成员有一些比较典型，有一些不太典型，处于范畴的边缘。范畴的边界又是模糊的，相邻的范畴可以相互渗透和重叠。[②]

根据这个理论，近体诗"律句"这一范畴可以用图 3-1 来表示。图中的平仄格式，典型特征由内向外逐层减少，越靠近外围，在近体诗中

---

① 施向东：《关于上古汉语阴声音节的韵尾、韵素和声调问题的探讨》，冯胜利《汉语韵律语法新探》，中西书局 2015 年版，第 342—364 页。

② 李福印：《认知语言学概论》，北京大学出版社 2008 年版，第 99—100 页。

出现的频率越低，合律的程度也越低。

```
┌─────────────────────────────────────────────────┐
│  ┌───────────────────────────────────────────┐  │
│  │  ┌─────────────────────────────────────┐  │  │
│  │  │  （一）标准律句                      │  │  │
│  │  │  仄仄平平仄，平平仄仄平，平平平仄仄， │  │  │
│  │  │  仄仄仄平平                         │  │  │
│  │  │  仄仄平平仄，平仄仄平平，平仄平仄仄  │  │  │
│  │  └─────────────────────────────────────┘  │  │
│  │  （二）变格律句                            │  │
│  │  平平仄仄仄，平平仄仄仄，平平平仄平        │  │
│  │  ┌─────────────────────────────────────┐  │  │
│  │  │  （三）准律句                        │  │  │
│  │  └─────────────────────────────────────┘  │  │
│  │  仄仄仄仄平，平仄仄平平，平平平仄平        │  │
│  └───────────────────────────────────────────┘  │
│  （四）近体诗中偶尔出现的"拗句"                  │
│  仄仄平平平，平仄平平平，仄平仄仄仄，            │
│  仄仄平仄仄，平平仄仄仄，仄仄仄仄仄，平仄平仄仄  │
└─────────────────────────────────────────────────┘
                        ↕
                      古体诗
```

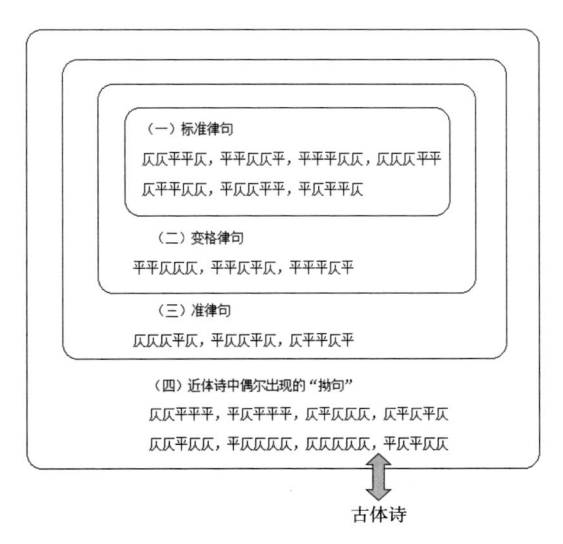

图 3-1　近体诗"律句"范畴

　　启功先生制定的律句标准可以看成范畴成员共有的特征，上述 1—7 类平仄格式是标准律句，也是律句的"原型"。8—13 六类分别违反了一条律句标准，是非典型的"变格律句"，或"拗"得不彻底，出现频率又略低的"准律句"。16—21 类格式同时违反了两条（或两条以上）的律句标准①，14—15 用到了最能体现古风特色的三连平格式，且出现频率很低，是游走于近体诗和古体诗之间的边缘形式。众说纷纭的"平平平仄平""平平仄仄仄""平平仄平仄"等句属于律句的范畴，但不够典型。"平平仄仄仄，平平仄平仄"两类 b 式句的第一个字是否要用平声，无一定之法，但用平声比用仄声更接近律句"原型"。

---

① 16"仄平仄仄仄"：戊、己、庚三连仄，丁处孤平。17"仄仄平仄仄"：丁处孤平，己处孤平，丁、己同平。18"仄仄平仄仄"：戊处孤平，丁、己同仄。19"平仄仄仄仄"：丁、己同仄，戊、己、庚三连仄。20"仄仄仄仄仄"：丁、己同仄，戊、己、庚三连仄。21"平仄平仄仄"：丁、己同仄，戊处孤平。

律句的"原型",是近体诗创作的圭臬与准绳,边缘形式的存在,则避免了拟规画圆的教条做法,为诗歌开拓意境,应权通变提供了方便。正如清人所说,诗人使用平仄的标准,"不过是起承转合,当中承转是两付对子,平声对仄声,虚的对实的,实的对虚的",但是,抱令守律,难免因形害义,所以"若是果有了奇句,连平仄、虚实不对都使得的"。① 原型清晰,边界散漫,这就是近体诗的"律句"范畴。

二 拗句研究

那么,在近体诗中,那些有古拗特征的准律句和边缘形式是否有特定的出现条件和顺序?如果一联的下句是"拗句",上句是否一定要拗用平仄?"仄(平)仄仄平仄"和"平(仄)仄仄仄仄"两类不合律的格式,是否一定要用第三字为平声的B式句来补救。补救的办法是"小拗"即救(王世祯),还是"大拗"必救,"小拗"可救(赵执信、王力),或者都可以不补救(翟翚)?现将杜诗与《唐诗三百首》中的拗句情况统计如下:

表3-9 "小拗"与"大拗"② 句对句相救情况统计

上句	下句	下句情况	出现次数 杜甫平韵近体诗	出现次数 唐诗三百首平韵近体诗
平仄仄平仄	平平平仄平	拗救	22	5
	仄平平仄平	拗救	8	5
	平平仄仄平	拗而不救,但平仄相对	15	2
	仄平仄仄平	拗而不救,但平仄相对	0	2
拗而不救的比例:			15/45≈33.33%	4/14≈28.57%

---

① (清)曹雪芹:《脂砚斋批评本·红楼梦·下》,岳麓书社2006年版,第457页。
② 王力先生所用术语,"大拗"指节奏点叠平叠仄,"小拗"为五言第三字应平(仄)而仄(平)。

第三章 律句考辨

续表

上句	下句	下句情况	出现次数 杜甫平韵近体诗	出现次数 唐诗三百首平韵近体诗
仄仄仄平仄	平平平仄平	拗救	48	0
	仄平平仄平	拗救	8	5
	平平仄仄平	拗而不救，但平仄相对	11	4
	仄平仄仄平	拗而不救，但平仄相对	3	1
	仄仄仄平平	拗而不救，平仄不相对	0	1
拗而不救的比例：			14/70=20.00%	6/11≈54.55%
仄仄平仄仄	平平平仄平	拗救	7	1
	仄平平仄平	拗救	3	0
	仄平仄仄平	拗而不救，平仄不相对	4	2
	平仄仄平平	标准律句，平仄不相对	2	0
	仄平仄仄平	标准律句，平仄不相对	3	0
	仄平平仄平	拗句，平仄相对	0	1
拗而不救的比例：			9/19≈47.37%	3/4=75.00%
平仄平仄仄	平平平仄平	拗救	3	1
	仄平平仄平	拗救	1	0
	平平仄仄平	拗而不救，平仄不相对	2	1
	仄平仄仄平	拗而不救，平仄不相对	0	1
	仄仄仄平平	标准律句，平仄不相对	2	0
拗而不救的比例：			4/8=50.00%	2/3≈66.67%
平仄仄仄仄	平平平仄平	拗救	4	0
	仄平平仄平	拗救	3	3
	平平仄仄平	拗而不救，平仄不相对	2	1
	仄平仄仄平	拗而不救，平仄不相对	1	0
	仄仄仄平平	标准律句，平仄不相对	1	0
拗而不救的比例：			4/11≈36.36%	1/4=25.00%
仄仄仄仄仄	平平平仄平	拗救	5	1
	仄平平仄平	拗救	2	1
	平平仄仄平	拗而不救，平仄不相对	2	0
拗而不救的比例：			4/9≈44.44%	1/2=50.00%

总的来看，对于"大拗""小拗"两类不甚合律的格式，对句相救与对句不救的情况兼而有之，杜诗中对句相救的情况更多一些，《唐诗三百

首》的数据看不出明显的倾向。翟翬的理论大概就来源于此。

　　进一步分析对句格式可以发现，"小拗""仄（平）仄仄平仄"的对句无论是否相救，联内上下句节奏点上平仄相对的基本格局都能确保无虞①。"大拗""平（仄）仄仄仄仄""仄仄平仄仄"的对句无论是否出手相救，一联当中都至少有一个节奏点叠仄。对句相救，只是为了协调声律，避免平仄失衡。赵执信所谓"下有三仄，上必二平"，《文镜秘府论·天卷·调声》一节引元兢说："相承者，若上句五字之内，去上入字则（疑为甚字之误）多，而平声极少者，则下句用三平承之"②，都是为了使平仄二声数量均衡。"小拗"不救，虽不能相承，但仍可相对；"大拗"不救，则既不相承，也不相对，与古诗句别无二致，从形式上说，不应该出现在讲究声律的近体诗当中。从这个角度看，王力先生"大拗必救"，"小拗可救可不救"的说法仍属不刊之论。

　　下面再来分析"凡律诗，下句拗，则上句必以拗调协"（翟翬）这一论断的可靠性。

表3-10　　　　　　　　　　"拗句"上联情况统计

下句	上句	上句情况	出现次数 杜甫平韵近体诗	出现次数 唐诗三百首平韵近体诗
仄平仄仄平（孤平）	仄仄平平仄	标准律句，平仄相对	8	1
	平仄平平仄	标准律句，平仄相对	1	0
	平平仄仄平	标准律句，平仄不相对	1	0
	仄仄仄平仄	已处孤平，平仄相对	3	1
	平仄仄平仄	已处孤平，平仄相对	0	2

---

　　①　《唐诗三百首》中有一联例外。
　　②　[日]遍照金刚撰，卢盛江校考：《文镜秘府论汇校汇考·一》，中华书局2006年版，第167页。

第三章　律句考辨

续表

下句	上句	上句情况	出现次数 杜甫平韵近体诗	出现次数 唐诗三百首平韵近体诗
仄仄平平平（三连平）	平平平仄仄	标准律句，平仄相对	4	1
	仄平平仄仄	标准律句，平仄相对	4	0
	平平仄仄仄	三连仄，平仄相对	5	0
	仄平仄仄仄	三连仄，丁处孤平，平仄相对	1	0
	平平仄平仄	己处孤平，平仄不相对	1	1
	仄平仄平仄	丁、己处孤平，平仄不相对	4	0
	仄平仄平平	己处孤平，平仄不相对	0	1
平仄平平平（三连平）	仄平平仄仄	标准律句，平仄相对	3	0
	平平仄仄仄	三连仄，平仄相对	1	0
	仄平仄仄仄	三连仄，平仄相对	1	1
	仄平仄平仄	丁、己处孤平，平仄不相对	1	1
总数			38	9
标准律句数			21	2
平仄相对数			31	6

可以看出，拗句的上句，也有不少是律句[①]，不一定要拗用平仄。翟翚的论断不够全面。仔细考察拗句上联的平仄格式，可以发现，大多数（杜甫81.58%，《唐诗三百首》66.7%）拗句的上联，在二、四音节上可以与下联平仄相对。所以，近体诗拗句上联的基本调声规律，不是"以拗调协"，而是"平仄相对"。

---

① 表3-10只统计了标准律句，如果再加上律句的变格和准律句，律句的数目会更多。

第四章　"永明"余响——近体诗中的"子类特殊形式"

第一节　平仄互换

近体诗讲究平仄相间，异声相显。二、四、(六)字是大部分近体诗的重要节奏点，因此古人常说："一三（五）不论，二四（六）分明"。只有平仄分明，才能抑扬顿挫，起伏有致。宜平而仄，宜仄而平的格式，可称为"拗"。按照一般的逻辑，二、四、（六）异声的"正格"数量应远远超出"拗句"的数量。不过，凡事都有例外。"（仄仄）/（平仄）平平仄平仄"形式就是其中的特例。

"（仄仄）/（平仄）平平平仄仄"是近体诗的标准句式，如果将其中第三、四（五、六）字的平仄互换，就得到了"（仄仄）/（平仄）平仄平仄"的形式。后者二、四（四、六）叠平，不合格律，却屡见不鲜，其中不乏脍炙人口的佳句。唐代以诗赋取士，尤重声律，因为"诗赋有声律法度，故工拙易见"[①]。而相对严谨的试律诗中也出现了这样的特殊形式，如："虬螭动旌旆"（王绰《迎春东郊》），"还知沐天眷"（常沂《禁中春松》）等。可见其并不十分违背"法度"。王力先生统计了《唐诗

[①]（元）马端临：《文献通考》，浙江古籍出版社1988年影印本，第295页。

第四章 "永明"余响——近体诗中的"子类特殊形式"

三百首》中的五十首仄起五律，发现一半的尾联出句（第七句）都是特殊形式：其中有"平平仄平仄"24句，"仄平仄平仄"1句。① "拗"而常见，很难归类，所以，王力先生称其为"子类特殊形式"。

较早研究这一问题的是方回、王士禛、赵执信等古代诗论家，大家不约而同地以"（仄仄）平平仄平仄"为"拗"或特例，但对具体问题的解释却不尽相同：

《瀛奎律髓·卷二十五》中说："江山有巴蜀（平平仄平仄），'有'字亦决不可易，则不应换平声字，却将'巴'字作平声一拗，如'诗应有神助（平平仄平仄），吾得及春游（平仄仄平平）'亦是。"② 从字面上看，方回大概认为"平（仄）平仄平仄"的形式是第三字拗，第四字救。

王士禛在《律诗定体》的"五言仄起"诗中，引用金幼孜的《夏日喜雨写怀》，并在"好风天上至"（仄平仄平仄）一句后加注说："如'上'字换用平，则第三字必用仄救之"。"好"字旁边标有"⊙"符号，下文解释说："仄可以换平者。"③《律诗定体》在"七言平起不入韵"诗的"我醉吟诗最高顶"（仄仄平平仄平仄）一句，"最高"两字后加注说："二字本宜平仄，而'最高'二字系仄平，所谓单句第六字拗用平，则第五字必用仄以救之，与五言三四一例。"④ 可见，王士禛认为，"子类特殊形式"是第四（六）字拗，第三（五）字救。从"好风天上至"的第一个字"好"来看，第一字似乎可以不拘平仄。

赵执信在《声调谱》中引用杜甫《月夜》中的"遥怜小儿女"（平平仄平仄）和《春宿左省》中的"明朝有封事"（平平仄平仄），并在下

---

① 王力：《汉语诗律学》，上海教育出版社 2005 年版，第 111 页。
② （元）方回：《瀛奎律髓·卷二十五·拗字类》（https://www.cnki.net/kcms/Detail/frame/GxdbSectton.aspx?BH=520799）。
③ （清）王士禛：《律诗定体》，（清）王夫之等《清诗话》，上海古籍出版社 1963 年标点本，第 113 页。
④ （清）王士禛：《律诗定体》，（清）王夫之等《清诗话》，上海古籍出版社 1963 年标点本，第 114 页。

面注明"拗句"。① 在"五言律诗"这一条目下,《声调谱》引用了杜牧的《句溪夏日送卢霈秀才归王屋山将欲赴举》一诗,并标注道(括号中为注文):"行人碧(宜平而仄)溪(宜仄而平)渡(拗句。第四字拗平,第三字断断用仄,今人不论者非),系马绿杨枝(不对格而实对)。"②

《四库全书总目提要》(卷一百九十六·集部四十九)中说:"执信尝问声调于王士禛,士禛靳不肯言。执信乃发唐人诸集排比钩稽,竟得其法,因著为此书……律诗以本句平仄相救为单拗,出句如杜甫之'清新庾开府'……是也。"③

由上可见,赵执信以唐诗印证平仄之法,在"子类特殊形式"是"四拗、三救"的问题上,与王士禛不谋而合。纪昀等人将其归纳为"本句自救"的"单拗"法。

不过对于"单拗"句的第一(三)字,赵执信似乎没有王士禛那么宽容。《声调谱》引用了杜甫的七律《小寒食舟中作》,并在尾联出句"云白山青万余里"(平仄平平仄平仄)的"万"字后面加注说:"此字可仄。第五字仄,上二字必平,若第三字仄,则落调矣,五言亦然。"④

《声调谱拾遗》的作者翟翚对此颇不以为然。他指出:"爱汝玉(仄)山草(宜平而仄)堂(宜仄而平)静(拗句。赵谱云:'第三字必平',而此偏仄。可与五言中'故人得佳句'句参看)。"⑤

由上可见,古代诗论家的分歧主要体现在两个方面:一是"(仄仄)平平仄平仄"中的第一(三)个字是否可以不论,二是这种"特拗"为

---

① (清)赵执信:《声调谱》,(清)王夫之等《清诗话》,上海古籍出版社1963年标点本,第340—341页。

② (清)赵执信:《声调谱》,(清)王夫之等《清诗话》,上海古籍出版社1963年标点本,第327页。

③ (清)永瑢、纪昀:《四库全书总目提要·卷一百九十六·集部四十九》,参见(https://www.cnki.net/kcms/Detail/frame/GxdbSectton.aspx?BH=2182117)。

④ (清)赵执信:《声调谱》,(清)王夫之等《清诗话》,上海古籍出版社1963年标点本,第343页。

⑤ (清)翟翚:《声调谱拾遗》,(清)王夫之等《清诗话》,上海古籍出版社1963年标点本,第365页。

第四章 "永明"余响——近体诗中的"子类特殊形式"

第三（五）字拗，第四（六）字救，还是相反。关于第一个问题，赵执信的观点影响深远，当代学者普遍认为第一（三）字宜平不宜仄。这一点应该与"仄平仄平仄"的出现频率较低有关。关于"孰拗孰救"的问题，大家各执一词：

王力先生指出："腹节上字该平而仄，是拗；腹节下字该仄而平，是救。"① 郭锡良先生也认同"三拗四救"的观点。② 许嘉璐先生指出："丙种句（平平平仄仄）……第四字（七言第六字）因用平声而拗，那么第三字（七言第五字）就要改平而用仄以相救。"这是"四拗三救"说。③

在"（仄仄）/（平仄）平平平仄仄"中，如果第三（五）字"拗"，第四（六）字不补救，就会变成"（仄仄）/（平仄）平平仄仄仄"，如果第四（六）字"拗"，第三（五）字不补救，就会变成"（仄仄）/（平仄）平平平平仄"。

如上文所引，赵执信在《声调谱》认为"平平仄仄仄"格式律诗常用，④《对床夜语》中说："五言律诗……苟时能出奇，于第三字中下一拗字，则贴妥中隐然有峻直之风。老杜有全篇如此者，试举其一云：带甲满天地，胡为君远行？亲朋尽一哭，……散句如'乾坤万里眼，时序百年心''梅花万里外，雪片一冬深''一径野花落，孤村春水生''虫书玉佩藓，燕舞翠帷尘''村春雨外急，邻火夜深明'，……用实字而拗也。其他变态不一，却在临时斡旋之何如耳。"⑤ "亲朋尽一哭，乾坤万里眼，梅花万里外，虫书玉佩藓，村春雨外急"，都是"平平仄仄仄"格式。从历史文献看，"平平仄仄仄"可以在一定条件下出现在近体诗当中。从上一章的统计中也可以看出，"平平仄仄仄"属于第（二）类变格律句，但"平平

---

① 王力：《汉语诗律学》，上海教育出版社2005年版，第107页。
② 郭锡良：《古代汉语》，商务印书馆1999年版，第1084页。
③ 许嘉璐：《古代汉语》，高等教育出版社2010年版，第287页。
④ （清）赵执信：《声调谱》，（清）王夫之等《清诗话》，上海古籍出版社1963年标点本，第328页。
⑤ （宋）范晞文：《对床夜语》，丁福保《历代诗话续编》，中华书局2006年版，第418页。

平仄律源流考辨

平平仄"很少出现在律句的范畴中。因此第三字"拗而不救"似乎是可行的。第四字"拗",则不能不救。这和第四字一般是"节奏点",需要"分明"有关。所以"四拗三救"的情况可能更常见。但是,如果进一步考量,五(七)言诗的节奏又不一定全在第四(六)个字上。所以,这个问题很难在"拗救"的框架内彻底地解决。

《文镜秘府论·天卷·诗章中用声法式》中说:"凡上一字为一句,下二字为一句,或上二字为一句,下一字为一句。三言。上二字为一句,下三字为一句。五言。上四字为一句,下三字为一句。七言。"①

可以推知,五(七)言诗都有一个"三字尾",它的节奏应该和三言诗一样,可以是"上一字为一句,下二字为一句,或上二字为一句,下一字为一句"。这样的分别,自古就有,前者如:"池塘 – 生 – 春草",后者如"日出 – 东南 – 隅"。前者的节奏点就在第三个字上。

节奏点上的字,无论在第几字,都应节奏分明,抑扬婉转,叠平、叠仄,都不合章法。诗歌如此,词赋亦然:"阮瑀《止欲赋》云:'思在体为素粉,悲随衣以消除'。即'体'与'粉'、'衣'与'除'同声是也。……此虽世无的目,而甚于蜂腰。"②

再如,深受汉语近体诗影响的越南"双七六八体"诗,其中六言、八言句的停顿都在偶字上,但七言句的节奏点却在第三、五字上。如:《春江花月夜》前六句的越南"六八体"译诗为:

Lien   mat   **biển**/ sông   **xuân**/ nuóc   **giẫy**.(七言)
　　问(仄)声／　横(平)声／　跌(仄)声

Trên   làn   **khoi**/ trào   **đẩy**/ trang   **ra**,(七言)
　　横(平)声／　问(仄)声／　横(平)声

Sóng   **dồn**/ muôn   **dặm**/ bao   **la**,(六言)
　玄(平)声／重(仄)声／横(平)声

---

① [日]遍照金刚撰,卢盛江校考:《文镜秘府论汇校汇考·一》,中华书局2006年版,第173页。

② [日]遍照金刚撰,卢盛江校考:《文镜秘府论汇校汇考·二》,中华书局2006年版,第956页。

第四章 "永明"余响——近体诗中的"子类特殊形式"

Sông **xuân**/ mot **giải**/ đâu là/ không **trăng**（八言）
横（平）声/问（仄）声/玄（平）声/横（平）声
Dòng sông **luợn**/ theo **chùng**/ bò **bãi**（七言）
　　重（仄）声/玄（平）声/跌（仄）声
Nhu tuyet **bay**/ trang **rọi**/ rùng **hoa**（七言）
　　横（平）声/重（仄）声/横（平）声

可见，第三（五）字也可以是五（七）言诗的节奏点。

第二节　节奏调整

那么，"子类特殊形式"的节奏点在哪？下文拟以杜甫的五言律诗为例，对此进行统计。统计的样本来自北京大学李铎博士研发的"全唐诗分析系统"。在系统中搜索杜甫的"五言律诗"，可得到符合条件的诗作 578 首。

标注这些文本，搜索"平平仄平仄"格式，并分析其意义节奏、出现位置和声调构成，可以得到以下结果：

表 4-1　　　　杜甫五律"子类特殊形式"节奏、意义分析

序号		诗作	诗句	声调	出现位置（第几句）	意义节奏
（一）五律，首句仄起不入韵，平韵	1	月夜	遥怜小儿女	平平上平上	3	2-1-2
	2	雨晴	今朝好晴景	平平上平上	3	2-1-2
	3	春日忆李白	清新庾开府	平平上平上	3	2-1-2
	4	月夜	何时倚虚幌	平平上平上	7	2-1-2
	5	又雪	愁边有江水	平平上平上	7	2-1-2
	6	秋野五首·五	儿童解蛮语	平平上平上	7	2-1-2
	7	暂往白帝复还东屯	加餐可扶老	平平上平上	7	2-1-2
	8	奉送十七舅下邵桂	昏昏阻云水	平平上平上	7	2-1-2
	9	奉寄李十五秘书二首·二	玄成负文彩	平平上平上	7	2-1-2
	10	陪郑广文游何将军山林十首·十	只应与朋好	平平上平上	7	2-1-2

平仄律源流考辨

续表

序号		诗作	诗句	声调	出现位置（第几句）	意义节奏
（一）五律，首句仄起不入韵，平韵	11	从驿次草堂复至东屯二首·一	非寻戴安道	平平去平去	3	2-1-2
	12	江阁卧病走笔寄呈崔卢两侍御	衰年病只瘦	平平去平去	3	2-1-2
	13	季秋苏五弟缨江楼夜宴崔十三评事，韦少府侄三首·二	悠悠照边塞	平平去平去	3	2-1-2
	14	重过何氏五首·四	看君用幽意	平平去平去	7	2-1-2
	15	长江二首·一	归心异波浪	平平去平去	7	2-1-2
	16	雨	干戈盛阴气	平平去平去	7	2-1-2
	17	送鲜于万州迁巴川	看君妙为政	平平去平去	7	2-1-2
	18	九月一日过孟十二仓曹、十四主簿兄弟	清谈见滋味	平平去平去	7	2-1-2
	19	自瀼西荆扉且移居东屯茅屋四首·三	寒空见鸳鹭	平平去平去	7	2-1-2
	20	陪郑广文游何将军山林十首·九	綌衣挂萝薜	平平去平去	7	2-1-2
	21	对雨书怀走邀许十一簿公	相邀愧泥泞	平平去平去	7	2-1-2
	22	陪王侍御宴通泉东山野亭	狂歌过于胜	平平去平去	7	2-1-2
	23	雷	龙蛇不成蛰	平平入平入	3	2-1-2
	24	将晓二首·二	归朝日簪笏	平平入平入	7	2-1-2
	25	夜雨	天寒出巫峡	平平入平入	7	2-1-2
	26	返照	牛羊识僮仆	平平入平入	7	2-1-2
	27	秦州杂诗二十首·十四	何时一茅屋	平平入平入	7	2-1-2
	28	蕃剑	如何有奇怪	平平上平去	3	2-1-2
	29	游修觉寺	诗应有神助	平平上平去	3	2-1-2
	30	逢唐兴刘主簿弟	轻舟下吴会	平平上平去	7	2-1-2
	31	九日登梓州城	兵戈与关塞	平平上平去	7	2-1-2
	32	遣愁	兵戈与人事	平平上平去	7	2-1-2
	33	独立	天机近人事	平平上平去	7	2-1-2
	34	白盐山	词人取佳句	平平上平去	7	2-1-2
	35	秋野	稀疏小红翠	平平上平去	7	2-1-2
	36	溪上	西江使船至	平平上平去	7	2-1-2

第四章 "永明"余响——近体诗中的"子类特殊形式"

续表

	序号	诗作	诗句	声调	出现位置（第几句）	意义节奏
（一）五律，首句仄起不入韵，平韵	37	乘雨入行军六弟宅	萍漂忍流涕	平平上平去	7	2-1-2
	38	闻惠二过东溪特一送	柴门了无事	平平上平去	7	2-1-2
	39	春宿左省	明朝有封事	平平上平去	7	2-1-2
	40	路逢襄阳杨少府入城戏呈杨员外绾	兼将老藤杖	平平上平去	7	2-1-2
	41	陪李梓州王阆州苏遂州李果州四使君登惠义寺	谁能解金印	平平上平去	7	2-1-2
	42	晚晴	时闻有馀论	平平上平去	7	2-1-2
	43	上兜率寺	江山有巴蜀	平平上平入	3	2-1-2
	44	九日五首·三	欢娱两冥漠	平平上平入	7	2-1-2
	45	花底	深知好颜色	平平上平入	7	2-1-2
	46	寄高三十五书记	闻君已朱绂	平平上平入	7	2-1-2
	47	台上	何须把官烛	平平上平入	7	2-1-2
	48	月三首·三	南飞有乌鹊	平平上平入	7	2-1-2
	49	黄鱼	泥沙卷涎沫	平平上平入	7	2-1-2
	50	空囊	囊空恐羞涩	平平上平入	7	2-1-2
	51	玉台观	人传有笙鹤	平平上平入	7	2-1-2
	52	中夜	胡雏负恩泽	平平上平入	7	2-1-2
	53	八月十五夜月二首·二	张弓倚残魄	平平上平入	7	2-1-2
	54	夏日杨长宁宅送崔侍御常正字入京	乌台俯麟阁	平平上平入	7	2-1-2
	55	故武卫将军挽歌三首·三	无由睹雄略	平平上平入	7	2-1-2
	56	春日梓州登楼二首·二	应须理舟楫	平平上平入	7	2-1-2
	57	宴王使君宅题二首·二	江湖堕清月	平平上平入	7	2-1-2
	58	秦州杂诗二十首·六	防河赴沧海	平平去平上	3	2-1-2
	59	即事	人怜汉公主	平平去平上	3	2-1-2
	60	戏作俳谐体遣闷二首·一	家家养乌鬼	平平去平上	3	2-1-2
	61	路逢襄阳杨少府入城戏呈杨员外绾	归来稍暄暖	平平去平上	3	2-1-2
	62	寄杨五桂州谭	江边送孙楚	平平去平上	7	2-1-2
	63	所思	徒劳望牛斗	平平去平上	7	2-1-2
	64	章梓州水亭	荆州爱山简	平平去平上	7	2-1-2
	65	山馆	鸡鸣问前馆	平平去平上	7	2-1-2

续表

	序号	诗作	诗句	声调	出现位置（第几句）	意义节奏
（一）五律，首句仄起不入韵，平韵	66	雷	何须妒云雨	平平去平上	7	2-1-2
	67	秦州杂诗二十首·一	西征问烽火	平平去平上	7	2-1-2
	68	避地	神尧旧天下	平平去平上	7	2-1-2
	69	春日江村五首·一	艰难贱生理	平平去平上	7	2-1-2
	70	摇落	长怀报明主	平平去平上	7	2-1-2
	71	九日五首·二	茱萸赐朝士	平平去平上	7	2-1-2
	72	徐九少尹见过	何当看花蕊	平平去平上	7	2-1-2
	73	秋野五首·四	飞霜任青女	平平去平上	7	2-1-2
	74	奉陪郑驸马韦曲二首·二	谁能共公子	平平去平上	7	2-1-2
	75	茅堂检校收稻二首·二	无劳映渠碗	平平去平上	7	2-1-2
	76	王竟携酒，高亦同过，共用寒字	移樽劝山简	平平去平上	7	2-1-2
	77	课小竖锄斫舍北果林枝蔓荒秽净讫移床三首·二	吟诗坐回首	平平去平上	7	2-1-2
	78	第五弟丰独在江左，近三四载寂无消息，觅使寄此二首·二	明年下春水	平平去平上	7	2-1-2
	79	避地	诗书遂墙壁	平平去平入	3	2-1-2
	80	重过何氏五首	蹉跎暮容色	平平去平入	3	2-1-2
	81	送人从军	今君渡沙碛	平平去平入	3	2-1-2
	82	征夫	官军未通蜀	平平去平入	7	2-1-2
	83	巴西闻收宫阙，送班司马入京	倾都看黄屋	平平去平入	3	2-1-2
	84	春日江村五首·四	邻家送鱼鳖	平平去平入	7	2-1-2
	85	园	畦蔬绕茅屋	平平去平入	7	2-1-2
	86	刈稻了咏怀	无家问消息	平平去平入	7	2-1-2
	87	晓望白帝城盐山	春城见松雪	平平去平入	7	2-1-2
	88	雨	清凉破炎毒	平平去平入	7	2-1-2
	89	晓望	荆扉对麋鹿	平平去平入	7	2-1-2
	90	过客相寻	时闻系舟楫	平平去平入	7	2-1-2
	91	夜	烟尘绕阊阖	平平去平入	7	2-1-2
	92	向夕	琴书散明烛	平平去平入	7	2-1-2
	93	魏十四侍御就敝庐相别	时应念衰疾	平平去平入	7	2-1-2

第四章 "永明"余响——近体诗中的"子类特殊形式"

续表

序号		诗作	诗句	声调	出现位置（第几句）	意义节奏
	94	陪王使君晦日泛江就黄家亭子二首·一	非君爱人客	平平去平入	7	2-1-2
	95	故武卫将军挽歌三首·三	封侯意疎阔	平平去平入	7	2-1-2
	96	课小竖锄斫舍北果林枝蔓荒秽净讫移床三首·三	天涯稍曛黑	平平去平入	7	2-1-2
	97	奉赠严八阁老	蛟龙得云雨	平平入平上	3	2-1-2
	98	至德二载，甫自京金光门出，间道归凤翔，乾元初从左拾遗移华州掾，与亲故别，因出此门，有悲往事	无才日衰老	平平入平上	7	2-1-2
	99	画鹰	何当击凡鸟	平平入平上	7	2-1-2
	100	宴戎州杨使君东楼	楼高欲愁思	平平入平去	7	2-1-2
（一）五律，首句仄起不入韵，平韵	101	客旧馆	无由出江汉	平平入平去	7	2-1-2
	102	城上	遥闻出巡守	平平入平去	7	2-1-2
	103	雨四首·三	时危觉凋丧	平平入平去	7	2-1-2
	104	观李固请司马弟山水图三首·一	群仙不愁思	平平入平去	7	2-1-2
	105	秦州杂诗二十首·八	东征健儿尽	平平去平上	7	**2-2-1**
	106	去蜀	安危大臣在	平平去平上	7	**2-2-1**
	107	涪江泛舟送韦班归京	天涯故人少	平平去平上	7	**2-2-1**
	108	过故斛斯校书庄二首·一	空余繐帷在	平平去平上	7	**2-2-1**
	109	秦州杂诗二十首·十八	西戎外甥国	平平去平入	7	**2-2-1**
	110	阆州奉送二十四舅使自京赴任青城	如何碧鸡使	平平入平上	3	**2-2-1**
	111	麂	无才逐仙隐	平平入平上	3	**2-2-1**
	112	恶树	方知不材者	平平入平上	7	**2-2-1**
	113	春日忆李白	何时一尊酒	平平入平上	7	**2-2-1**
	114	不见	匡山读书处	平平入平去	7	**2-2-1**
	115	喜观即到，复题短篇二首·二	应论十年事	平平入平去	7	**2-2-1**
	116	奉济驿重送严公四韵	江村独归处	平平入平去	7	**2-2-1**

平仄律源流考辨

续表

序号		诗作	诗句	声调	出现位置（第几句）	意义节奏
（二）五律，首句仄起入韵，平韵	1	公安县怀古	维舟倚前浦	平平上平上	7	2-1-2
	2	房兵曹胡马诗	骁腾有如此	平平上平上	7	2-1-2
	3	中宵	亲朋满天地	平平上平去	7	2-1-2
	4	独坐二首·一	胡笳在楼上	平平上平去	7	2-1-2
	5	杜位宅守岁	谁能更拘束	平平去平入	3	2-1-2
	6	行次盐亭县聊题四韵奉简严遂州蓬州两使君咨	长歌意无极	平平去平入	7	2-1-2
	7	滟滪堆	沉牛答云雨	平平入平上	3	2-1-2
	8	西郊	无人觉来往	平平入平上	7	2-1-2
	9	对雪	无人竭浮蚁	平平入平上	7	2-1-2
	10	衡州送李大夫七丈勉赴广州	王孙丈人行	平平上平去	7	**2-2-1**
	11	夜二首·一	蛮歌犯星起	平平上平上	7	**2-2-1**
	12	秋野五首·一	盘餐老夫食	平平上平入	7	**2-2-1**
（三）五律首句平起不入韵，平韵	1	吾宗	吾宗老孙子	平平上平上	1	2-1-2
	2	送田四弟将军将夔州柏中丞命，起居江陵节度阳城郡王卫公幕	离筵罢多酒	平平上平上	1	2-1-2
	3	随章留后新亭会送诸君	新亭有高会	平平上平去	1	2-1-2
	4	废畦	秋蔬拥霜露	平平上平去	1	2-1-2
	5	天末忆李白	凉风起天末	平平上平入	1	2-1-2
	6	秦州杂诗二十首·十六	东柯好崖谷	平平上平入	1	2-1-2
	7	秦州杂诗二十首·三	州图领同谷	平平上平入	1	2-1-2
	8	自阆州领妻子却赴蜀山行三首·一	长林偃风色	平平上平入	1	2-1-2
	9	日暮	牛羊下来久	平平去平上	1	2-1-2
	10	过宋员外之问旧庄	淹留问耆老	平平去平上	5	2-1-2
	11	一百五日夜對月	无家对寒食	平平去平入	1	2-1-2
	12	天河	含星动双阙	平平去平入	5	2-1-2
	13	洛阳	清笳去宫阙	平平去平入	5	2-1-2
	14	独坐	沧溟服衰谢	平平入平去	1	2-1-2
	15	覆舟二首·二	徒闻斩蛟剑	平平上平去	5	**2-2-1**

第四章 "永明"余响——近体诗中的"子类特殊形式"

续表

序号		诗作	诗句	声调	出现位置（第几句）	意义节奏
（四）五律，首句平起入韵，仄韵	1	江头四咏	丁香体柔弱	平平上平入	1	2-1-2
	2	江头四咏	深栽小斋后	平平上平去	5	**2-2-1**
	3	江头四咏	休怀粉身念	平平上平去	8	2-1-2
	4	屏迹三首·三	歌长擊樽破	平平入平去	8	2-1-2
（五）五律，首句仄起不入韵，仄韵	1	赤谷西崦人家	藩篱带松菊	平平去平入	6	2-1-2
	2	赤谷西崦人家	如行武陵暮	平平上平去	7	**2-2-1**

统计可知，"平平仄平仄"格式的句子在杜甫的五言律诗中共出现149次，在基本格式为 aB，bA，aB，bA 或 AB，bA，aB，bA 的仄起平韵五律中出现在第三、七句中，在基本格式为 bA，aB，bA，aB 或 BA，aB，bA，aB 的平起平韵五律中出现在第一、五句中，可见，其作用大致等同于 b 式句。

在这149句当中，有131句为 2-1-2 节奏，占87.92%；18句为 2-2-1 节奏，占12.08%。可见大部分"子类特殊形式"的意义节奏为 2-1-2。

施向东先生在《永明体与唐代近体诗格律的若干问题研究》一文中指出，这种结构的第二、三字平仄相反，恰好构成对比，与 2-1-2 的意义节奏正好相一致。[①] 也就是说，大多数"平平仄平仄"是一种与意义节奏合拍的韵律模式。

[①] 施向东：《永明体与唐代近体诗格律的若干问题研究》，陈新雄教授八秩诞辰纪念论文集编辑委员会《陈新雄教授八秩诞辰纪念论文集》，台湾台北万卷楼图书股份有限公司2015年版，第609—628页。

第三节 "响字"之说

日本早稻田大学的松浦友久先生曾经指出，五、七言诗"三字尾"的"意义节奏"和"韵律节奏"有时并不一致。① 例如"处处闻啼鸟"的意义节奏是"处处—闻—啼鸟"，而韵律节奏为"处处—闻啼—鸟"。那么，上述意义节奏为 2-1-2 的"平平仄平仄"结构中是否也隐藏着这种参差不齐的对应呢？对于大多数"子类特殊形式"而言，应该不会。《诗人玉屑·卷三》引用了周弼五律中意义节奏为 2-1-2 的诗句"野店寒无客，风巢动有禽"，并放在"上三下二，七言上五下二"的标目下，② 可见第三字在这里可以作为节奏点出现，2-2-1 不是五言诗韵律节奏的不易之典。

宋代诗人吕本中在《童蒙诗训》中提道："潘邠老言：七言诗第五字要响，如'返照入江翻石壁，归云拥树失山村。''翻'字、'失'字是响字。五言诗第三字要响，'圆荷浮小叶，细麦落轻花'，'浮'字、'落'字是响字也。所谓'响'者，致力处也。"③《老学庵笔记》中也提到了"响字之说"："然江西诸人，每谓五言第三字、七言第五字要响，亦此意也。"④

《童蒙诗训》中的"响""致力处"大概相当于语言中的"重音"，在汉语中，听起来较重的音节一般具有比较完整的音高曲线。它可以是韵律边界的标志。如果第三、五字是"响字"，那么它们应该也可以作为边界，构成韵律结构为（2）-2-1-2 的句子。

与之相关的还有"诗眼"的概念。《竹庄诗话·卷一》引用《漫斋

---

① [日]松浦友久：《关于中国古典诗歌的节奏结构——以休音（虚音）的功能为中心》，《唐代文学研究》1992 年第 8 期。
② （宋）魏庆之：《诗人玉屑》，商务印书馆 1938 年标点本，第 86 页。
③ （宋）吕本中：《童蒙诗训》，王大鹏、张宝坤、田树生《中国历代诗话选》，岳麓书社 1985 年版，第 438 页。
④ （宋）陆游：《老学庵笔记》，中华书局 1979 年点校本，第 69 页。

第四章 "永明"余响——近体诗中的"子类特殊形式"

语录》说:"五字诗,以第三字为句眼;七字诗,以第五字为句眼。古人炼字,只于句眼上炼。"①《诗人玉屑·卷三》中提出"眼用活字:五言以第三字为眼,七言以第五字为眼……眼用响字:青山入官舍,黄鸟出宫墙……烟芜敛暝色,霜菊发寒姿。"②《瀛奎律髓·卷二十五》引用杜甫的《巳上人茅斋》说:"巳公茅屋下,可以赋新诗。枕簟入林僻,茶瓜留客迟。……方回曰:"'入'字当平而仄……间或出此,诗更峭健。又'入'字、'留'字乃诗句之眼,……如必不可依平仄,则拗用之尤佳耳。"③"青山入官舍""烟芜敛暝色"都是"平平仄平仄"格式,"枕簟入林僻"为"一"不论的"仄平仄平仄"格式,其中第三字为"眼""活字",需要"炼字",所以韵律结构和意义结构都应该是 2-1-2。

"二四六分明"的底层规律是节奏点上的字平仄递变。如上所述,杜诗中大部分"子类特殊形式"的意义节奏为 2-1-2。其中的第三字,可能是韵律上的"致力之处",修辞上的"画龙点睛"之笔,因此,我们至少可以说,大部分"平平仄平仄"格式的韵律节奏不是典型的"2-2-1"。既然节奏点前移,"边界"转移,那么,第三字也应该"分明"。所以,"平平仄平仄"格式的第二、三字平仄相反,也算是平仄递变。

第四节　历史渊源

回顾历史,不难发现,平仄递变的"平平仄平仄"的格式由来已久,上可追溯至永明时期。何伟棠先生对永明时期的代表作家沈约、王融、谢朓三人的诗作进行了穷尽性的统计,发现其中 12.76% 的诗句都是"○平○平仄"格式,在 223 首平韵五言诗中位居第二,相当普遍。④

---

① (宋) 何汶:《竹庄诗话》,中华书局 1984 年标点本,第 8—9 页。
② (宋) 魏庆之:《诗人玉屑》,商务印书馆 1938 年标点本,第 86 页。
③ (元) 方回:《瀛奎律髓·卷二十五·拗字类》(https://www.cnki.net/kcms/Detail/frame/GxdbSectton.aspx?BH=520793)。
④ 何伟棠:《永明体到近体》,广东高等教育出版社 1994 年版,第 16 页。

如俞敏先生所言，永明体"追求的理想境界是一种极端的错综美"[①]，这种境界在声调上的表现是："碎用四声。"[②] 二、五异声，"律体二四回换，字有定程，此则随字均配，法较后人为疏，故《答陆厥书》有'巧历不尽'之语。律体但分平仄，此则并仄声亦各不相通，法较后人为密"[③]。

"平平仄平仄"格式二、五异声，避开了"蜂腰"之病。"碎用四声"主要体现在诗人对句中两个仄声字的处理上。考察沈约在永明七年（489）之后的诗作以及包含"子建函京之作，仲宣霸岸之篇，子荆零雨之章，正长朔风之句"的《赠丁仪王粲诗》（曹植）、《七哀诗》（王粲）、《征西官属送于陟阳候作诗》（孙楚）、《杂诗》（王瓒），可以得到"平平仄平仄"格式的诗句26句，占总数（252句）的10.30%，其"碎用四声"的情况如表4-2所示：

表4-2　　　　魏晋南北朝诗人所使用的"平平仄平仄"格式

序号	诗作	诗句	声调
1	应诏乐游苑饯吕僧珍诗	将陪告成礼	平平去平上
2	别范安成诗	生平少年日	平平去平入
3	宿东园	陈王斗鸡道	平平去平上
4	宿东园	安仁采樵路	平平上平去
5	宿东园	荒阡亦交互	平平入平去
6	宿东园	平冈走寒兔	平平上平去
7	宿东园	长烟引轻素	平平上平去
8	宿东园	颓龄倘能度	平平上平去
9	新安江至清浅深见底贻京邑游好	沧浪有时浊	平平上平入
10	新安江至清浅深见底贻京邑游好	纷吾隔嚣滓	平平入平上
11	应王中丞思远咏月	高楼切思妇	平平入平上
12	冬节后至丞相第诣庶子车中作	廉公失权势	平平入平去
13	冬节后至丞相第诣庶子车中作	宾阶绿钱满	平平入平上
14	冬节后至丞相第诣庶子车中作	谁当九原上	平平上平去

---

① 俞敏：《永明运动的表里》，俞敏《俞敏语言学论文集》，商务印书馆2008年版，第291页。

② （唐）皎然：《诗式》，（清）何文焕《历代诗话》，中华书局2004年版，第26页。

③ （清）纪昀：《沈氏四声考》，中华书局1983年版，第16页。

第四章 "永明"余响——近体诗中的"子类特殊形式"

续表

序号	诗作	诗句	声调
15	学省愁卧	愁人掩轩卧	平平上平去
16	咏湖中雁诗	羣浮动轻浪	平平去平去
17	三月三日率尔成篇	游丝映空转	平平去平上
18	三月三日率尔成篇	清晨戏伊水	平平去平上
19	伤王融	元长秉奇调	平平上平去
20	伤谢朓	文锋振奇响	平平去平上
21	赠丁仪王粲诗	从军度函谷	平平去平入
22	七哀诗	西京乱无象	平平去平上
23	七哀诗·一	南登霸陵岸	平平去平去
24	七哀诗·二	山冈有余映	平平上平去
25	七哀诗·二	流波激清响	平平入平上
26	征西官属送于陟阳候作诗	倾城远追送	平平上平去

从沈约的诗作与沈约认为"暗与理合"的诗篇中可以看到，大部分（24/26≈92.31%）"平平仄平仄"格式中的两个仄声为不同的声调，充分体现了"仄声亦各不相通"的特点。

无独有偶，上表所列杜甫五律也有类似的特点，149 句"子类特殊形式"中，只有 31 句三、五同调，约占 20.00%。上文所述《唐诗三百首》里仄起五律中的 24 句"平平仄平仄"格式，也只有 4 句为三、五同调，大约占 16.00%，如表 4-3 所示：

表 4-3   《唐诗三百首》中的"平平仄平仄"格式

序号	诗作	诗句	声调
1	王勃《送杜少府之任蜀州》	无为在歧路	平平上平去
2	杜甫《春宿左省》	明朝有封事	平平上平去
3	刘长卿《寻南溪常山道人隐居》	溪花与禅意	平平上平去
4	钱起《谷口书斋寄杨补阙》	家僮扫梦径	平平上平去
5	温庭筠《送人东游》	何当重相见	平平上平去
6	王维《汉江临泛》	襄阳好风日	平平上平入
7	杜牧《旅宿》	沧江好烟月	平平上平入
8	沈佺期《杂诗三首·其三》	谁能将旗鼓	平平去平上
9	王维《终南别业》	偶然值林叟	平平去平上

续表

序号	诗作	诗句	声调
10	李商隐《蝉》	烦君最相警	平平去平上
11	李商隐《落花》	芳心向春尽	平平去平上
12	骆宾王《咏蝉》	无人信高洁	平平去平入
13	崔涂《除夜》	那堪正飘泊	平平去平入
14	杜甫《至德二载，甫自京金光门出，间道归凤翔，乾元初从左拾遗移华州掾，与亲故别，因出此门，有悲往事》	无才日衰老	平平入平上
15	杜甫《月夜》	何时倚虚幌	平平上平上
16	司空曙《贼平后送人北归》	寒禽与衰草	平平上平上
17	唐玄宗《经邹鲁祭孔子而叹之》	今看两楹奠	平平上平去
18	孟浩然《宿桐庐江寄广陵旧游》	还将两行泪	平平上平去
19	李白《渡荆门送别》	仍怜故乡水	平平去平上
20	杜荀鹤《春宫怨》	年年越溪女	平平去平上
21	钱起《送僧归日本》	惟怜一灯影	平平入平上
22	杜甫《奉济驿重送严公四韵》	江村独归处	平平入平去
23	宋之问《题大庾岭北驿》	明朝望乡处	平平去平去
24	李白《夜泊牛渚怀古》	明朝挂帆去	平平去平去

由此可见，"平平仄平仄"格式二五不同平仄，避开了"蜂腰"之病，三五"碎用四声"，"仄声各不相通"大概不是杜甫个人为了"语不惊人死不休"，独树一帜，故意"调声"的结果，而是整个近体诗对"永明律句"的继承与保留。这一保留虽然二、四叠平，但有节奏点前移，"韵律边界"转移的倾向，大体不违反平仄相间的原则，因此，它在近体诗中大量出现，就不足为奇了。

还有一种被王力先生称为"丑类特殊形式"的"仄仄平仄仄"格式，如"肘后一符一应验"（《寄张十二山人彪三十韵》），二月一频一送客（《泛江送客》），日落一风一亦起（《日暮》）等，虽然也有节奏点前移的倾向，但二四、二五叠仄，既不是典型的近体诗律句，也有可能不是永明律句，因此虽然大致平仄相间，但远不如"子类特殊形式"常见。

众所周知，近体诗讲究粘对，牵一发而动全身。节奏为2-1-2的

第四章 "永明"余响——近体诗中的"子类特殊形式"

"平平仄平仄"结构,如果上一句为 2-2-1 节奏,则失粘,若后一句为 2-2-1 节奏,则失对。但全文都是 2-1-2 节奏的近体诗恐怕凤毛麟角。因此,无论怎样,"平平仄平仄"都有一点"拗"的性质。

从"全唐诗分析系统"中搜索到的杜甫五律中,有"平平平仄仄"格式 345 句,"平平仄平仄"格式 149 句,后者大约是前者的一半。廖继莉在她的硕士论文中自建数据库,统计了 57379 首唐代诗歌,也得到类似的结果:数据库中的近体诗中共出现"平平平仄仄"5818 句,"平平仄平仄"2580 句。[①] 可见,"平平仄平仄"数目虽多,但还是不如"正格"用得普遍,它滥觞于永明,"变而仍律",拗而常见,是名副其实的"特殊形式"。

---

① 廖继莉:《唐诗声律研究》,硕士学位论文,华中科技大学,2005 年,第 14—38 页。

第二部分

从四声到平仄

第五章　关于四声

声调是近体诗律的物质基础，那么，历史上的四声是怎样产生，怎样变化，又怎样一分为二，成为近体诗的创作要素呢？

第一节　"发明"四声

《广韵·月韵》："发，……明也。"《论语·为政》："退而省其私，亦足以发。"《皇侃疏》："发，发明义理也。"《朱熹集注》："发，谓发明所言之理。"《玉篇·明部》："明，审也，发也。"因此四声的"发明"不是白手起家，从无到有，而是对新兴的语言现象"发现、阐明"的过程。

一　永明新变

魏晋以前，有五声之说，而无四声之目。

陈澧《切韵考·通论》引封演《闻见记》中的材料说："李登者撰《声类》十卷以五声命字。"[①]

[①] （清）陈澧：《切韵考·卷六·通论》，广东高等教育出版社2004年标点本，第160页。

《魏书·江式传》中说："吕忱弟（吕）静别放^①故左校令李登《声类》之法，作《韵集》五卷，宫商角徵羽各为一篇。"^②

《梁书·沈约传》："（沈约）撰《四声谱》，以为在昔词人，累千载而不寤。"^③

"四声之论，起于江左。"^④以沈约为代表的永明诗人积极实践，大开风气之先。

《隋书·经籍志》："《四声》一卷。梁太子少傅沈约撰。"^⑤

日释空海的《文镜秘府论》引刘善经的《四声论》说："宋末以来，始有四声之目，沈氏乃著其谱，论云起自周颙。"^⑥

《音论·卷中·四声之始》提道："四声之论，起于永明，而定于梁陈之间也。"^⑦

自此，四声发现，近体诗、四六文、联语等新的文学体式应运而生。从"宫商角徵羽"到"平上去入"，是诗乐分离，"外在音乐"^⑧淡出，文字本身的"音乐"取而代之的结果。

二 诗乐分离

古代诗、言、乐、舞一体，不分彼此。《礼记·乐记》："诗，言其

---

① 联系上下文，此处应为仿字。
② （北齐）魏收：《魏书·列传第七十九》，中华书局 1974 年点校本，第 1963 页。
③ （唐）姚思廉：《梁书·卷第十三列传第七》，中华书局 1973 年点校本，第 243 页。
④ （清）顾炎武：《音学五书》，中华书局 1982 年影印本，第 39 页。
⑤ （唐）魏徵等：《隋书·卷三十二志第二十七》，中华书局 1973 年点校本，第 944 页。
⑥ [日] 遍照金刚撰，卢盛江校考：《文镜秘府论汇校汇考·一》，中华书局 2006 年版，第 214 页。
⑦ （清）顾炎武：《音学五书》，中华书局 1982 年影印本，第 39 页。
⑧ 朱光潜：《中国诗何以走上"律"的路》，朱光潜《朱光潜美学文集》，上海文艺出版社 1982 年版，第 205 页。

志也。歌，咏其声也。舞，动其容也。三者本于心，然后乐器从之。"①《诗品·序》："尝试言之，古曰诗颂，皆被之金竹。故非调五音，无以谐会。"②诗乐不分，音乐术语和语言术语也经常纠缠不清。穷源溯流，则"声、韵（均）、清（轻）、浊（重）"等音韵学名词都与音乐有关。

"声"是古代宫调体系中"阶名"的总称。《汉书·律历志》说："声者，宫商角徵羽也。"③在律学体系中，五度相生的连续七律（吕）为一"均"④，所以《国语·周语》说："律所以立均出度也。"⑤"均""韵"同源。《文选·啸赋（成公绥）》曰："音均不恒，曲无定制。"李善注曰："均，古韵字也。"⑥清人好古，段玉裁、章太炎分析古韵分部的论著仍写作《六书音均表》《成均图》。

"清"（轻）为高音，"浊"（重）为低音。汉代以前，"清"表示高一律，"浊"为低一律。宫调体系中的"角"为 mi（3），"清角"就是 fa（4）。汉代以后的律制中，律名前加"清"为"半律"，表示高八度，加"浊"为"倍律"，表示低八度。所以"半黄钟""清黄钟"是高音（少声）；"倍黄钟""浊黄钟"为低音（太声）。"清浊"与"正律器"的轻重也有关联，据张清常先生考证，钟之体积大者声音低，分量"重"，反之为"轻"。⑦可见，人们很早就意识到，声音高低与发音体的大小、粗细、长短有关。

---

① （汉）戴圣：《礼记·乐记第十九》，王文锦《礼记译解》，中华书局2001年版，第544页。

② （梁）钟嵘：《诗品》，（清）何文焕《历代诗话》，中华书局2004年版，第2—5页。

③ （汉）班固：《汉书·卷二十一·律历志》，中华书局1964年点校本，第957页。

④ 例如，"黄钟、太簇、姑洗、蕤宾、林钟、南吕、应钟、清黄钟"构成的一个八度内的音列就是一"均"。

⑤ （春秋）左丘明：《国语·周语·景王问钟律于伶州鸠》，上海古籍出版社2015年点校本，第87页。

⑥ 宗福邦、陈世铙、萧海波：《故训汇纂》，商务印书馆2003年版，第414—415页。

⑦ 张清常：《汉语音韵学里面的宫商角徵羽》，张清常《张清常文集》第一卷，北京语言大学出版社2006年版，第21页。

声调的起伏和乐音的高低有相似之处，因此四声"发明"之初，常借"阶名"中的"宫商角徵羽"来比附，正如陈澧《切韵考》所言："古无平上去入之名，借宫商角徵羽以名之。"①

古代文人还常将"五音""律吕""清浊"②"轻重"并举，泛指声调高低：

《隋书·文学传·潘徽》："李登《声类》，吕静《韵集》，始判清浊，才分宫羽。"③

《诗式·卷一》："近自周颙、刘绘流出，宫商畅于诗体，轻重低昂之节，韵合情高，此未损文格。"④

《南齐书》："性别宫商，识清浊，斯自然也。"⑤

《南史》："自魏文属论，深以清浊为言，……兴玄黄于律吕，比五色之相宣。"⑥

《颜氏家训·音辞篇》："古语与今殊别，其间轻重清浊，犹未可晓。"⑦

不过，对于"五音""清浊"与"四声"的具体对应关系，历代学者

---

① （清）陈澧：《切韵考·卷六·通论》，广东高等教育出版社2004年标点本，第160页。

② 唐宋以前，清浊主要指声调，后来才用来描写声母。罗常培先生在《释清浊》一文中指出："声母与声调混为一谈而且清浊本义转以日晦……今以带音不带音为清浊；以声调之高低升降为阴阳；命名既定，纠纷立解。"潘悟云先生在《"轻清、重浊"释——罗常培〈释轻重〉〈释清浊〉补注》一文中也指出："六朝唐宋时代，轻清重浊主要还是声调的概念。"方言中声调依声母清浊分阴阳的规律与律学的"清浊"是相关但不相同的两回事，虽然都有"清——高""浊——低"的规律，但二者之间是否有直接的因果关系，尚待考证。

③ （唐）魏徵等：《隋书·潘徽传》，中华书局1973年点校本，第1745页。

④ （唐）皎然：《诗式》，何文焕《历代诗话》，中华书局2004年版，第26页。

⑤ （梁）沈约：《宋书·卷六十九列传第二十九》，中华书局1974年点校本，第1830页。

⑥ （唐）李延寿：《南史·卷四十八·列传三十八》，中华书局1975年点校本，第1196页。

⑦ （南北朝）颜之推撰，庄辉明，章义和译注：《颜氏家训译注》，上海古籍出版社1999年版，第323页。

第五章　关于四声

莫衷一是：

元兢《诗髓脑·调声》中说："声有五声，角徵宫商羽也。分于文字四声，平上去入也。宫商为平声，徵为上声，羽为去声，角为入声。"①

刘善经在《四声论》中说："齐太子舍人李（季）节，知音之士，撰《音谱决疑》，其序云：'案周礼，凡乐，圜钟（按："圜钟"即"夹钟"，古乐十二律之一）为宫，黄钟为角，大簇为徵，姑洗为羽。'商不合律，盖与宫同声也……五行则火土同位，五音则宫商同律，暗与理合……宫商角徵羽，即四声也。'"②

李季节引用《周礼》指出，"五音"即"四声"，"商"与"宫"同声，看似为"多余"的一个"商"音找到了去处，实则不妥。"圜钟""黄钟"等为"律名"，是绝对音高，每一个律名的实际音高是标准器决定的，不容更改；而"宫商角徵羽"为"阶名"③，是相对音高。声调也是相对音高，借"阶名"比拟就够了，引入"律名"，有点画蛇添足。在一个音列（均）中，宫音在"黄钟"律高的位置上，就是"黄钟均"，以此类推，还有"大吕均"等十二"均"，如表5-1所示：

表5-1　　　　　　　　十二"均"（宫）简表

十二"均"	阶名							
	宫	商	角	变徵	徵	羽	变宫	宫
1.黄钟均	黄钟	**太簇**	姑洗	蕤宾	林钟	南吕	应钟	黄钟
2.大吕均	大吕	夹钟	中吕	林钟	夷则	无射	黄钟	大吕
3.太簇均	太簇	姑洗	蕤宾	夷则	南吕	应钟	大吕	太簇
……								
8.林钟均	林钟	**南吕**	应钟	大吕	太簇	姑洗	蕤宾	林钟
……								
12.应钟均	应钟	大吕	夹钟	仲吕	蕤宾	夷则	无射	应钟

---

① （唐）元兢：《诗髓脑》，参见（https://www.cnki.net/kcms/Detail/frame/GxdbSectton.aspx? BH=153591）。

② [日]遍照金刚撰，卢盛江校考：《文镜秘府论汇校汇考·一》，中华书局2006年版，第317页。

③ 按：欧洲乐理中没有"阶名"，中国的"阶名"大致等同于西方乐理中的"唱名"。

《梦溪笔谈·卷五》："声之不用商，先儒以谓恶杀声也。黄钟之太蔟（簇），函钟（按：即林钟）之南吕，皆商也，所以不用商者，商，中声也。降兴上下之神，虚其中声人声也。遗乎人声，所以致一于鬼神也。"[1]

可见，不用"商"声，是因为古人认为"商"是中声，即人声。祭祀时不用人声，是为了专心致志地向鬼神致敬。如表 5-1 所示，"黄钟"宫的"太蔟"音，"函钟"（林钟）宫的"南吕"音，都是"商"音。并且"宫"音的高低可以根据"均主"的情况上下浮动，并非一成不变。说"商不合律"，"宫商同律"，"宫商角徵羽，即四声也"，于理不合。

这种比附反映了我国古老的哲学思想。古人善于寻找万物之间深奥玄妙的联系，认为五声、五行、五脏、五方、五色、五味、五时等都有对应关系：宫商角徵羽，土金木火水，脾肺肝心肾，中西东南北，黄白青赤黑，甘辛酸苦咸，季夏、秋春夏冬……异质"同构"。四声"发明"，自然也拿来附会。

清代学者力排众议，指出：

"（引戴震说）：古之所为五声宫商角徵羽者，非以定文字音读也，字字可宫可商，以为高下之叙；后人胶于一字，谬配宫商，此古义所以流失其本欤？……李登、吕静时未有平上去入之名，借宫商角徵羽名之可也；既有平上去入之名，而犹衍说宫商角徵羽，则真谬也。"[2]

"《琵琶录》以平声为羽，上声为角，去声为宫，入声为商，上平声为徵。徐景安《乐书》又以上平声为宫，下平声为商，上声为祉（徵），去声为羽，入声为角，与此不同。皆任意分配，不可为典要。"[3]

"任意分配"，"字字可宫可商"的说法是有道理的。所谓"大不逾宫，

---

[1] （宋）沈括：《梦溪笔谈·卷五·乐律一》，上海古籍出版社 2015 年点校本，第 26 页。

[2] （清）陈澧：《切韵考·卷六·通论》，广东高等教育出版社 2004 年标点本，第 161 页。

[3] （清）凌廷堪：《燕乐考原·卷一》，参见（http://www.cnki.net/kcms/Detail/frame/GxdbSectton.aspx?BH=905585）。

第五章 关于四声

细不过羽"（出自《国语·周语下》）是以"宫"音为首，"羽"音为末的一组阶名说的。如果以其他音为"调头"，则音阶也可以是：

表5-2　　　　　　　　　　五声音阶的五种调式

调式	阶名									
	徵	羽	宫	商	角	徵	羽	宫	商	角
宫调式			1	2	3	5	6	1		
商调式				2	3	5	6	1	2	
角调式					3	5	6	1	2	3
徵调式	5	6	1	2	3	5				
羽调式		6	1	2	3	5	6			

　　表中的音阶，越往左，音高越低。这样看来，音阶中的"宫"不一定是低音，"羽"也不一定是高音。但语言中的声调一旦形成，每个调的相对高低就是基本固定的。声调与音阶有共性，二者都是相对音高；也有不同，即音阶是"阶"，音阶中每个音符的基频是基本固定的，不能上下变化，声调的频率却可以上下摆动，形成"曲拱"。水平、上升、下降或曲折的"曲拱"，相当于音乐中的旋律。"宫商角徵羽"是音符，不是旋律。即使早期汉语的声调像美洲、非洲语言一样属于"平调型"，"平上去入"的分布也未必能体现出"宫商角徵羽"之间的音程关系。用"五音"比附"四声"只能说明古人已朦胧地认识到声调中有音高要素，但前者是音乐演奏之声，后者是唱和讽咏之声，二者彼此相关但不尽相同。古人已经注意到了这一点，并对举"文章"和"声曲"说："若以文章之音韵，同弦管之声曲，则美恶妍媸，不得顿相乖反。"①

　　所谓"宫羽相变，低昂互节"，"两句之内，角徵不同"，"宫商之声有五，文字之别累万"，"前英早已识宫徵"等论述，不过是泛泛而谈，不是存心为"五音"和"四声"一一配对。唐五代以后，《守温韵学残卷》

---

①（唐）李延寿：《南史·卷四十八·列传三十八》，中华书局1975年点校本，第1197页。

《玉篇》所附《五音声论》,《广韵》所附《辨字五音法》等文献又用"五音"来标注声母的发音部位"喉牙舌齿唇"①,更说明"五音"与"四声"的联系是很薄弱的。我们很难以此为依据拟测古声调的音值。如果用于比拟的是"律名",那么事情就会简单得多。"黄钟"低于"清黄钟"高于"浊黄钟"。"黄钟"一定低于"太簇","太簇"又低于"姑洗",以此类推。可惜古人只说过"黄钟为角",没提过"黄钟为平"。

四声理论草创阶段,"平上去入"的概念尚未成熟,因此,行文上假借音乐术语,其间产生一些失之穿凿的说法,也是有情可原的。魏晋以降,诗乐分离,"并无诏伶人,故事谢丝管"的文人诗方兴未艾,语言本身的音乐美感备受关注,诗歌"离开了声乐这个拐棍儿"②,语言术语"平上去入"也逐渐从音乐术语中分化出来,自立门户。

《文境秘府论·四声论》记载沈约《答甄公论》说:"经典史籍,唯有五声,而无四声。然而四声之用,何伤五声也!五声者,宫商角徵羽。上下相应,则乐声和矣。……作五言诗者,善用四声,则讽咏而流靡;能达八体,则陆离而华洁。明各有所施,不相妨废。"③

从此,"五音"和"四声"各行其是,"不相妨废"。

三 以种代属

如果说以"五音"代指声调多少有点牵强附会,"平上去入"则是四声的典型代表。三十六字母是声母的代表字,206 韵是韵的代表字,"平上去入"是声调的代表字。

如《音学辨微》所言:"前人以宫、商、角、徵、羽五字状五音之大

---

① "宫、角"是牙音,"商"是齿音,"徵"是舌音,"羽"是喉音,"五音"中没有唇音,因此用"宫商角徵羽"配"喉牙舌齿唇"也比较牵强。
② 俞敏:《永明运动的表里》,《俞敏语言学论文集》,商务印书馆 2008 年版,第 289 页。
③ [日]遍照金刚撰,卢盛江校考:《文镜秘府论汇校汇考·一》,中华书局 2006 年版,第 303 页。

小高下，后人以平、上、去、入四字状四声之阴阳流转，皆随类偶举一字，知其意者，易以他字，各依四声之次，未尝不可。"①

从字形上看，"平上去入"比"天子圣哲"，"宫（商）徵羽角"更为简洁，从语义上看，它们多少反映了四声"发明"之初，人们心目中的声调高低起伏的趋势。

第二节 四声之辨

那么，在四声"发明"之前的漫漫历史长河中，语言里是否也有"平、上、去、入"的差异？高低起伏的声调何时诞生？佛教东传，与汉语声调的产生是否相关？五胡乱华，是否也打乱了汉语原有的格局？诗乐一体，天籁偶合的上古"声调"面貌如何？后来又发生了怎样的变化？早在宋代，就有吴棫、郑庠等学者条分缕析，研究古韵分部。以乾嘉学派为代表的明清鸿儒更是"反复紬绎"，细说四声之辨。古代学者对四声的探索主要集中在音类的分合问题上。

一 音类问题

音类研究的主要依据是以《诗经》为代表的古代韵文以及谐声材料。此外还有通假、异文、《广韵》、"又音"等证据。不同学者考证四声，所用材料大同小异，得出的结论却大相径庭，如表5-3所示：

表5-3　　　　　　　　　明清鸿儒"四声"论

学者	"四声"论	主要论据
陈第	四声之辨，古人未有②	押韵标准古今不同。《毛诗》发乎情，动于心，自然天成，不必以今泥古，苛求同调相押

---

① （清）江永：《音学辨微·二辨四声》，中华书局1985年影印本，第2页。
② （明）陈第：《毛诗古音考 屈宋古音义》，中华书局2008年标点本，第147页。

平仄律源流考辨

续表

学者	"四声"论	主要论据
顾炎武	四声一贯① 入为闰声②	平多韵平，仄多韵仄。 异调相押，四声随迟疾轻重相互转换，上声转为平声，去声转为平、上，入声转为平、上、去，短音转为长音，"以无余从有余"。 入声数量少，可附于阴声韵三声之后。入声像"变宫""变徵"一样，为"闰声"
江永	古有四声 杂用四声③	同调相押是常态，平上去入四种音类，古已有之。《诗》韵和后代歌曲一样，可以杂用四声，不必"强纽为一声"，失其"本音"
段玉裁	古无去声④	周秦以前，有平、入两声，《诗经》有平、上、入三声，魏晋以后，四声始备。上声最早出现在《诗经》时代，去声最早出现在魏晋时期
孔广森	古无入声⑤	古无入声，入声源自江左，和"吴越方言"的传入有关。谐声字中去入关系密切，入声是从去声变来的
江有诰 王念孙	古有四声 古今不同	古有四声，古四声与今四声不同。⑥《唐韵四声正》——列举了古今异读的字。⑦ 各部中四声参差存在，并不是每一部都四声俱备⑧
王国维	古有五声⑨	根据韵文、谐声、又音"三大证"，上古阳声只有平声，阴声有平上去入四声，共五声

---

① （清）顾炎武：《音学五书》，中华书局1982年影印本，第39—43页。

② 按：在国乐的阶名中，除"宫商角徵羽"五个正声之外，还有四个"变声"。"变声"又称"闰声"。比宫音低一律的音即"变宫"（7），比徵低一律的为"变徵"（#4），比"角"高一律的为"清角"（4），比"羽"高一律的为"清羽"（b7）。顾炎武大概是因为入声字少，《古音表》中并非每部都有入声可配才这样说。不过"变声"是插在"正声"之间的，和入声与阴声韵相配的情况不太相似。

③ （清）江永：《古韵标准》，中华书局1982年影印本，第5页。

④ （清）段玉裁：《六书音韵表》，中华书局1983年影印本，第16页。

⑤ （清）孔广森：《诗声类》，中华书局1983年影印本，第1—23页。

⑥ （清）江有诰：《音学十书》，中华书局1993年影印本，第77页。

⑦ （清）江有诰：《音学十书》，中华书局1993年影印本，第277页。

⑧ （清）王念孙：《与李方伯书》，转引自王力《王力文集·第四卷·汉语音韵学》，山东教育出版社2006年版，第327—329页。

⑨ 王国维：《观堂集林》下，河北教育出版社2003年版，第168—171页。

续表

学者	"四声"论	主要论据
夏燮	四声具备，分用划然①	古有四声，《诗经》一章内连用数韵时多同属一声；一章内同部押韵而四声分用，界限分明；分见各章的同一字，调类相同，不与他类杂糅
章太炎黄侃	古无上去②	根据韵文、谐声、通假等材料，上声、去声分别从平声、入声演变而来。平、上的分别始于汉代

近现代学者对古四声的分类问题也各有见解。王力先生继承和完善了段玉裁"古无去声"的观点，先将上古声调分为舒促两类，再分别长短。③ 陆志韦先生也将声调分为"促音"和"舒声"两类，但他认为古有去声，且去声分长去、短去两类。"短去"与入声音量相似，与去声调高相似。④ 周祖谟先生赞成夏燮的观点，认为古有四声。董同龢先生分析了江有诰《唐韵四声正》中的材料，认为韵语对声调的要求不必像对韵母一样严格，上古声调与中古系统相去不远。⑤

如上所述，从"古无四声之辨"，到四声一贯，古有四声，四声杂用，古无去声，五声说，舒促说，古无入声，古无上去，所谓"四声"，至少有八九种分辨方法。

歧见纷出的原因主要有四个：

一是材料本身的原因。《诗经》押韵和汉字谐声都是比较系统的材料。押韵的条件是韵部相同，但同部相押不等于同调相押。谐声造字要求声符与所谐字的声母、主要元音和韵尾和谐一致，声调是否相同，无伤大雅。周祖谟先生曾说："从文字谐声观之，阴声去入相关者多，阳声平上

---

① （清）夏燮：《述韵》，《续修四库全书》编委会《续修四库全书》，上海古籍出版社2002年版，第29页。
② 黄侃：《文字声韵训诂笔记》，上海古籍出版社1983年版，第98页。
③ 王力：《汉语语音史》，商务印书馆2008年版，第78页。
④ 陆志韦：《古音说略》，台湾学生书局1947年版，第195页。
⑤ 董同龢：《汉语音韵学》，中华书局2001年版，第304—310页。

去牵连者甚众。"①

《诗经》中"平自韵平，仄自韵仄，划然不紊"的现象，不一定要用超音段的声调解释，韵尾音缀相似的音，也能"自相通叶"。②

超音段的声调自觉应用在文学创作中的前提有两个，一是它的存在，二是它的存在为人所知。汉语声调（超音段）最早出现的时间缥缈难寻，而较早认识"四声"的是沈约等人。

钟嵘《诗品序》"昔曹刘殆文章之圣，陆谢为体贰之才，锐精研思，千百年中而不闻宫商之辨，四声之论。"③

《南史》："性别宫商，识清浊，特能适轻重，济艰难。古今文人多不全了斯处，纵有会此者，不必从根本中来……自灵均以来，此秘未睹。或暗与理合，匪由思至。"④

由此可见，在永明以前的漫长历史时期，甚至在永明之后的一段时间内，四声"别宫商，识清浊"的超音段特征并不是诗文创作的规矩钩绳，即使暗合音理，也不过是偶然现象。否则，沈约"发明"四声后也不至于大喜过望，心跳如鼓，以为"骚人以来，此秘未睹"，"在昔词人，累千载而不悟"，而自己"独得胸衿，穷其妙旨"，能写"入神之作"。

《诗经》韵脚系联，只能推断韵部分合，但对同一韵部的语音在介音（结合等呼的韵部研究例外）和韵尾上的内部差异，却爱莫能助。由此推断尚在萌芽阶段的超音段的声调，也很难得出统一的结论。

二是将韵类、调类混为一谈。不同学者，同一学者在行文的不同阶段提到的"四声"可能有全然不同的内涵。很多学者的四声观中都交织

---

① 周祖谟：《古音有无上去二声辨》，周祖谟《问学集》，中华书局 1966 年版，第 37 页。

② 施向东：《略论上古音研究中的几个问题》，《渤海大学学报》（哲学社会科学版）2012 年第 6 期。

③ （梁）钟嵘：《诗品》，（清）何文焕《历代诗话》，中华书局 2004 年版，第 5 页。

④ （唐）李延寿：《南史·卷四十八·列传三十八》，中华书局 1975 年点校本，第 1195 页。

着有关古韵分部的意见。顾炎武认为"入为闰声",把入声附于阴声韵后;江永把入声与阴声韵(大部分)、阳声韵排在一起,段玉裁认为"异平同入",衡量标准都是音质而不是声调。王国维的"五声说"中,属于音质对立的"阴声、阳声"和属于超音质对立的"平上去入"也是你中有我,我中有你,难解难分。孔广森认为"古无入声",但又指出"入声"是"阴阳互转之枢纽"和"古今递变之原委"①,也没有在言语上仔细区分韵类与调类。"古无入声"大概指"入声调",而"阴阳对转"的枢纽应该是"入声韵"。

"四声"所指不明,则古音学家不仅众说纷纭,而且对同一种论述的解读也迥然有异。例如,针对陈第的"四声之辨,古人未有"一说,顾炎武指出:"全书(《毛诗古音考》)之中隔阂四声,多为注释,琐碎殊甚……不知季立既发此论,何以犹扞格于四声。"②

江永认为:"陈氏知四声可不拘矣,他处仍泥一声,何不能固守其说耶?"③

《四库提要》评价《毛诗古音考》说:"不知古无四声,不必又分平仄。"④

江有诰在《诗经韵读》卷首的《古韵凡例》中指出:"古韵无四声,明陈氏已发其端。"⑤

周祖谟先生却指出:陈氏之意未尝一定认为古音无声调之分,只谓古人为诗平与仄可以通协无碍耳。顾江每每责其不能固守己说,犹扞格于一二四声之辨,以为徒劳唇吻而费简册,斯亦过矣。⑥

---

① (清)孔广森:《诗声类》,中华书局1983年影印本,第44—45页。
② (清)顾炎武:《音学五书》,中华书局1982年影印本,第40页。
③ (清)江永:《古韵标准》,中华书局1982年影印本,第5页。
④ (清)永瑢,纪昀:《四库全书总目提要·卷四十二·经部四十二》,参见(https://www.cnki.net/kcms/Detail/frame/GxdbSectton.aspx?BH=2164715)。
⑤ (清)江有诰:《音学十书》,中华书局1993年影印本,第19—20页。
⑥ 周祖谟:《古音有无上去二声辨》,周祖谟《问学集》,中华书局1966年版,第33页。

陈第的意思大概是，后代读作"平、上、去、入"的字，在《诗经》时代的读音一般是有差别的。只不过因为"时有古今"，"音有转移"，这种差别不一定表现为"有区别意义作用的音高变化"，因此与永明时期"宫羽相变，低昂错节"的四声有所不同。

可见，"四声"作为能够区别意义的音类，有两层含义。一是"上古音节中不同类的音质性成分"[①]，二是永明以后"低昂错节"，能够区别词汇意义的超音段的"音调"。"四声具备，分用划然"中的"四声"指前者，"四声之辨，古人未有"中的"四声"应该是指后者。

如果摒除这种差异，我们可以看到，很多古音学家其实能够在一些基本问题上达成共识。陈第以降，反对"叶声"说的"时有古今，地有南北，字有更革，音有转移"已成不易之论。自顾炎武起，大家一般都认为《诗经》中用韵的常态是"四声"分押：

顾炎武："古人之诗……平多韵平，仄多韵仄。"[②]

江永："平自韵平，上去入自韵上去入者，恒也。"[③]

王国维："自三百篇以至汉初，此五声者大抵自相通叶，罕有出入。"[④]

自段玉裁起，很多学者都发现了"去入形影相随，平上关系密切"的押韵规律：

孔广森："至于入声，则自缉、合等闭口音外，悉当分隶自支至之七部，而转为去声。"[⑤]

黄侃："古只有平入二声。平轻读则为上，入轻读则为去。"[⑥]

[①] 施向东：《永明体与唐代近体诗格律的若干问题研究》，陈新雄教授八秩诞辰纪念论文集编辑委员会《陈新雄教授八秩诞辰纪念论文集》，台湾台北万卷楼图书股份有限公司 2015 年版，第 609—628 页。

[②] （清）顾炎武：《音学五书》，中华书局 1982 年影印本，第 39 页。

[③] （清）江永：《古韵标准》，中华书局 1982 年影印本，第 5 页。

[④] 王国维：《观堂集林（下）》，河北教育出版社 2003 年版，第 168 页。

[⑤] （清）孔广森：《诗声类》，中华书局 1983 年影印本，第 1 页。

[⑥] 黄侃：《文字声韵训诂笔记》，上海古籍出版社 1983 年版，第 98 页。

第五章 关于四声

陈第、顾炎武、江永等学者都认为古诗入乐，诗、乐混然一体，不必刻意调配四声，不用斤斤计较"四声之辨"：

陈第："然四声之说，起于后世，古人之诗取其可歌、可咏，岂屑屑毫厘，若经生为耶？且上、去二音，亦轻重之间耳。"①

顾炎武："古之为诗，主乎音者也，江左诸公之为诗，主乎文者也。文者一定而难移，音者无方而易转，夫不过喉舌之间，疾徐之顷而已。"②

江永："亦有一章两声或三四声者，随其声讽诵咏歌。"③

众说纷纭的第三个原因是各家对反映声调信息的韵脚处理方式各不相同。"平自韵平"是押韵的常态，无需赘言。但遇到"一章两声或三四声者"，是应该让"四声一贯""上转为平""去转为平上""入转为平上去"，还是认同"杂用四声""四声通押"，不同学者的理解略有差异。观察其他民族的韵文作品，上述几种情况都有可能存在。

例如：苗族有"变词相押"的诗歌，特定位置上的音节在演唱时可以改变原来的声调甚至声母，以求声律和谐。好像"一字之中自有平上去入"，只"在歌者之抑扬高下而已"。（顾炎武）如：

例1：《姊妹歌》④

nə^{13} sei^{55} tɕə^{13}　tɛ^{11} na^{11}　姐妹是父母生，
姊妹　也　一个　父母

tɕaŋ^{13} sei^{55} tɕə^{13}　tɛ^{11} na^{11}　兄弟是父母生，
哥弟　也　一个　父母

tɕə^{13} lɛ^{55} na^{33}　lo^{11} ʐaŋ^{11}　一个父母生养，
一　个　父母　来　养生下

---

① （明）陈第：《毛诗古音考 屈宋古音义》，中华书局 2008 年标点本，第 33 页。
② （清）顾炎武：《音学五书》，中华书局 1982 年影印本，第 42 页。
③ （清）江永：《古韵标准》，中华书局 1982 年影印本，第 5 页。
④ 中央民族学院少数民族文学艺术研究所文学研究室：《少数民族诗歌格律》，西藏人民出版社 1986 年版，第 218 页。

zaŋ¹¹moŋ⁵⁵hei³³zaŋ¹¹wi¹¹ 养了你们和我们，
养　你和　养我
ɕi⁴⁴lɛ⁵⁵ɬio³³ko lo¹¹ 我们一起长大了，
一 起大一样 大貌
tsɛ⁴⁴qɑ⁵⁵ts'ei³³tə¹¹zo¹¹ 像青杠树的枝丫，
像 细 枝条 青 杠柴
（第二个音节 qɑ⁵⁵ 原调是第一调 33，调值由 33 变成 55，是为了与第一至第五句的第二个音节押调）
lio¹³nə¹³tio⁴⁴tɛ⁵⁵nio¹¹ 打扮姐妹到鼓堂，
推 姐妹 在 场鼓
q'ɑ⁴⁴ɬɑ¹³tɑ⁵⁵ɕ'i³⁵ni¹¹ 富贵人家来相亲，
客　富来 看 姐妹
ŋaŋ⁴⁴nə¹³tɕo⁵⁵waŋ³³lɑ¹¹ 看姐妹长得漂亮，
看　姐妹 条 装饰 美
ɣe⁴⁴ə³³ni⁵⁵ qə³³ fu¹¹ 银镯项圈亮闪闪，
好　银 器 项圈 圈
q'ɑ⁴⁴ɬɑ¹³tɑ⁵⁵nɛ¹³ni¹¹ 富贵人家来说亲，
客 官 来 问姐妹
mɑ³³meŋ¹³tɑ⁵⁵tɑ³³ho¹¹ 妈妈嘀嘀来答应，
你俩 母亲 来 答应 嘀
mɑ³³pɑ⁵³tɑ⁵⁵tɑ³³ho¹¹ 爸爸嘀嘀来答应，
你俩 父亲来 答应 嘀
q'ɑ⁴⁴nə¹³tio⁵⁵lo³³moŋ¹¹ 才把姐妹嫁出门。
嫁 姐妹 走　脚　去
t'ɑ⁴⁴noŋ³¹t'ɑ⁴⁴mɑ⁵⁵nɑ¹¹ 责怪就责怪双亲，
骂　各自 骂 你们 父母
ɑ¹¹ki³⁵t'ɑ⁴⁴tɕə⁵⁵niaŋ¹¹ 不要责怪嫂子们。
不要 骂　嫂　子

第五章 关于四声

第四、五个音节原来是 33 调的 tɕə³³niaŋ³³，为了"押调"临时变调）

tʻa⁴⁴pa¹¹mɛ⁴⁴nio⁵⁵**sei**¹¹ 怪死嫂子枉费力。

骂坏嫂子白（做、吃）

（第五个音节 sei¹¹ 原来是 sʻei³³lʻa³³，是"枉自"的意思。"变词押调"后声母和声调都发生了变化，但意义不变）

与此同时，苗语的声母和声调也有相互制约的关系。黔东苗语不送气声母的出现对声调没有限制，送气声母只能出现在第一、三、五、七这些单数调的音节中。如果"变词相押"后声调和声母的变化影响了词义的表达，则词语保持原调，并不"强纽失其本音"（江永）。如：

例 2①

li³³ki¹¹ ta³⁵ɛ⁴⁴ə³³ 旱田要变成水田，

田 旱 拿 做 水

taŋ⁵⁵to¹¹qaŋ⁴⁴fei³¹tei³³ 大伙要多多施肥，

大 伙 挑 肥 堆

（这两句押第一调）

noŋ⁵⁵a⁵⁵tɕu¹¹lei³¹ma¹³ 余粮卖给国家，

吃 不 完 剩 卖

naŋ¹¹əu³⁵kaŋ³³lia⁵³teŋ¹³ 穿绫罗绸缎啦，

穿 衣 绸 缎 缎

（这两句押第六调 13）

lɛ⁵⁵naŋ¹¹za⁵³tɕo⁵⁵pʰaŋ³³ 每人穿七八件，

个 穿 八 九 件

（这句押第一调 33，没有变调押第六调 13，是因为末一音节 pʰaŋ³³ 的声母送气，只能出现在单数调上，如果声调改变，声母也得变，词义也随之变化，因此没有变调，诗歌异调相押）

---

① 中央民族学院少数民族文学艺术研究所文学研究室：《少数民族诗歌格律》，西藏人民出版社 1986 年版，第 218 页。

taŋ⁵⁵ki³⁵ɣaŋ¹¹ɕo⁵³mɛ¹³ 人人红光满面，
整 村   红 脸
sə¹¹tseŋ³⁵liə¹¹ɬa⁴⁴ɕoŋ¹³ 像真留果般艳，
象 果   名 月 七
ɣə¹¹ɕi³⁵ɣə¹¹ɣu⁴⁴zaŋ¹³ 愈看呀愈美丽。
愈 看 愈 好 样

（这三句押第六调 13）

从音质性成分看，不同类的尾部音缀也可能相互协调。例如，法语诗歌中有一种"半协音"，元音相同，但辅音各异，如：

例 3①

ils dormiront sous la pluie oules éoiles 他们将睡在风雨中或星光下，
他们 将睡   在下 雨 或 星
ils galoperont avec moi portant 他们将和我一起驰骋，
他们 将驰骋   和 我 带着
en croupe des victoires 鞍子上挂着胜利。
在鞍后   胜利

如果认可例 2 和例 3 的情况，就可能得出"杂用四声"，韵脚"不必皆出一声"，古代诗歌允许异调通押的结论。如果执着于韵脚的超音段特征，认为不和谐的韵脚需要像例 1 那样"变词相押"，就可能得出"四声一贯"，"四声可以并用"的结论。顾炎武在论述中举到了《诗·豳风·七月》的例子，认为韵脚"发、烈、褐""三字皆去而韵'岁'"。如果站在韵尾的角度考虑，去、入（王力先生理论中的"长入""短入"②）相押并无不可，顾炎武可能是想强调，押韵的音应该在超音段的"迟疾轻重"和"抑扬高下"上具有某种一致性。在他的"四声一贯"体系中，长音和短音大概是不能相押的。

---

① 段宝林、过伟、刘琦：《中外民间诗律》，北京大学出版社 1991 年版，第 869 页。
② 王力：《清代古音学》，中华书局 2012 年版，第 8 页。

第五章　关于四声

第四个原因是，四声"发明"以前，"平上去入"都是正在形成中的音类，从"不同类的音段"演变成"不同类的超音段"，不可能一蹴而就。因此，后代学者归纳变化中的音类，也难免会有不同意见。在声调发展的不同阶段，说"古无上去""古有五声""古有四声"都有一定的道理。

声调发展不平衡的藏语方言也许可以佐证汉语声调产生时的情况。根据黄布凡先生统计，藏语方言声调的功能类型可分为六种，如表5-4所示：[①]

表5-4　　　　　　　　藏语方言声调类型

序号	功能类型	代表方言
1	无声调	阿坝话
2	有自然声调，无音位声调	道孚话
3	有音位声调，但辨义功能不强	巴尔蒂话
4	有音位声调，伴随特征较多，声调独立的辨义功能不强	玉树话
5	有音位声调，伴随特征较少，个别声调不稳定，辨义功能受影响	德格话
6	有较稳定的音位声调，声调的独立辨义功能较强	拉萨话

这六种类型大致可以代表声调产生的不同阶段。"古只有平入二声"的情况大概发生在第二、三阶段（谐声时代）。古无去声（上声、入声）的论断可能发生在第四、五阶段（《诗经》时代）。到第六阶段才"四声大备"（魏晋南北朝）。这样来看，段玉裁等古音学家关于声调渐变的论述是很科学的。

从共时的角度看，音类归纳本身就是见仁见智的工作，哪种特征应该被归纳为区别性特征，哪种特征应该作为伴随特征存在，并无定论。例如，玉树藏语的声调，如果不标长元音和前后喉塞音，就有六个调位；如果标出喉塞、长短，有四个调位；如果再标出声母的伴随性特征，甚

---

① 黄布凡：《藏语方言声调的发生和分化条件》，《民族语文》1994年第3期。

至还可以合并成两个调位。① 拉萨话的声调，也有两分法、三分法、四分法、六分法等调类归纳方式。②

以此类推，上古汉语的声调分成两类、三类、四类，甚至五类都有可能。遗憾的是，仅凭古代文献，我们很难准确地描述古"四声"的伴随特征和区别性特征。要想追寻"平上去入"的旧日风貌，研究超音段四声的起源机制，探索平仄二分的历史根源，还需仰仗方言（民族语言）对比和音理分析。

二 音理问题

众所周知，声调不是与生俱来的，但关于声调从何而来，为何而来的问题，大家说法不一。

（一）语音特征转移

声调是附着在线性音段上的音高，辅音声母的发音方法，元音的高低、松紧、长短，韵尾的特征都可能伴随音高一起出现，因此很多学者都认为，超音段的声调是从某种音段特征转移而来的。但具体是哪种特征在起决定性作用，却因语言不同而各异，随时代变迁而更改，难有定论。

有些语言的音高和元音松紧相关。较早研究汉藏语系元音松紧问题的是马学良先生和戴庆厦先生。③ 袁家骅先生和严学宭先生明确提出，元音的松紧对立与声调发生有关。袁家骅先生在《汉藏语声调的起源和演变》一文中提出假设：共同汉藏语有松紧元音之分，松元音所在的音节是低调，紧元音所在的音节是高调，声调是伴随着元音的松紧产生的。④ 严学宭先生《汉语声调的产生和发展》一文中也指出：原始汉语以元音

---

① 黄布凡：《藏语方言声调的发生和分化条件》，《民族语文》1994年第3期。
② 胡坦：《藏语（拉萨话）声调研究》，《民族语文》1980年第1期。
③ 戴庆厦：《我国藏缅语族松紧元音来源初探》，《民族语文》1979年第1期。
④ 袁家骅：《汉藏语声调的起源和演变》，《语文研究》1981年第2期。

松紧区分音位，紧元音松化，同音词大量产生后，声调从伴随性特征上升为区别性特征。[1] 孔江平先生用频谱分析的方法（FFT）对哈尼语的松紧元音进行了声学分析，发现紧元音在发音时声带确实相对紧张。[2] 声带的紧张和松弛，的确会影响音高，但是用"松紧"这个术语来概括声调的发生机制，也要面对以下三个问题。

第一，"松、紧"在不同语言中有不同的表现，难以一概而论。佤语中的松元音是"气声"，紧元音是"浊声"，紧元音调高。在哈尼语、彝语和德昂语中，"浊声"是松元音，紧元音是"嘎裂声"，松元音调高。纵向紧张的声带与音高正相关，但元音的松紧与声带的"横向展收机制相关"，[3] 松——紧和低调——高调之间没有直接的对应关系。

第二，如前所述，"平自韵平"，四声"分用划然"是诗歌押韵的常态。但在一些少数民族的诗歌中，松紧元音可以彼此押韵，互通无阻，而且互押的情况并不是特别罕见，这就说明，这些语言的松紧元音和声调之间可能没有必然的联系。如例所示：

景颇族民歌"恩准"（节选）n^{31} $tʃun^{31\,5}$ [4]

$kǎ^{31}$ $aŋ^{33}$ a^{31} ka^{55} $niŋ^{31}$ $nan^{33} ʒiŋ^{31}$ 大地刚刚形成，
中心　　　地　刚刚　　兴旺

$ʃiŋ^{31}$ $ʒa^{31}$ kum^{31} $tuŋ^{33}$ $niŋ^{31}$ nan^{33} $tʃiŋ^{31}$ 人类刚刚形成，
人世　　人间　　　刚刚　　　密实

$kǎ^{31}$ $tiʔ^{31}$ tap^{31} nu^{33} $ʒai^{31}$ n^{33} man^{33} 还没有公房，
诺言　厨房　还　没　专门留

---

[1] 严学宭：《汉语声调的产生和发展》，《人文杂志》1959年第1期。
[2] 孔江平：《哈尼语发声类型声学研究及音质概念的讨论》，《民族语文》1996年第1期。
[3] 朱晓农：《声调起因于发声——兼论汉语四声的发明》，《语言研究集刊》2009年第10期。
[4] 中央民族学院少数民族文学艺术研究所文学研究室：《少数民族诗歌格律》，西藏人民出版社1986年版，第185页。

n⁵⁵ la⁵⁵ tap³¹ nu³³ ʒai³¹ n³³ ʧe⁵⁵ san³¹ 还没串姑娘的地方，
诺言　厨房　还　没专门留下

lu³¹mǎ³¹ lun³³ la³³ ŋu⁵⁵ ai³³mi³³ŋa³¹ 有个男子叫井玛伦，
井玛伦　　男　叫一个有

ʃe³¹niŋ³¹ʃun³³mǎ³¹ʃa³¹ŋu⁵⁵ai³³mi³³pʒa³³ 有个女子叫舍宁顺。
舍宁顺　　人　称作的　一个　成长

……

剑川、洱源坝区白族调（节选）：①

pe⁴² tsÃ³³ ɕĩ⁵⁵ ʐA³⁵ uẽ⁵⁵ 心冷只焦皮，
（馒头）皮焦　心　不　温

po³¹tÃ⁵⁵ kʰe⁵⁵ tə³³ pÃ⁴² ne⁴² tsə³¹ 牡丹开得花盆大，
牡丹　开　得　盆子似得。

xuA⁵⁵ yẽ⁵⁵ me⁴² sẽ³ ʐA³⁵ tã³³ ke⁵⁵ 花园大门紧锁起，
花园　门扇　没　打开

tɕʰɔ̃⁵⁵ ŋo³³ tsə³¹ kÃ⁵⁵ kʰe⁵⁵ kʰõ⁵⁵ xə³¹ 楸木花好开空中。
楸木　身　高　开　空中

　　第三,一些有松紧元音的语言同时又有声调差别，但它们的声调和松紧之间不一定有严丝合缝的对应关系。石锋先生用实验的方法考察了南部彝语中松紧元音的声学特征，发现无论是从振幅的积分还是元音的时长上考量，元音的松紧差异在中平调中的表现都不明显，但低降调中的松紧差异是比较显著的。② Maddison 和 Ladefoged 的实验也得出了类似的结论。③ 可见，元音的松紧对立，也许会影响声调的发展，但是在声调产生中的作用可能没有我们想象的那么重要。

---

　　① 中央民族学院少数民族文学艺术研究所文学研究室：《少数民族诗歌格律》，西藏人民出版社 1986 年版，第 152 页。

　　② 石锋、周德才：《南部彝语松紧元音的声学表现》，《语言研究》2005 年第 1 期。

　　③ Maddison, I.&P. Ladefoged, "Tense and lax in four minority languages of China", *Journal of Phonetics*, Vol.13, 1987.

第五章　关于四声

欧阳觉亚先生认为促声韵中的"长短元音"可以导致声调的变化，这种现象普遍存在于壮侗语族语言中。① 元音长短确实与声调相关，但这种关联是否是发生学意义上的，还有待考证。因为很多壮侗语和苗瑶语在产生声调后，甚至在声调各分阴阳后，仍然保留着长短元音的对立。

徐通锵先生认为声调的产生与响度的分布有关：

> 声母语音特征的变化导致声调的起源……音节结构的一般原理是以元音充任的音核为核心，其前面音首部分的音素的发音响度渐次增强，其后的音素响度渐次减弱；响度渐次增强的标记性语音特征的变化，其增强的音量不会因语音的变化而消失，而需要转化为别的区别手段，以补偿已消失的语音特征的区别作用。在单音节语中，只能转化为音高变化的声调。②

这种说法是可以商榷的。传统的响度原则认为低元音的响度 > 中元音 > 高元音 > 半元音 > 流音 > 鼻音 > 擦音 > 塞音。音节的中心响度最大。但响度本身是一个比较复杂的问题。元音的响度不仅取决于发音时的用力大小，还和很多因素有关：在临界时长内，响度还会因时长缩短而降低，低元音、后元音和圆唇元音的响度相对高元音、前元音和不圆唇元音要大一些，声门波的频率和元音的 F1（第一共振峰）接近时，元音的振幅也会达到最大值，因此响度和 F1 的频率也有关系，③ 具体哪种因素与声调直接相关，有待考证。

另外，汉藏语系的很多语言中都有不符合响度原则（先增强，后减弱）的音位组合，如：[mp]、[rd]、[lŋ] 等，而且这些组合并没有根据响度原则调整的趋势。这种音位组合不仅出现在音节的开头，在音节末尾

---

① 欧阳觉亚：《声调与音节的相互制约关系》，《中国语文》1979 年第 5 期。
② 徐通锵：《声母语音特征的变化和声调的起源》，《民族语文》1988 年第 1 期。
③ 鲍怀翘、林茂灿：《实验语音学概要》，北京大学出版社 2014 年版，第 271—273 页。

也可能出现。例如，湖北通城方言中有一部分入声字的韵尾就是不符合响度序列的 [ʔn]、[ʔŋ]。鄂东南的咸宁、蒲圻等地也有类似的现象。[①] 另一方面，所谓的"音量"不仅和元音的高低有关，还和发音的长短有关。例如，在浙江西南吴语与徽语中，有一种以高元音为主要元音的二合元音。根据《徽州方言研究》的记载，安徽休宁话中"边、安、砖"的韵母分别是 [iːe][uːə][yːe]。黟县方言中，"标、小、照"的韵母为 [iːu]，"端、暖、汉"的韵母为 [aːu]，祁门方言中，"招、塔、坐"的韵母为 [ɯːə]。其中的 [i][u][y][ɯ] 等高元音都不是介音，而是主要元音。高元音在韵母中的响度更大，音色更清晰。[②] 这些韵母都与"低元音响于高元音"的原则不一致。可见"音素的发音响度渐次增强"受很多因素的影响，不一定非要"转化"为声调。此外，声调产生之前的上古汉语不一定是很纯粹的"单音节语"，前响的"mp"在郑张尚芳先生的理论体系中就属于"一个半音节"。[③]

从法国学者马伯乐开始，很多学者都认为声母的清浊会影响声调的高低。一般认为清声母声调的起点高，浊声母声调的起点低。[④] 瞿霭堂、胡坦等先生研究藏语声调的发生，也发现了清高浊低的规律。一般认为，声母清浊使藏语产生了高低二调，韵尾脱落促使声调进一步分化。[⑤] 但是在现代藏语康方言中，全浊声母基本完整，但韵尾却寥寥无几，可见康方言中韵尾的消变是早于浊声母的，声调的发生可能源于韵尾脱落，发展受声母清浊或前置辅音（带前置辅音的音节调高，鼻音前置辅音除外）

---

① 祝敏鸿：《通城方言入声的特点》，《语言研究》2002 年特刊。
② 平田昌司、赵日新、刘丹青等：《徽州方言研究》，好文出版（日本）1998 年版，第 1—337 页。
③ 郑张尚芳：《上古音系》，上海教育出版社 2003 年版，第 39 页。
④ 已经发展了的声调不一定继续维持清高浊低的模式，参考曾晓渝先生《试论调值的阴低阳高》，《西南师范大学学报》（哲学社会科学版）1983 年第 4 期，第 112—115 页。
⑤ 瞿霭堂：《谈谈声母清浊对声调的影响》，《民族语文》1979 年第 2 期。

的影响。① 这种声调起源的模式和汉语类似。

除清浊外，声母气流强弱也会影响声调的分化，吴语、赣语、湘语中都有"次清分调"的现象。送气音的音高一般低于不送气音。但也有相反的情况（泰语）。次清调的调头高低与喉下压力有关，次清调与全清调分化之后的演化与发生态"驰化"有关。② 从先秦到两汉，汉语的次清声母也发生了一定的变化，但是"送气分调"应该是四声产生之后次生的语言现象。③

20 世纪 20 年代，瑞典汉学家高本汉（B. Karlgren）提出假设：汉语的声调是起源于辅音韵尾的脱落。这一假设在越南语的研究中得到了证实。法国汉学家奥德里古尔（Haudricourt）对比越南语和其他孟—高棉语的基本词汇后发现，越南语的 hỏi、ngã（问声、跌声）与其他语言的 –b –s 尾对应，sắc、nặng（锐声、重声）与孟—高棉语中以喉塞音 [ʔ] 结尾的词相对应。因此越南语的 hỏi、ngã 类字来自有 –h 尾的音节，sắc、nặng 类字来自有 –ʔ 的音节。从古汉越语中的汉语借字可以看出，hỏi、ngã 与汉语的去声对应，sắc、nặng 与汉语的上声对应。因此，汉语中可能也有类似的演变，即去声来自 –s 尾，上声来自 –ʔ 尾。④ 蒲立本（pulleyblank）、雅洪托夫、梅祖麟、沙加尔（Laurent Sagart）、潘悟云、郑张尚芳等先生都基本认同这样的观点，并提供了丰富的补充材料。丁邦新（1998）、徐通锵（1998）等先生持反对的意见。李方桂先生构拟的上古音系中，–x 是上声的标志（比 *pjidx），–h 是去声的标志（季 *kwjidh），入声有韵尾（蜜 *mjit），平声没有标记。"–x、–h"在这里是

---

① 冯蒸：《试论藏文韵尾对于藏语方言声调演变的影响——兼论藏语声调的起源与发展》，《西藏民族学院学报》1984 年第 2 期。
② 朱晓农，徐越：《驰化：探索吴江次清分调的原因》，《中国语文》2009 年第 4 期。
③ 曾晓渝：《论次清声母在汉语上古音系里的音类地位》，《中国语文》2007 年第 1 期。
④ A. G. 奥德里古尔：《越南语声调的起源》，潘悟云《境外汉语音韵学论文选》，上海教育出版社 2010 年版，第 319—334 页。

调类的标记还是代表声调的来源，还需要进一步考证。①

（二）语音特征模拟

陈寅恪先生在《四声三问》一文中指出，除入声外，汉语的平、上、去三声都来自佛经转读，是对梵文语音特征的模拟。四声之说成立于南齐永明之世，与竟陵王萧子良集结"善声沙门"考文审音的活动有关：

> 自为一类之入声……其所以分别其余之声为三者，实依据及模拟中国当日转读佛经之三声……转读佛经之三声又出于印度古时声明论之三声也。据天竺围陀之声明论，其所谓声 savara 者，适与中国四声之所谓声者相类似，即指声之高低音，英语所谓 Pitch accent 者是也。围陀声明论依其声之高低，分别为三：一曰 udātta，二曰 svarita，三曰 anudātta。佛教输入中国，其教徒转读经典时，此三声之分别当亦随之输入……南齐武帝永明七年……竟陵王子良大集善声沙门于京邸，造经呗新声。……此四声说之成立所以适值南齐永明之世，而周顒、沈约之徒又适为此新学说代表人物之故也。②

这一观点独出心裁，影响深远，游国恩、罗根泽、罗常培、张世禄等先生皆从其说。郭绍虞、饶宗颐、俞敏等先生则不以为然。俞敏先生在《后汉三国梵汉对音谱》中提出了三个不易反驳的论据：

第一，从 svarita, udātta, anudātta 三类在吠陀（围陀）时期语言中的出现频率看，"降调"音节凤毛麟角，svarita 不能与后者两并列。这与汉语中平上去入四声并列分用的情况有本质不同。第二，根据《十诵律》记载，佛陀禁止他的信徒用吠陀音（婆罗门教所使用的外书音声）诵读

---

① 李方桂：《上古音研究》，商务印书馆 1980 年版，第 32—36 页。
② 陈寅恪：《四声三问》，《金明馆丛稿初编》，上海古籍出版社 1980 年版，第 333 页。

佛经。第三，"围陀"（veda）与"声明"（Śabdavidyā）出现时代不同，各有所指，风马牛不相及。"围陀之声明论"这一说法不能成立。①

《梁高僧传》中提道："然天竺方俗，凡是歌咏法言，皆称为呗。至于此土，咏经则称为转读，歌赞则号为梵呗。"②可见"转读"原是"梵呗"的一种，传入中国后专指不配乐的佛经咏读，即"咏经则称为转读，歌赞则号为梵呗"。在转读佛经的过程中，梵、汉两种语言交流碰撞，但并没有相互模仿：

慧皎《梁高僧传·经师·总论》说："自大教东流，乃译文者众，而传声盖寡。良由梵音重复，汉语单奇。若用梵音以咏汉语，则声繁而偈迫；若用汉曲以咏梵文，则韵短而辞长。是故金言有译，梵响无授。"③"金言有译"，可能使汉人在"重复"和"单奇"的对比中意识到原来不自知的语言特点，自省汉语内部规律，"发明"声调。但从"传声盖寡"与"梵响无授"看，梵音对汉语的冲击是有限的，不至于"输入""此三声之分别"。《文镜秘府论·天卷·四声论》中有"平上去入，出行闾里，沈约取以和声之，吕律相合"④的记录，也说明在沈约等人对"四声"做出系统的理论阐述之前，"平上去入"已是汉语的既成事实，不需要模拟梵音。

另外，从梵文翻译的过程看，有一些翻译家不一定非要懂得梵文。《高僧传》记载的译师名录中，大部分是外国人，能够独立翻译经文的汉僧为数不多。⑤《出三藏记集》记载："……遂令凉州沙门竺佛念写其梵文，道贤为译，慧常笔受。"⑥竺佛念书写梵文，道贤口头翻译，释慧常"笔

---

① 俞敏：《后汉三国梵汉对音谱》，俞敏《俞敏语言学论文集》，商务印书馆 2008 年版，第 42 页。
② （梁）释慧皎：《高僧传》，中华书局 1992 年整理本，第 508 页。
③ （梁）释慧皎：《高僧传》，中华书局 1992 年整理本，第 507 页。
④ ［日］遍照金刚撰，卢盛江校考：《文镜秘府论汇校汇考·一》，中华书局 2006 年版，第 317 页。
⑤ 梅维恒，梅祖麟，王继红：《近体诗律的梵文来源》，《国际汉学》2007 年第 2 期。
⑥ （南北朝）释僧祐：《出三藏记集·卷十一》，参见（https://www.cnki.net/kcms/Detail/frame/ GxdbSectton.aspx?BH=2616726）。

受"。在这个过程中,释慧常不一定直接接触梵文。这种"林纾的翻译"对汉语声调的发生、发展应该也不会有太大的冲击。

四声是汉语自身发展的产物,与佛经转读无涉。深谙四声理论的学者,不一定热衷于转读。南朝僧人释僧旻,与齐文惠帝竟陵王萧子良过从甚密,相传还是《四声指归》的作者。《续高僧传·梁杨都庄严寺沙门释僧旻》中写道:

> 齐文惠帝、竟陵王子良,深相贵敬,请遗连接。尚书令王俭延请僧宗讲《涅盘经》,旻扣问联环,言皆摧敌……(释僧旻)放生布施,未尝倦废……所著论疏、杂集、《四声指归》《诗谱决疑》等,百有余卷流世。①

但这位"善声沙门",竟陵王子良的座上客却对转读、唱导等事颇为不屑,"了不厝意"。

> 释僧旻……年十三,随回出都住白马寺。寺僧多以转读唱导为业,旻风韵清远,了不厝意。②

如上文所引,"发明"四声的沈约等人,在阐述声调理论时,洋洋洒洒,旁征博引,涉及"五音"乃至"五行""四象"理论,就是没有提到佛经"转读"。

沈约在《谢齐竟陵王示华严璎珞启》中说道:"明公该玄体妙,凝神宙表。阴法云于六合,扬慧日于九天。因果悟其初心,菩提证其后业。陟无生之远岸,泛正水之安流。受三远十号之尊崇,建四辨八声之妙

---

① (唐)释道宣:《续高僧传·卷第五》,中华书局2014年点校本,第154—159页。
② (唐)释道宣:《续高僧传·卷第五》,中华书局2014年点校本,第154页。

第五章　关于四声

极。"①其中的"四辨"指"义无碍辨""法无碍辨""辞无碍辨"和"乐说无碍辨"。"八声"是佛说法时的八种好音声：极好音、柔软音、合适音、尊慧音、不阴音、不误音、深远音、不竭音。这些都与语言中的"四声"无关。

另一方面，精通梵呗、转读的好佛诸公不一定善用四声。据《隋书·音乐志》记载：

> （梁武）帝既笃敬佛法，又制《善哉》……等十篇，名为"正乐"，皆述佛法。又有"法乐童子伎"、童子倚歌梵呗，设无遮大会则为之。②

梁武帝好佛，众所皆知，但这位多次脱下帝袍，舍身出家的君王却不太了解，或者出于某种政治目的，不太想了解"四声"：

> 约撰《四声谱》，自谓入神之作。武帝雅不好焉。尝问周舍曰："何谓四声？"舍曰"天子圣哲"是也。然帝竟不遵用约。③

《南史·沈约传》《文境秘府论》等文献中也有类似的记载。可见当年"造经呗新声"的活动与四声起源之间也没有直接的因果关系。

据历史文献记载，汉魏文学家曹植是"鱼山梵呗"的创始人。《太平御览·卷三百八十八》："《异苑》曰：陈思王尝登鱼山，临东阿，忽闻言岫里有诵经声，清道深亮，远谷流响，……即效而则之，今梵唱，皆植

---

① （南朝）沈约：《谢齐竟陵王示华严璎珞启》，严可均《全上古三代秦汉三国六朝文》，中华书局1958年版，第3115页。
② （唐）魏徵等：《隋书·卷十三志第八·音乐上》，中华书局1973年点校本，第305页。
③ （唐）姚思廉：《梁书·卷第十三列传第七》，中华书局1973年点校本，第243页。

依拟所造。"①

《高僧传》记载："始有魏陈思王曹植，深爱声律，属意经音，既通般遮之瑞响，又感鱼山之神制；于是删治《瑞应本起》，以为学者之宗。"② 这些史料虽然有传奇色彩，但空穴来风，必有因由，曹植和佛学应该多少有些渊源。能创制梵呗，也说明他精于音律。但是，我们从他的作品中，却看不出明显的分用四声的意识。例如：

《白马篇》

白（入）马（上）饰（入）金（平）羁（平），
连（平）翩（平）西（平）北（入）驰（平）。（上尾，蜂腰）
借（去）问（去）谁（平）家（平）子（上），
幽（平）并（平）游（平）侠（入）儿（平）。（蜂腰）
少（去）小（上）去（去）乡（平）邑（入），
扬（平）声（平）沙（平）漠（入）垂（平）。（蜂腰）
宿（入）昔（入）秉（上）良（平）弓（平），
楛（上）矢（上）何（平）参（平）差（平）。（上尾）
控（去）弦（平）破（去）左（上）的（入），
右（去）发（入）摧（平）月（入）支（平）。
仰（上）手（上）接（入）飞（平）猱（平），
俯（上）身（平）散（去）马（上）蹄（平）。（蜂腰）
狡（上）捷（入）过（去）猴（平）猿（平），
勇（上）剽（平）若（入）豹（去）螭（平）。（蜂腰）
边（平）城（平）多（平）警（上）急（入），
虏（上）骑（去）数（入）迁（平）移（平）。（律联）

---

① （宋）李昉：《太平御览卷三百八十八·人事部二十九》，参见（https://www.cnki.net/kcms/Detail/frame/GxdbSectton.aspx?BH=361090）。

② （梁）释慧皎：《高僧传》，中华书局1992年整理本，第507页。

第五章　关于四声

羽（上）檄（入）从（平）北（入）来（平），

厉（去）马（上）登（平）高（平）堤（平）。（上尾）

长（平）驱（平）蹈（去）匈（平）奴（平），（蜂腰）

左（上）顾（去）凌（平）鲜（平）卑（平）。（上尾，鹤膝）

弃（去）身（平）锋（平）刃（去）端（平），

性（去）命（去）安（平）可（上）怀（平）？（上尾，蜂腰）

父（上）母（上）且（上）不（入）顾（去），

何（平）言（平）子（上）与（上）妻（平）！（蜂腰）

名（平）编（平）壮（去）士（上）籍（入），

不（入）得（入）中（平）顾（去）私（平）。

捐（平）躯（平）赴（去）国（入）难（去），

视（去）死（上）忽（入）如（平）归（平）！

《杂诗·其一》

高（平）台（平）多（平）悲（平）风（平），

朝（平）日（入）照（去）北（入）林（平）。（平头，上尾，蜂腰）

之（平）子（上）在（去）万（去）里（上），

江（平）湖（平）迥（上）且（上）深（平）。（平头，蜂腰）

方（平）舟（平）安（平）可（上）极（入），

离（平）思（平）故（去）难（平）任（平）。（平头，蜂腰）

孤（平）雁（去）飞（平）南（平）游（平），

过（平）庭（平）长（平）哀（平）吟（平）。（平头，上尾，蜂腰）

翘（平）思（平）慕（去）远（上）人（平），

愿（去）欲（入）托（入）遗（去）音（平）。（蜂腰，上尾）

形（平）影（上）忽（入）不（入）见（去），

翩（平）翩（平）伤（平）我（上）心（平）。（平头，蜂腰）

141

平仄律源流考辨

《白马篇》和《杂诗》分别是曹植创作前期和后期的代表作。从形式看，这些作品几乎句句有声病，与永明声律相去甚远。作者不像是已经了解了四声之别。其中《白马篇》中还偶尔有律句，《杂诗》中的声病似乎又多于前者。如果汉语四声真是来自佛经转读，那么随着佛学浸染，诗人后期应该是"晚节渐于诗律细"，对四声的使用应该更加娴熟，更有抑扬顿挫的韵律，而不会像在《杂诗》中那样，在第一句就使用"高台多悲风"这种五连平的句子。因此殷璠在《河岳英灵集·序》中评价说："至如曹（植）、刘（桢）诗，多直语，少切对……"① 至于"子建函京之作"，恐怕真的是"音韵天成"，"暗与理合"，且"匪由思至"。

再如，与佛教有不解之缘的南朝诗人谢灵运（385—433），不仅精于佛法，而且了解梵文中的悉昙原理。《高僧传·卷七·宋京师乌衣寺释慧叡》记载：

> 陈郡谢灵运笃好佛理，殊俗之音多所达解。乃咨叡（慧叡，南朝高僧，曾游学至南天竺之界）以经中诸字，并众音异旨，于是著《十四音训叙》，条列梵汉，昭然可了，使文字有据焉。②

《十四音训叙》原书已经失传，日僧安然在他编纂的《悉昙藏》和《悉昙十二例》中保留了谢书的部分佚文：

> 宋国谢灵运云：《大涅槃经》中有五十字，以为一切字本。牵彼就此，反语成字。
> 噁（a）、阿（ā）、億（i）、伊（ī）、鬱（u）、優（ū）、喔（e）、野（ai）、烏（o）、炮（au）。此十字，两声中皆两两相近。③

---

① （唐）殷璠：《河岳英灵集叙》，转引自王筑民《中国古代文论选篇注析》，贵州人民出版社2005年版，第214页。
② （梁）释慧皎：《高僧传》，中华书局1992年整理本，第260页。
③ 括号中的字母原文中没有，为叙述方便，后加。

庵（am）、阿（ah）。此二字是前噁、阿两字之余音。若不尔者，音则不尽一切字，故复取二字以穷文字。足前十字，合为十二字也。

迦（ka）、呿（kha）、伽（ga）、恒（gha）、俄（ṅa）。此五字舌根声。

遮（ca）、车（cha）、闍（ja）、膳（jha）、若（ña）。此五字舌中声，亦云牙齿边声。

吒（ṭa）、咃（ṭha）、荼（ḍa）、袒（ḍha）、拏（ṇa）。此五字近舌头声。

多（ta）、他（tha）、陀（da）、弹（dha）、那（na）。此五字舌头声，亦云舌上声。

波（pa）、颇（pha）、婆（ba）、滼（bha）、摩（ma）。此五字唇中声，亦云唇上相博声。

蛇（ya）、囉（ra）、羅（la）、呵（va）、奢（śa）、沙（sa）、娑（ṣa）、呵（ha）、茶（kṣa）。至舌头，凡有三十四字竟。

鲁（ṛ）、流（ṝ）、卢（ḷ）、楼（ḹ）。此四字是前三十四字中不取者，世得罕用，后别出之，都合五十字。①

由引文可知，谢灵运熟知梵文音理，明白"牵彼就此，反语成字"的原理，对梵语的长短元音，辅音的发音部位乃至发音方法也都了然于心。"舌根""舌头""舌上"等描述相当细致，已接近魏晋南北朝之后的韵书（图）。谢诗还善于对声母、韵母做艺术化的排列组合。例如《悲哉行》一诗中，有"差池燕始飞，夭袅桃始荣""侘傺岂徒然，澶漫绝音形"等整齐的对偶，前者是双声对双声，后者是双声对叠韵。（加点的字为双声或叠韵）《从斤竹涧越岭溪行》中有"苹萍泛沉深，菰蒲冒清浅"一句，"苹萍""清浅"是双声，"沉深""菰蒲"是叠韵。可见，谢灵运善于安

---

① （东晋）谢灵运：《十四音训叙》，转引自北京大学中国传统文化研究中心《国学研究》第三卷，北京大学出版社1995年版，第284页。

排语音，已经开始有意无意地运用反切原理，但他并未从梵文中体味到"四声"的存在并自觉运用四声，有时也会写"池塘生春草（平平平平上）"这样的诗句。谢诗名动京城，"每有一诗至都邑，贵贱莫不竞写"，但却不太符合"永明体"的声律标准。沈约评价他说"潘（岳）陆（机）颜（延之）谢（灵运），去之弥远。"

　　如果汉语的声调确实来自佛经转读，则曹植不会秘而不宣，谢灵运不可能视而不见，沈约不可能避而不谈，梁武帝也不至于知而不言。可见梵书东传，"Pitch accent"进入汉人视野，推动的是四声的发现而不是出现。在梵汉对比中，汉人意识到"梵音为语，单复无恒，或一字以摄众理，或数言而成一义。……且胡字一音不得成语，必余言足句，然后义成"①的现象，进而受"声明"中《悉昙章》的启发，自觉运用反切，探索汉语内部规律，一时间"音韵锋出"，小学研究蓬勃发展。周颙等人"好为体语"，②顺蔓摸瓜，不难发现"切字皆有纽"且"纽有平上去入之异"。再后来，中国的语言学家比照梵文《悉昙章》创造了中国的音表——等韵图。《明显四声等韵图》说："夫等韵者，梵语悉昙。"所以，陈寅恪先生所谓"印度古时声明论"，影响的不是中国的语言，而是中国的语言学。

　　佛学东渐，对日本的影响也很大，但日语却没有因此而产生声调。日语中有对比音高，如：　　　　　　　　，但音高的起伏升降发生在音节之间（每个圆点表示一个音节或韵律单位），与汉语音节内部的声调有本质区别。③朝鲜语、越南语中都有大量的汉语借词，但前者没有声调，后者在汉语的影响下产生了声调，原因是越南语本身就是单音节的语言。可见"语音特征模拟"这种机制，要想在声调的产生中发挥作用，需要内外两方面条件同时起作用。内因是语言演变，需要声调这种新的音位

---

①　（南北朝）释僧祐：《出三藏记集·卷一》，参见（https://www.cnki.net/kcms/Detail/frame/GxdbSectton.aspx?BH=2614538）。

②　此处"体语"不是指骈文、声母，而是指反切。

③　关于日语声调的论述引用自施向东先生的《梵汉对音》讲义。

形式来补偿，外因是施加影响的语言与被影响的语言有类似的结构。梵语是"重复"屈折语，汉语是"单奇"的孤立语，方圆难周，难以相互模仿融合，因此"四声"模拟佛经转读的说法是可以商榷的。

（三）境内的语言（方言）接触

中国境内的方言和民族语言也是四声大规模运用到文学创作的催化剂。魏晋南北朝时期，民族语言对北方话的冲击不亚于梵语。陈第《读诗拙言》："说者谓自五胡乱华，驱中原之人入于江左，而河淮南北间杂夷言，声音之变或自此始。"① 这句话有一定的道理。

西晋末年，战乱频仍，民不聊生，人口大量迁徙。中国北部的匈奴、鲜卑、羯、氐、羌、乌桓等民族相继进入黄河地区，关中人口"戎狄居半"。以鲜卑语为代表的民族语言与汉语接触、融合，过从甚密。一方面，汉人以学习鲜卑语为风尚。《颜氏家训·教子篇》记载："齐朝有一士大夫，尝谓吾曰：'我有一儿，年已十七……教其鲜卑语及弹琵琶……以此伏事公卿，无不宠爱'。"② 唐代诗人元稹在《法曲》中描写道："自从胡骑起烟尘……胡音胡骑成胡妆。"另一方面，北魏孝文帝为巩固统治，禁胡服，禁鲜卑语，推行汉化政策。太和十九年（495），拓跋宏下诏："断诸北语（鲜卑语），一从正音（汉语）。"③ 鲜卑语逐渐被汉语替换，至隋末唐初，语言替换与转用已经基本完成。

与此同时，南方由百越发展而来的少数民族语言以及以百越语为底层的吴语都有可能和南下的汉语"雅言"接触。公元4—6世纪，黄河流域的汉人南渡长江，秦汉以来的百越民族一部分被迫进入山区，成为"山越"，另一部分逐渐汉化。同时，也有汉人为躲避战乱和劳役，逃

---

① （明）陈第：《读诗拙言》，（明）陈第《毛诗古音考 屈宋古音义》，中华书局2008年标点本，第140页。

② （南北朝）颜之推撰，庄辉明，章义和译注：《颜氏家训译注》上海古籍出版社1999年版，第15页。

③ （北齐）魏收：《魏书·列传第九上》，中华书局1974年标点本，第536页。

亡至少数民族聚居区。《宋书·夷蛮传》说："荆、雍州蛮，盘瓠之后也。……（宋民）赋役严苦，贫者不复堪命，多逃亡入蛮。"①自秦汉至魏晋，民族大杂居、小聚居的格局逐步形成。带有"越"字的族称，逐渐销声匿迹，取而代之的是"僚"（俚）等民族。根据《隋书·南蛮传》等史料记载，僚（俚）的祖先是兴起于南方的古百越各民族。僚族"上承百越，下启近现代壮侗语族的大多数民族"。②"俚"的一部分是今天黎族的前身。六朝政府通过设置郡县、强征赋役、武力讨伐等手段，推动和促进了少数民族与汉族的融合。《隋书·地理志》记载"（梁州）傍南山杂有獠（僚）户……居处言语，殆与华不别"。③

永嘉之乱后，王室南迁，北方士族的言谈举止风靡一时，成为孙吴子弟的效仿对象。《抱朴子·外篇·讥惑》说他们："转易其声音，以效北语……所谓不得邯郸之步，而有匍匐之嗤者。此犹其小者耳，乃有遭丧者，而学中国哭者……"④与此同时，南渡的北方士族为笼络人心和日常交际需要，也频繁使用吴语。《世说新语·方正》说："王丞相（王导）初在江左，欲结援吴人，请婚陆太尉。"⑤《世说新语·排调》记载："时盛暑之月，丞相（王导）以腹熨弹棋局，曰：'何乃渹！（吴人以冷为渹)'"⑥《南齐书·卷二十六》记载："敬则名位虽达，不以富贵自遇，接士庶皆吴语，而殷勤周悉。"⑦《北史》记载："（刘昶）呵骂僮仆，音杂夷

---

① （梁）沈约：《宋书·卷九十七·列传第五十七》，中华书局1974年点校本，第2396页。
② 王文光：《中国南方民族史》，民族出版社1999年版，第116页。
③ （唐）魏徵等：《隋书·地理志》，中华书局1973年点校本，第829页。
④ （东晋）葛洪：《抱朴子外篇·卷二十六·讥惑》，中华书局2013年译注本，第570页。
⑤ （南朝宋）刘义庆：《世说新语·方正第五》，中华书局2011年译注本，第299页。
⑥ （南朝宋）刘义庆：《世说新语·排调第二十五》，中华书局2013年译注本，第783页。
⑦ （梁）萧子显：《南齐书》，中华书局1972年点校本，第484页。

第五章 关于四声

夏。"不过他作诗押韵，仍用北语。①《南史·卷十四》说："(刘昶)在道慷慨为断句曰'白云满鄠来，黄尘半天起。关山四面绝，故乡几千里。'"②"起""里"二韵与左思《吴都赋》，郭璞《巫咸山赋》用法相同，是北方汉语。可见王导、刘昶等统治者都是北语、吴语并用的"双言人"。

双言接触、并用，给南渡汉语带来了很大的影响。《颜氏家训·音辞篇》记载："吾见王侯外戚，语多不正，亦由内染贱保傅（讲吴语的庶族），外无良师友（南渡士族）故耳。梁世有一侯……自陈'痴（彻母）钝（恩韵）'，乃成'飔（初母）段（换韵）'……谓'郢（喻四，静韵）州'为'永（喻三，梗韵）州'。"③直至隋代，吴语的影响仍不绝如缕。《隋书·五行志》说："隋（炀帝）自负才学，……帝又言习吴音，其后竟终于江都。"④

由上可知，五胡乱华，永嘉南渡，华夷聚居，给南北汉语都带来了巨大的冲击。颜之推说，"南染吴越，北杂夷虏"，意思大概是北方汉语受到了匈奴、鲜卑等阿尔泰语的影响，南方士族语言受到了吴越故地的壮侗语以及以壮侗语为底层的吴方言的影响。具体表现为：

> 南人以钱（从母仙韵）为涎（邪母仙韵），以石（禅母昔韵）为射（床三昔韵）；以贱（从母线韵）为羡（邪母线韵），以是（禅母纸韵）为舐（床三纸韵）。北人以庶（审母御韵）为戍（审母遇韵），以如（日母鱼韵）为儒（日母虞韵），以紫（精母纸韵）为姊（精母旨韵），以洽（匣母洽韵）为狎（匣母狎韵），如此之例，两失甚

---

① （唐）李延寿：《北史·卷二十九·列传第十七》，中华书局1974年点校本，第1047页。
② （唐）李延寿：《南史·卷十四·列传第四》，中华书局1975年点校本，第403页。
③ （南北朝）颜之推撰，庄辉明，章义和译注：《颜氏家训译注》，上海古籍出版社1999年版，第338页。
④ （唐）魏徵等：《隋书·卷二十二志第十七·五行上》，中华书局1973年点校本，第625页。

多。①

北人之音，多以举（鱼）、莒（鱼）为矩（虞）。②

由引文可知，南方汉语的声母系统比较简单，"从、邪"（*dz/*z）不分，"床母三等"和"禅"母（*dʑ/*ʑ）不分③，塞音和塞擦音不分。南方语言"声多不切"，可能与南方壮侗语以及吴语的影响有关。壮侗语的原始共同语中就是没有塞擦音的。张均如先生考察了布依语和壮语北部方言的八十多个方言点，发现这些地区与塞擦音 [ts] 对应的声母是擦音 [ɕ]，但 [ts] 和 [ɕ] 一般不会出现在同一音系中。如果 [ts] 和 [ɕ] 同时出现，则音系中的 [ts] 是后起的（*pj、kj、ki/e>ts）。在侗语的二十二个方言点中，只有五个点有塞擦音 [ts]，但这个音的出现既不稳定，也不成系统，在一些"关系词"中还有 [s]、[ɣ] 的读法。④ 这种现象，与"从、邪"不辨，"床母三等"和"禅"母不分的情况颇为神似。

北方汉语的韵母系统比较简单，"鱼（*ŋio）、虞（*ŋiu）"不分，"御（*ŋio）、遇（*ŋiu）"不分，"纸（*tɕie）、旨（*tɕi）"不分，"洽（*ɣɐp）、狎（*ɣap）"不分。即陆法言《切韵序》所谓"脂支鱼虞，共为一韵"。因此，北方文人用韵也相对较宽。《梁书·卢广⑤传》说"时北来人儒学者有崔灵恩、孙详、蒋显，并聚徒讲说，而音辞鄙拙，惟（卢）广言论清雅，不类北人"。⑥ 相较而言，南朝的永明文人则"幼有文辨"，用韵

---

① （南北朝）颜之推撰，庄辉明、章义和译注：《颜氏家训译注》，上海古籍出版社1999年版，第 323 页。

② （南北朝）颜之推撰，庄辉明、章义和译注：《颜氏家训译注》，上海古籍出版社1999年版，第 332 页。

③ 东方语言学网站，王力先生拟音。

④ 张均如：《壮侗语族塞擦音的产生和发展》，《民族语文》1983 年第 1 期。

⑤ 卢广是河北范阳人。

⑥ （唐）姚思廉：《梁书·卷第四十八列传第四十二》，中华书局 1974 年点校本，第 678 页。

第五章　关于四声

"务为精密"(钟嵘评价)。这种风气,"也正是(南北)语音有别的表现"。①

北语"分韵之宽,不若南人之密"。②可能与北方阿尔泰语的影响有关。阿尔泰语的元音系统比较简单,且有"元音和谐"的规律,例如满—通古斯语言的词干内部以及词干与附加成分之间都有"唇状和谐"的规律。阿尔泰语系那乃语的比金方言(乌苏里方言)里 [ʊ] 和 [ɔ],[ʊʊ] 和 [ɔɔ] 至今仍然可以自由变异。③北方汉语受到阿尔泰语的影响,"鱼御(o)、虞遇(u)"不分也是有可能的。

魏晋时期,北方汉语的声母复杂,韵母简单,南方汉语的声母简单,韵母复杂。如前所述,声母、韵母等音段因素都有可能影响声调的演变。而系统的声调理论最早发源于韵母多变的南方而不是声母复杂的北方,可见,汉语声调(超音段)产生之初,发生转移的语音特征很可能是韵母中的成分而不是声母中的要素。韵母中最活跃,最容易消变的成分是韵尾。因为发音时口腔中的气流会自然衰减,到韵尾时难免偷工减料。所以韵尾的音值与音节前部的元音、辅音是有区别的。例如,韵尾 [-i]、[-u] 的实际读音是 [ɪ]、[ʊ];汉藏语中很多塞音(鼻音)韵尾都是只有成阻、持阻过程但不会除阻的"唯闭音",发音并不到位。④只有当辅音韵尾因故消失时,主要元音才会像"无缰之马"一样,逐步发生转移。⑤因此,我们可以初步推断,就汉语而言,当声调产生的内因成熟时(音节结构简化,需要新的别义手段减少同音词,复辅音消变,能够负载声调的响音足够长,足够清晰),韵母中"韵尾"的消变是"四声"从"不

---

①　周祖谟:《切韵的性质和它的音系基础》,周祖谟《问学集》,中华书局1966年版,第466页。

②　周祖谟:《颜氏家训·音辞篇补注》,周祖谟《问学集》,中华书局1966年版,第413页。

③　李兵:《通古斯语言唇状和谐的形式特点与比较》,《民族语文》2000年第3期。

④　施向东:《"因为"为什么不能读作 yin nuei?——汉语连音变读研究之一》,施向东《音史寻幽:施向东自选集》,南开大学出版社2009年版,第339页。

⑤　施向东:《略论上古音研究中的几个问题》,《渤海大学学报》(哲学社会科学版)2012年第6期。

同类的音质性成分"渐变为"有辨义功能的超音段成分"的关键性因素。永嘉以后，北语"鸠占鹊巢"，吴人"邯郸学步"，北人双言并用，"僚"（俚）夏通婚聚居，南北语言（方言）深入接触，在接触与比较中，南朝文士受到启发，发现并阐明了"四声"的理论。

（四）韵尾与四声

1. 平声韵尾

一部分平声字有鼻、流音和元音等响音韵尾，是大多数学者的共识。关于和入声字押韵（谐声）的平声字是否有韵尾、有什么韵尾的问题，各家看法不一。

如果将这部分平声字都拟测成没有韵尾的开音节，那么整个音节中只有一个韵素，无法独立支撑一个音步，也无法独立组成一个韵律词。但这不符合语言实际。在先秦汉语中，很多可以独立运用的韵律词都是单音节的，因此，即使是属于阴声韵的平声字，也至少要由一轻一重两个韵素构成。①

如果给所有阴声韵（包括平声字）都构拟塞音韵尾 *-b/-d/-g，虽然可以在一定程度上解释《诗经》押韵和汉字谐声的问题，但也会带来新的问题。首先，全是闭音节的语言不符合类型学的一般规律，不像自然语言。其次，一般认为"阴阳对转"的枢纽是有塞音尾的"入声韵"，如果平声字也有塞音韵尾，则音系中就会出现两套"枢纽"。所以，即使为阴声韵构拟了 *-b/-d/-g 韵尾的陆志韦先生也无可奈何地指出："上古汉语没有开音缀的结论有的人一定以为怪诞不经……然而这样的材料只可以教人得到这样的结论。"②李方桂先生在论述中也为其他的构拟形式留有余地。他说："我们使用 *-b/-d/-g 等等只是一种写法，并未推敲它们的

---

① 施向东：《关于上古汉语阴声音节的韵尾、韵素和声调问题的探讨》，冯胜利《汉语韵律语法新探》，中西书局 2015 年版，第 342—364 页。

② 陆志韦：《古音说略》，台湾学生书局 1947 年版，第 106 页。

第五章 关于四声

语音细节。"①

西门华德先生为阴声韵构拟了擦音 *-β、-ð、-ɣ 韵尾，周法高先生构拟了 *-ɣ 和 *-wɣ 韵尾。② 在声母的谐声系统中，塞音也经常与同系的和擦音互谐，如：

主谐字　　　被谐字
甲（见母）　狎、柙、匣（匣母）
吉（见母）　桔、拮（见母），颉（匣母）、黠（匣母），鮚、佶（群母）
亥（匣母）　该（见母），骸、咳（匣母）
九（见母）　究、鸠（见母），仇、馗、肌、叴（群母）

如果韵尾和声母有平行对应的关系，那么擦音韵尾同样可以很好地解释阴（擦音）入（塞音）相押的现象。而且，这种构拟可以在一定程度上避免将所有阴声韵都变成促声的尴尬局面。所以，擦音韵尾也许比塞音韵尾更接近事实真相。不过，平声字的 *-β、-ð、-ɣ 韵尾在方言和借词中都难寻踪迹，而且 *-ɣ 消失的机制不甚明确，因此，这一系列韵尾不知所起，不知所终，难以解释平声字后来的演变。蒲立本先生（Edwin George Pulleyblank）为平声开尾字构拟了 -ɦ 韵尾。③ 斯塔罗斯金（Sergei Anatolyevich Starostin）先生不同意这种看法。根据他的统计，平声调开尾字在《诗经》中只有 3 次与入声韵尾 -k 联系，而这种联系在去声中出现了 19 次。因此，斯塔罗斯金先生为去声构拟了 *-h，他认为同一个音系中不可能有两个喉音韵尾，因此他认为中古的开音节平声字在上古仍然是开音节。④

笔者统计了王力先生《诗经韵读》中所有与入声押韵的阴声韵平声字，发现能与舌根韵尾联系的平声字可能比斯塔罗斯金先生的统计结果

---

① 李方桂、叶蜚声：《上古汉语的音系》，《语言学动态》1979 年第 5 期。
② 周法高：《论上古音》，《香港中文大学中国文化研究所学报》1969 年第 1 期。
③ ［加拿大］蒲立本：《上古汉语的辅音系统》，潘悟云、徐文堪译，中华书局 1999 年版，第 123—125 页。
④ 林海鹰：《斯塔罗斯金与郑张尚芳上古音系统比较研究》，博士学位论文，首都师范大学，2006 年，第 103—125 页。

还要多一点。如表 5-5 所示：①

表 5-5　　　　　　　　《诗经韵读》平、入通韵情况

平、入通韵情况	总计
一、之 *ə、职 *ək（g） 1. 贻（《邶风·静女》第三章） 2. 来（《小雅·出车》第一章；《大雅·常武》第六章） 3. 时（《大雅·召旻》第五章） 4. 兹（《大雅·召旻》第五章）	5 字次
二、幽 *u、觉 *uk（g） 1. 忧（《王风·兔爰》第二章；《王风·扬之水》第二章） 2. 罦（《王风·兔爰》第二章） 3. 陶（《郑风·清人》第三章） 4. 抽（《郑风·清人》第三章） 5. 犹（《小雅·小旻》第二章）	6 字次
三、宵 *ô、药 *ôk（g） 1. 芼（《周南·关雎》第三章） 2. 劳（《卫风·氓》第五章） 3. 朝（《卫风·氓》第五章） 4. 膏（《桧风·羔裘》第三章） 5. 昭（《大雅·抑》第十二章）	5 字次
四、侯 *ɔ、屋 *ɔk（g） 1. 瘉（《小雅·角弓》第三章）	1 字次
五、鱼 *ɑ、铎 *ɑk（g） 1. 茹（《邶风·柏舟》第二章；《小雅·六月》第二章） 2. 居（《唐风·蟋蟀》第一章；《唐风·葛生》第四章） 3. 除（《唐风·蟋蟀》第一章；《小雅·天保》第一章；《小雅·小明》第二章） 4. 訏（《大雅·生民》第三章） 5. 呱（《大雅·生民》第三章） 6. 呼（《大雅·荡》第五章） 7. 虞（《大雅·抑》第六章；《大雅·云汉》第六章）	12 字次

---

① 王力：《〈诗经〉韵读〈楚辞〉韵读》，中国人民大学出版社 2012 年版，第 130—372 页。

第五章　关于四声

续表

平、入通韵情况	总计
六、支 *e、锡 *ek（g） 1. 提（《葛屦》第二章） 2. 知（《小雅·何人斯》第五章）	2 字次
七、微 *əi、脂 *ei、质 *et（d） 1. 维（《小雅·采菽》第五章） 2. 葵（《小雅·采菽》第五章） 3. 膍（《小雅·采菽》第五章）	3 字次
八、歌 *ai、锡 *ek（g） 仪（《小雅·斯干》第九章）	1 字次
总计	35 字次

统计可知，与平声字通韵的入声字，大部分都是收舌根塞音韵尾的字。与舌根韵尾联系的平声共出现 32 字次，占总数的 91.43%，好像并没有斯塔罗斯金先生所说的 *-k（g）尾与平声字关系不密切的情况。

施向东先生参照藏文的后加字 ɑ，为这类平声字的尾部构拟了喉部浊擦音 *-ɦ，[①] 这一尾音的作用与梵文的涅槃点 visarga（○ː）类似，在发音时能轻微地带出前边元音的余势，但又与前面的元音不同质，是较弱的一个韵素，这样，阴声韵的平声音节中就有了一强一弱两个韵素，足以构成一个音步。*-ɦ 变成元音比 *-ɣ 要容易一些。"ɑ"写在字基底下，是藏文中专门用来转写梵文长元音的方法。在德语中，擦音 –h 也有类似的作用。元音后加不发音的 –h 时，要发长音。如 sah（看），ohne（没有），ihn（他）中的元音发 [aː][oː][iː] 音。所以，构拟 *-ɦ 韵尾，可以较好地解释阴入相押，汉藏同源，韵尾脱落等问题。

这样，平声音节的 *-i/-r/-l 韵尾，可以解释与 *-t（d）对应的音，*-ɦ 韵尾，解释了与 *-k（g）对应的音。

平声字尾部的喉部浊擦音 *-ɦ 在现代汉语方言和越南语中还能找

[①] 施向东：《关于上古汉语阴声音节的韵尾、韵素和声调问题的探讨》，冯胜利《汉语韵律语法新探》，中西书局 2015 年版，第 342—364 页。

到蛛丝马迹。朱晓农先生在描述越南语的声调时，指出：玄声（对应普通话的阳平）的调尾处有自然衰减，这种"衰减"在一部分人、一部分例字中表现为"喉开态"（glottal openning），其中包括送气（h）或者弛声（–ɦ）。"它不像吴语、赣语、苗语那样，从调头开始就有弛声，而是像闽东方言那样在调尾处有漏气……越南语、闽东方言在调尾处的偶尔漏气是局部性的。"①Thompson 在 A vietnamese Reference Grammar 中描述道："横声：中到中高，调尾下拖。玄声：低调，调尾下拖，常常伴有气声。"② 平声的"调尾下拖"，局部性的"漏气"和"弛声"都是 *–ɦ 曾经存在的有力证据。

为进一步证实越南语平声字末尾"漏气"的情况，笔者测量了汉越语音节末尾处 H1–H2 的平均值。发音字表涉及与入声押韵的收喉各部（之部、侯部、鱼部、支部）的平声字 10 个③，以及用于比较的问、跌、锐（舒）、重（舒）、锐（入）、重（入）声字 12 个。汉字后面是相应的汉越语字母。如表 5–6 所示：

表 5–6　　　　　　　　　汉越语发音字表

平声收喉各部	平（横）声（阴平）	1. 贻 di（之部） 2. 茹 như　3. 居 cư　4. 除 trư　5. 呼 hô 6. 虞 ngu（鱼部） 7. 知 tri（支部）
	玄声（阳平）	8. 时 thì　9. 兹 từ（之部） 10. 提 đề（支部）

---

① 朱晓农、阮廷贤：《越南语三域八调：语音性质和音法类型》，《民族语文》2014 年第 6 期。

② Thompson, Laurence C., *A Vietnamese Reference Grammar*, Hawaii: University of Hawaii Press, 1987.

③ 瘂、訐、呱三个字除外。瘂、訐两个字找不到相应的汉越音读法。呱 cô 在汉越语中不读平声，读锐声。

第五章　关于四声

续表

非平声	问声（阴上）	11. 懂 đổng 12. 丑 sửu
	跌声（阳上）	13. 抱 bão 14. 缓 hoãn
	锐（舒）（阴去）	15. 冻 đóng 16. 怪 quái
	重（舒）（阳去）	17. 洞 động 18. 异 dị
	锐（入）（阴入）	19. 急 cấp 20. 百 bách
	重（入）（阳入）	21. 局 cục 22. 合 hợp

发音人共有七位，三男四女，都是在中国学习的越南留学生。[①] 其中五位留学生来自河内，说东京方言（北部方言），两位来自胡志明市，说"交趾支那方言"（南部方言）。南北部方言有差别[②]，但差别不大，彼此通话基本没有障碍。在 praat 的窄带语图中，用 move cursor to 的方法，截取音节末尾 0.03~0.05 秒左右的瞬时能量频谱图。例如：图 5-1 就是男 1 发音人发"时 thì"时，音节末尾的瞬时频谱图。

---

① 发音人具体情况：
（1）男 1：黎黄石，25 岁，天津师范大学传媒学专业研究生，会讲汉语普通话、英语，说东京方言（河内话）。
（2）男 2：阮文雄，25 岁，天津大学电信专业研究生，会讲汉语普通话、英语，说东京方言（河内话）。
（3）女 1：阮雪梅，24 岁，天津师范大学语言学及应用语言学专业研究生，会讲汉语普通话、英语，说东京方言（河内话）。
（4）女 2：黎秋贤，21 岁，天津师范大学语言生，会讲简单的汉语，说东京方言（河内话）。
（5）女 3：裴翠幸，18 岁，天津师范大学语言生，会讲简单的汉语，说东京方言（河内话）。
（6）男 3：刘永伦，24 岁，天津大学语言学及应用语言学专业研究生，会讲汉语普通话、粤语、英语，说"交趾支那方言"。
（7）女 4：范玉雪，26 岁，天津大学语言学及应用语言学专业研究生，会讲汉语普通话、英语流利，说"交趾支那方言"。
② 根据马伯乐先生和王力先生的研究，南圻的越南人大多是从北圻的平定迁移来的，因此南北方言内部差异不大。越南中部方言自成一系，与南北方言都不同，彼此交流有困难。

平仄律源流考辨

[图：汉越语"时 thì"瞬时频谱]

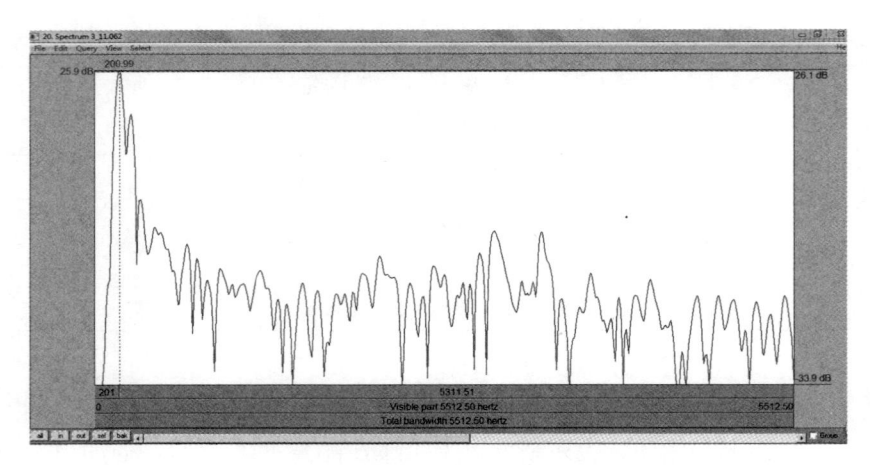

图 5-1 汉越语"时 thì"瞬时频谱

读图可知，第一个峰值大概在 200HZ 左右，选择 spectrum 文件，用 analysis—To Ltas（1-to-1）功能生成 Ltas 文件，选择该文件，在选择频率区间时输入能够包括 200HZ 的区间，运行 get maximum 程序，得到 H1 的值。用同样的方法取得 H2 的值。每位发音人每个字读三遍。取 H1-H2 的平均值，得到如下结果（表 5-7）：

表 5-7　　　　　越语音节末尾频谱斜率值（H1-H2）值

调类	序号	发音人						
		男 1	男 2	男 3	女 1	女 2	女 3	女 4
横声	1	−1.5	11.3	−15.9	6.9	−14.3	−23.4	9.6
	2	0.7	0.3	−6.4	20.7	−17.3	−21.1	0.2
	3	0.7	3.1	5.3	14.8	4.8	−11.7	1.4
	4	−1.2	−0.5	−6.6	15.9	15.3	−15.7	−0.2
	5	−5.1	−3.6	7.4	15.0	−3.4	−0.6	−6.7
	6	6.7	−2.6	−3.6	19.1	5.8	10.3	−4.8
	7	−1.0	−1.1	−0.2	27.8	13.8	26.1	−2.8
玄声	8	8.3	0.3	1.1	15.8	14.7	3.4	4.2
	9	7.0	2.6	−1.0	9.4	13.8	4.3	−1.4
	10	9.6	7.2	2.1	12.5	17.3	6.6	−4.8
平均值		2.42	1.7	−1.78	15.79	5.05	−2.18	−0.53

续表

调类	序号	发音人						
		男1	男2	男3	女1	女2	女3	女4
问声	11	-13.6	-7.7	-1.7	17.6	18.4	5.9	1.7
	12	0.6	-15.3	-4.7	-0.8	4.3	0.4	-14.1
跌声	13	-13.7	-6.8	-11.2	-16.5	-25.3	-17.5	2.6
	14	-9.3	13.8	-2.7	-29.6	-16.9	-17.0	-3.3
锐（舒）	15	-13.8	-7.1	6.2	-13.6	-3.7	-4.4	-22.2
	16	-8.9	1.1	0.1	-10.4	-4.6	-3.3	-11.8
重（舒）	17	-16.6	-18.2	-8.8	4.9	1.5	-10.4	-7.4
	18	-22.7	-15.7	-18.6	8.2	-4.1	-21.7	-12.3
锐（入）	19	5.5	2.5	10.4	9.6	-4.3	-13.7	-10.2
	20	-4.2	-7.4	4.7	-23.9	-18.7	-16.1	7.5
重（入）	21	-26.3	-6.6	-9.3	7.7	1.7	-7.4	9.9
	22	-23.2	-6.9	-18.8	4.7	-2.9	-0.1	-4.5
平均值		-12.18	-6.19	-4.53	-3.51	-4.55	-8.75	-5.34

统计可知，开尾平声（横声、玄声）音节末尾的频谱斜率值（H1-H2）大体上高于仄声（问、跌、锐、重）各声。开尾平声字末尾发音比较松弛，仄声末尾发音相对紧张。有些发音人发一些例字时调尾处确实有"漏气"现象。这样看来，为这部分阴声韵的平声构拟 –ɦ 韵尾，是很有道理的。

2. 上声韵尾

（1）关于 *-ʔ 韵尾的论证

根据奥德里古尔先生（Haudricourt）的研究，中古汉语的上声字对应汉越语中的问声和跌声，古汉越语的锐声或重声，而它们又与南亚语 -ʔ 收尾的字有密切关系。因此早期上声可能带有 *-ʔ 韵尾。[①] 沙加尔先生[②]，

[①] A. G. 奥德里古尔：《越南语声调的起源》，潘悟云《境外汉语音韵学论文选》，上海教育出版社2010年版，第319—334页。

[②] 邢公畹：《关于汉语南岛语的发生学关系问题——L·沙加尔〈汉语南岛语同源论〉述评补证》，《民族语文》1991年第6期。

郑张尚芳①先生都指出，这种 *-ʔ 韵尾有可能来自小舌音 *-q。这两种辅音在不同时期的声母系统中都可能存在，因此在韵尾中也很有可能存在。从音理上看，*-ʔ、*-q 与元音很相似，所以平、上声互相押韵的情况比较常见。

　　梅祖麟先生②和郑张尚芳③先生通过以下四种证据证明上古时期，上声中可能有 *-ʔ 韵尾。一是方言材料。东南沿海地区的汉语方言，温州、台州、浦城等地的上声韵尾有紧喉特征。二是佛经对音材料。材料显示，梵文的短音节一般用上声对译。三是兄弟语言中的关系词。如：侗台语临高话中的"马"——maʔ，末昂语中的"瓦"——ŋuaʔ，布朗语中的"九"——kauʔ、"五"——haʔ，都说明上声与 *-ʔ 有关。四是，外语和民族语言中的"顿折"特征。唐五代西北藏文的对音中，上声字的韵母用双元音书写，如《千字文》注音"举"ku'u。汉越语中的"跌声"，中间有紧喉特征。朝鲜国音中的上声也有"顿折"的特征。

　　丁邦新先生反对这种说法，认为上声不是短调，而是高升调。丁先生主要提到了两种证据。首先，方言中的喉塞尾可能是后起现象，是低降调的伴随性特征。以此推溯上古汉语，证据不足。④如果只考虑方言，丁先生的担忧是很有道理的，不过如上所引，少数民族语言和汉越语、朝鲜国音的上声中都不约而同地出现了这种紧喉特征，这种情况应该不是偶然的，也不是后起的。笔者在调查汉越语时发现，问声（阴上）313调有时会出现"顿折"特征⑤，而大部分（80%以上）跌声（阳上）425的中间都会出现"顿折"。例如，图5-2是跌声"以"dĩ，"缓"huãn，

---

　　① 郑张尚芳：《汉语声调平仄之分与上声去声的起源》，《郑张尚芳语言学论文集》，中华书局2012年版，第467页。

　　② 梅祖麟：《中古汉语的声调与上声的来源》，潘悟云《境外汉语音韵学论文选》，上海教育出版社2010年版，第41页。

　　③ 郑张尚芳：《上古音系》，上海教育出版社2003年版，第205—212页。

　　④ 丁邦新：《汉语声调源于韵尾说之检讨》，《丁邦新语言学论文集》，商务印书馆1998年版，第96—97页。

　　⑤ 根据朱晓农先生的"发生态"理论，这些字带有"嘎裂声"或"弱僵声"。

"士"sĩ,"有"hữu 四个音节的语图。

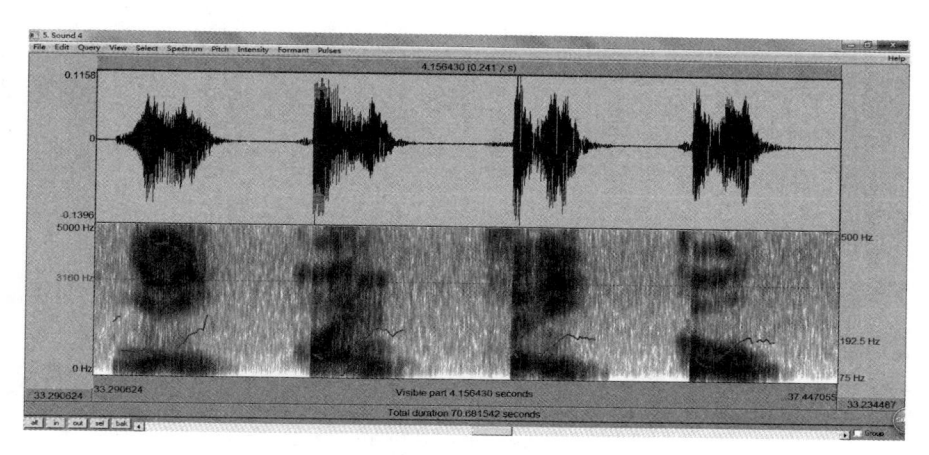

图 5-2 汉越语跌声语

由图可见,跌声的基频曲线①不是连续不断的,中间有明显的断裂。这种断裂应该与紧喉特征有关。无论是在北部方言还是南部方言中,这种特征都表现得比较明显。

丁先生的另一种证据来自梵汉对音。义净《南海寄归内法传》中说:"脚佉伽口卢俄……右'脚'等二十五字并下八字总有三十三字名初章,皆须上声读之,不可著其字而为平、去、入也。"②

周法高③、梅祖麟④、丁邦新三位先生都引用了这段材料。周先生和梅先生以此证明上声是短调。丁先生认为对译的汉字中本来有短调的入声字,所以,依照义净要求把入声字也读成上声,就不是因为上声短,"如

---

① 中间的曲线表示基频 F0。
② (唐)义净:《南海寄归内法传》,转引自丁邦新《丁邦新语言学论文集》,商务印书馆 1998 年版,第 73 页。
③ 周法高:《说平仄》,《中国语言学论文集》,联经出版事业公司 1975 年版,第 109 页。
④ 梅祖麟:《中古汉语的声调与上声的来源》,潘悟云《境外汉语音韵学论文选》,上海教育出版社 2010 年版,第 43 页。

果说入声字因为有塞音尾不如无塞音尾的短调上声更为适合，那么为什么不设法用上声字呢？"① 由引文可知，作为"初章"的三十三字都是声母，要与韵母相拼，读成上声的确比读成有塞音尾的入声更加方便。但汉语中的上声字比较少，三十三个声母全用常用的上声字对译，可能不太容易。因此就用对音常用字"佉、伽"等暂代，再标注为上声。声、韵母相拼，声母的发音不能太长，所以"上声读之"应该还是说明上声音短。

综合考察历史上梵文字母的对音，短元音用上声、入声对应的情况确实比较常见。②

表 5-8　　　　　　　　梵文短元音对音情况

元音	文献				
	金刚顶经字母品	文殊问经字母品	空海悉昙释义	全真悉昙次第	华严续刊定记
a	阿（上）	阿（上）	阿（上声呼）	裒（阿可反）	阿（入呼一）
i	伊（上）	伊（上）	伊（上声）	伊（印以反）	繄（入三）
u	坞	坞（上）	坞（上声）	坞（乌古反）	乌（入五）

在一些历史文献中，对上声的描述也与入声类似：明代王骥德《曲律·二卷·论平仄第五》一章中说："盖平声尚含蓄，上声促而未舒，去声往而不返，入声则逼侧而调不得自转。"③ "促而未舒"正是 *-ʔ 或紧喉特征的表征。

（2）关于上声特征的一条梵汉对音材料

另外，笔者在研究不空本《般若波罗蜜多心经》的对音时发现了一

---

① 丁邦新：《平仄新考》，丁邦新《丁邦新语言学论文集》，商务印书馆1998年版，第73页。
② 覃勤：《日传悉昙文献与汉语中古音研究》，博士学位论文，华中科技大学，2007年，第174—181页。
③ （明）王骥德：《曲律》，中国戏曲研究院《中国古典戏曲论著集成》第四册，中国戏剧出版社1959年版，第105页。

第五章 关于四声

条也许能够间接证明上声是短调的材料。①

从不空对音中可以看出，鼻音声母明、泥、日、（娘、疑）既可以对译梵文的鼻音，也用来对译不送气浊音。

古今各地的材料都显示，不空法师对音所用的鼻音声母可能是一个带有塞音的鼻冠音，它们作为原始汉藏语的底层，在汉语方言中留存至今。而"西北地区作为藏汉两族的发源地，使得它的土语层有可能保存更多的原始母语特征"。② 问题是，次浊音身兼二职的对音方法，前无古人，为什么会突然出现在不空（学派）的对音当中呢？尉迟治平先生指出：古汉语鼻塞复辅音声母的分化，要经历一个鼻音和浊塞音自由变读的阶段，中唐以前，这种复辅音的鼻音成分较重，所以用来对译鼻音，而且除此之外，音系中找不到更接近鼻音的声类；在中唐以后的西北方言中，次浊字已进入了鼻音和浊塞音自由变读的阶段，所以才能一音二用。③ 这种说法很有道理。日译吴音中的明纽、微纽读 [m]，日译汉音读 [b]，吴音的时间先于汉音，按理说应该反过来才对，这种"颠倒"正好与"中唐以前复辅音鼻音成分重"的观点不谋而合。

关于对应梵文鼻音的次浊字，马伯乐认为主要是阳声字④，他的解释是：位于两个鼻音之间的元音容易鼻化，以至软腭在发音过程中从头到尾都处于低位，这样有助于保持鼻音声母发音过程的完整。刘广和先生也表达了类似的意见，认为"共鸣作用"会使鼻声母的鼻音成分突出⑤。

马伯乐的理论在罗常培先生的汉藏对音材料中有比较整齐的体现，不过很难解释其中的例外。罗常培先生发现："明母在收声 –n 或 –ŋ 的前

---

① 本次对音涉及汉文 545 字次，对译梵文 440 字。
② 储泰松：《施护译音研究》，谢纪锋，刘广和《薪火编》，中央民族大学出版社 1996 年版，第 348 页。
③ 尉迟志平：《论隋唐长安音和洛阳音的声母系统》，《语言研究》1985 年第 2 期。
④ ［法］马伯乐：《唐代长安方言考》，聂鸿音译，中华书局 2005 年版，第 40 页。
⑤ 刘广和：《唐代八世纪长安音声纽》，《语文研究》1984 年第 8 期。

面读 m，其余的变 'b；泥母在收声 –m 或 –ŋ 的前面读 n，其余的变 'd①；疑母只有 'g 音一类，并不受韵尾鼻声的影响而恢复 ŋ 音，这是跟明、泥两母不一致的。"② 因为"汉字语音结构的每一项所能选择的内容都有对立的倾向"③，明母只与它发音部位不同的 –n 或 –ŋ 相配，泥母只和 –m、–ŋ 相配，以此类推，疑母应该只和 –m、–n 相配。而 –ŋ 尾是当时西北方音中最先消变的韵尾，与西北方音一脉相承的晋南方言至今仍有宕、果合流的痕迹。

伯希和、马伯乐、罗常培三位先生都认为当时的 –ŋ 变成了摩擦音 $\tilde{\gamma}$，"并且这个音很不稳定，当时记音的吐蕃人就许因为对这个音捉摸不定，而且在他自己的语言里也没有相当的字母，所以听得过了一点就保存住 ŋ，听得不及了一点就写作纯元音。"④ 与之相比，疑母后的 –m、–n 在当时应该是相对稳定的，却反而没有帮助保存鼻音声母，作用不及明、泥后"捉摸不定"的 –ŋ，可见，"鼻韵尾"对凸显鼻音声母的作用似乎是有限的。从汉语方言的情况看，目前也没有发现"鼻韵尾"帮助保留鼻音声母的情况，反方向的例子倒是有不少⑤。如：江苏常熟吴语中"墓、慕"读 [moŋ]，湖北咸宁赣语中"泥"读 [nin]，四川乐至县西南官话中"茂"读 [moŋ]。晋语济源话中"梅""眉"读 [mən]。黟县徽语中"二""儿"读 [n̩iŋ]。不是韵尾凸显了声母，而是鼻音声母同化了韵尾。不过韵尾擦音的说法应该是合理的。ɣ、ŋ 发音部位相同，有互换的可能。今天的山西太原话中仍有不少疑母字读擦音。如"艾"读作 [ɣai45]，"藕"读作 [ɣəu53]。

从不空本《心经》的对音情况初步看来，疑母字也是只对 g 不对

---

① 罗常培：《唐五代西北方音》，商务印书馆 2012 年版，第 3 页。
② 罗常培：《唐五代西北方音》，商务印书馆 2012 年版，第 53 页。
③ 施向东：《"文化"为什么不能读作 wen nua？》，施向东《音史寻幽：施向东自选集》，南开大学出版社 2009 年版，第 340 页。
④ 罗常培：《唐五代西北方音》，商务印书馆 2012 年版，第 90 页。
⑤ 袁丹：《汉语方言中的鼻尾增生现象》，《语文研究》2014 年第 3 期。

n̄(ŋ)。对应鼻音的鼻声母字有孃、磨、铭、摩、宁；挐、喃、曩、努、你、弭、麼、每、满、母；沫、捺、耨、涅、纳、穆、蜜22个，其中只有前五个属于阳声韵。刘广和先生也认为马伯乐的理论有偏差，他研究的《大孔雀明王经》中，有鼻音尾的汉字对鼻辅音139字次，对浊塞音26字次；无鼻音尾的汉字对鼻辅音297字次，对浊塞音241字次。① 这种结果，也体现了鼻韵尾和鼻声母之间似有非有，若隐若现的关系。

　　如果抛开韵尾，单讨论声调，可以发现一些新的情况。据刘广和先生研究，唐代长安音的短元音用上声和入声对音，长元音用去声对音。② 慧琳音义也遵循相似的体例："㯺，阿可反；啊，阿箇反，阿字去声兼引。"③ 也是上声短，去声"引"。不空本《心经》中共出现长元音对音（ai-e，au-o 也在统计范围内）96 字次，其中去声50 次，平声27 次，上声16 次（其中11 次出现在 ry-、tv-、rv- 等音丛的对音中，并注有"二合"字样），入声3 次。可见去声是长调，平声次之，上、入声相对较短。考察对译鼻音的鼻声母字声调，可以发现：

表 5-9　　不空译《心经》中对译鼻音的鼻声母字声调统计

声调	对音用字及出现次数	对音总次数	比例
平	孃（11）磨（2）铭（1）摩（5）宁（1）	20	20.83%
上	挐（3）喃（2）曩（27）努（2）你（10）弭（5）麼（11）每（1）满（5）母（1）	67	69.79%
去		0	0
入	沫（2）捺（1）耨（2）涅（1）纳（1）穆（1）蜜（1）	9	9.38%
总计		96	

---

① 刘广和：《唐代八世纪长安音声纽》，《语文研究》1984 年第 8 期。
② 刘广和：《唐代八世纪长安音的韵系和声调》，《河北大学学报》（哲学社会科学版）1991 年第 3 期。
③ （南朝）慧琳：《一切经音义》，徐时仪《一切经音义：三种校本合刊》，上海古籍出版社 2008 年版，第 942 页。

由表可知，对译梵文鼻音的上、入声次浊字约占总比例的 80.00%，其中，"拏""喃"都是平声字，但都被注释为上声，因此按上声统计。出现 11 次的平声字"孃"主要对译"般若"pɣajñā、"想"saṁjñā 等词中的辅音丛，并注有"二合"字样，音长应比平常稍短。因此，不空在《心经》中用来对译梵文鼻音的次浊字主要是音长较短的调，没有长调去声。如上所述，当时西北方言中的明、泥、疑等纽是鼻冠音。笔者在调查纳西语的鼻冠音时发现，当发音人认真地读 mb、nd、ŋg 等声母时，鼻音和塞音的音色都很清晰，但快速或漫不经心地发音会消耗塞音的音色，使"一"[ndɯ³³] 这样的词听起来像 [nɯ³³]。或许唐代西北方言的情况也是这样，去声的音长足以使人将鼻音、塞音都发清楚，而较短的上、入声则磨损了鼻冠音中塞音的音色，只留下鼻音，正好与梵文的鼻辅音相对。这是分析《心经》一篇得到的初步推测。要想得出更可靠的结论，还需研究更多的材料。从现有材料看来，上声可能是短调。

有紧喉特征或塞音尾的音节不一定短（例如粤语中的长入），但是像中古上声这样的短调，受时间所限，发音时气息未尽，一般都会有紧喉的特征。这一特征与上古的 *-ʔ 韵尾应该有一脉相承的关系。

3. 入声韵尾

古入声有塞音韵尾，毋庸置疑。汉语方言、日译汉音、日译吴音等很多材料都可以证明这一点。中古汉语的入声韵尾为清塞音 *-p -t -k。关于上古汉语的入声韵尾，不同的学者有不同的拟测方法。以高本汉先生为代表的学者将其拟测为清塞音韵尾（或者是认为上古塞音韵尾只有一套，因此用 *-p -t -k 代表）。以郑张尚芳先生为代表的学者将其拟测为浊塞音韵尾。从现有的材料看，上古的入声韵尾是浊塞音的可能性比较大。

首先，从早期梵汉对音的情况看，入声字有浊音尾。俞敏先生的《后汉三国梵汉对音谱》中有大量的相关例证。如：[①]

---

① 俞敏：《后汉三国梵汉对音谱》，《俞敏语言学论文集》，商务印书馆 2008 年版，第 18—20 页。

梵音	汉字	原译	原词
bhad	拔	拔	bhadrapāla（跋陀婆罗菩萨）
nad	涅	僧那僧涅	saṁnāhasaṁnaddha（弘誓，大誓）
bar	钵	优昙钵	udumbara（无花果树）
mal	末	维末诘坻	vimalakīrti（无垢，匀称）

[r]、[l] 音近，汉语中没有 [r] 音，梵汉对音时遇到 [r]，经常用音色相近的来母字"哩、噜、啰、嚂、稜、囕"等对译，并加上口字旁以示区别。d>l 的音变又很常见。因此汉语入声的 *-d 尾是很有可能存在的。

同时，藏文的书写形式也显示，早期藏语中的塞音韵尾是浊音。原因有二：第一，藏文是仿照梵文创造的，梵文不是单音节语言，在语流中划分音节时，一般都将辅音划入下一音节，所以梵语中很少闭音节。只有词尾或句尾有辅音时才有闭音节，而此时浊辅音会清化。但藏文中的塞音韵尾是用浊音书写的。说明藏文创制之时，藏语的塞音韵尾的确是浊音。第二，藏文中"不自主虚词"的声母是根据前面一个词收尾辅音的清浊而变化的。它们的变化规律也能显示前字辅音韵尾的浊音特征。[①]汉藏同源，对照可知，汉语的入声韵尾最早也是浊音[②]，例如：

藏文	汉字	拟音
gab（盒子）	匣	*guub
brgyad（八）	八	*preed
zhag（夜间，晚，宵）	夕	*ljaag

据潘悟云先生和郑张尚芳先生考证，日本的上古汉语借词也能反映上古汉语入声韵尾的浊音性质。[③] 如：

---

① 张济川：《古藏语塞音韵尾读音初探》，《民族语文》1982 年第 12 期。
② 施向东：《汉语和藏语同源体系的比较研究》，华语教学出版社 2000 年版，第 23—145 页。
③ 潘悟云：《汉语历史音韵学》，上海教育出版社 2000 年版，第 165—166 页。

甲 kabu，笔 fude，麦 mugi

郑张尚芳先生还指出，一些现代汉语方言的入声韵尾也较浊。凡是保留浊塞音声母①且入声韵尾还没有合并成 –ʔ 的方言，入声的塞音尾都读成浊音尾。② 例如：

赣语湖口流芳话有 –l、–g 韵尾。如：

–l 尾：割 kol³，拔 bal³⁵

–g 尾：直 ʥig²³ 角 kɔg⁵

（*–b>）合 xɔl³³，夹 kal⁵

粤语连山话中有 –d、–g 韵尾。如：

–g 尾：息 sɛg⁵，贼 zɑg¹³

–d 尾：雪 sod，橘 koɐd⁵

（*–b>）：压 ad³⁵，入 ŋoɐd¹³

笔者在调查闽方言的声调时，也发现了类似的浊音尾。下面的两个图分别是泉州话（闽南次方言）与霞浦话（闽东次方言）中的阴入字。③它们的音尾部分都有比较明显的浊音横杠，使得整个语图呈现出类似"L"的形状。

---

① 在所举方言中，赣语中的浊音声母应该是古音存留。粤语连山话中的部分浊音声母可能是次生现象，詹伯慧先生在《粤北十县（市）白话的语音特点》中指出，连山白话中的浊塞音声母 [b]、[d] 分别来自古代的帮母字和端母字，是古清声母。闽南方言中的浊塞音声母应该也是后起的。泉州话中读 [b]、[g] 的"米、文""五、义"等分别是明母字和疑母字，它们读作塞音应该是古代复辅音 *mb、ŋg 音变的结果。因此浊音韵尾的保存是否与古浊音声母相关还有待考证。

② 郑张尚芳：《上古入声韵尾的清浊问题》，《语言研究》1990 年第 1 期。

③ 发音人：泉州话发音人，陈烨炯，男，21 岁，福建泉州市德化县人。霞浦话发音人：林肖辉，男，21 岁，宁德市霞浦县牙城镇人。

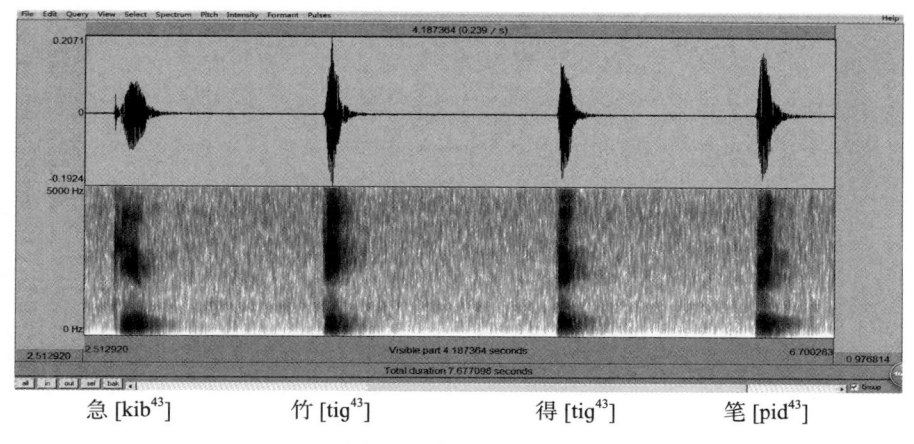

急 [kib⁴³] 竹 [tig⁴³] 得 [tig⁴³] 笔 [pid⁴³]

图 5-3 泉州阴入字语

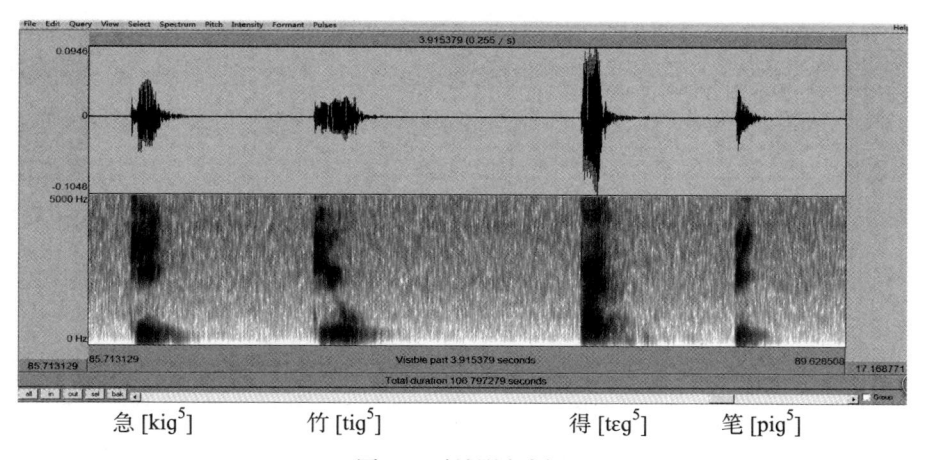

急 [kig⁵] 竹 [tig⁵] 得 [tɛg⁵] 笔 [pig⁵]

图 5-4 霞浦阴入字语

将上古入声韵尾构拟成浊音也可以更好地解释阴入相押的老问题。解释阴入相押的问题，既可以在阴声韵的后面做"加法"，也可以在入声韵的后面做"减法"。如上所述，给阴声韵的平声构拟喉擦音韵尾 [ɦ] 可以很好地解决收喉（甲类）各部阴入相押的问题。入声的浊音韵尾弱化，发音简化，从 *-d 变成 *-l，正好可以和收舌（乙类）各部的阴声韵相押。两汉南北朝前后，四声分野逐步明晰，去声与入声分道扬镳，入声

的 *-b/-d/-g 尾也逐步清化。

4. 去声韵尾

中古的去声字，在上古时期与平声、入声都有关系。从谐声的情况看，去声与入声的关系很密切，如：酷（-k）、告，割（-t）、害，至（-t）、至，立（-p）、位，式（-k）、试，白（-k）、怕，弗（-t）、费等，例证很多。从诗经押韵看，去声又与平声过从甚密。邓葵学长统计了《诗经》中各个声调的合韵情况，发现平、去合韵的比例多达 23.20%，在各声合韵的百分比中名列第二[1]，甚至超过了入声与"次入"合韵的比例（14.00%）。[2] 从有"四声别义"关系的同源词角度分析，去声与平声、入声的关系都很密切。如：陈、阵，知、智；北、背，识、志……从发展看，去声韵尾也有两种演变途径，一类与塞音（紧喉特征）相关，一类与擦音相关。去声的来源与演变问题，大致可以用"形态韵尾" *-s（h）"和"次入"理论来解释。

支持去声音节有韵尾 *-s 的证据主要有：

表 5-10　　　　　　　　　　支持 *-s 的主要证据

对音材料	马伯乐（H.Maspero）、奥德里古尔（A.C.Hauricourt）：越南语中的问声和跌声最早由 –h 变来，-s >-h。[3] 越南语里的汉语借词： gởi（问声）——寄（去声）　　què（问声）——卦（去声） thời（问声）——岁（去声）　　mũ（跌声）——帽（去声） đũa（跌声）——箸（去声）　　dễ（跌声）——易（去声）

---

① 排列第一的是平上合韵。

② 邓葵：《〈诗经〉押韵及相关问题研究》，博士学位论文，南开大学，2014 年，第 150 页。

③ A. G. 奥德里古尔：《越南语声调的起源》，潘悟云《境外汉语音韵学论文选》，上海教育出版社 2010 年版，第 319—334 页。

第五章 关于四声

续表

对音材料	蒲立本（E.G. Pulleyblank） （1）曹魏日语借词： 对马 tusima （2）汉代地名译音①： 都赖 Talas 罽宾 Kashmir 贵霜 Kushan 贰师 Nesef （3）《孔雀王咒经》对音： apasmāra 阿贝摩多，阿贝莎摩多 Dhrtarāstrāya 陀里多赖多罗耶 Astamaka 蔼沙多嚋摩 Brhaspati 毗里害波底 后汉三国的梵汉对音：② 奈 nas 会（v）bhās 替 tis 腻 nis
	郑张尚芳： （1）朝鲜古汉语借词 磨 mais、箆 pis、制 tsis、器 kuɯus （2）日语 奈 nasi 芥 kalasi 盖 kabusu （3）藏语 –s 尾词对汉语去声字 渗 sims、二 gnjis、货 dŋos、昼蠹 dgugs、雾 rmugs③
四声别义	奥德里古尔（A.C.Hauricourt）： "度" dâk 动词，度量；"度" dâks 去声，名词，长度。 "恶" âk 形容词，坏的；"恶" âks 去声，动词，厌恶。
	福莱斯特（R.A.D.Forrest）：藏语的 –s 尾也有同样的派生功能 fikhrud-pa（洗），khrus<*khruds（洗，名词）
	梅祖麟、龚煌城 执（之入切），挚、贽（脂利切）。藏语 'thebs，"拿住，抓紧"义。 接（即葉切），际（子例切）。藏语 sdeb 现在式，bsdebs 既事式"接连"。④

---

① ［加拿大］蒲立本：《上古汉语的辅音系统》，潘悟云，徐文堪译，中华书局 1999 年版，第 131—132 页。

② 俞敏：《后汉三国梵汉对音谱》，《俞敏语言学论文集》，商务印书馆 2008 年版，第 22 页。

③ 郑张尚芳：《汉语声调平仄之分与上声去声的起源》，《郑张尚芳语言学论文集》，中华书局 2012 年版，第 464—465 页。

④ 梅祖麟：《四声别义中的时间层次》，《梅祖麟语言学论文集》，商务印书馆 2000 年版，第 306—319 页。

续表

四声别义	郑张尚芳[①] 量，rang 平声，动词，rangs 去声，名词。藏文 ḡrang、ḡrangs。

　　从已有资料来看，去声有形态韵尾 *-s 应该是一种比较成熟的理论，很多学者都同意这种观点，但是也有反对的声音。徐通锵先生从方法论上质疑了奥德里古尔的假说。徐先生认为汉语、藏语和越南语中的声调都是各自独立形成的，与发生学无关。声调的起源问题不能用历史比较法来研究。

　　丁邦新先生列举了一些具体的语言现象，反对去声有 *-s 韵尾的假说。第一，古汉越语中汉语借字的时代和方言来源无法确定。第二，根据王力先生的《汉越语研究》，和汉语去声对应的不仅有问声和跌声，也有平、弦、锐、重四声。"读问声和跌声的八个字中，有六个字都见于 Haudricourt 的字表……可是王氏所指出的其他各字，清声母相当于平声，浊和次浊声母相当于玄声的[②]，以及相当于锐声、重声的'信、地、御、命'等字，Haudricourt 却一字未举。"[③] 所以，奥德里古尔的假说有以偏概全的嫌疑。第三，有些对音材料可能有问题。在"罽宾"——Kashmir 的对音中，"宾"用来对译 mir。汉语中一直有 m 声母字，用"宾"字很可疑。在 Kushan 贵霜，apasmāra 阿贝摩多、阿贝莎摩多，apasmāranam 阿贝莎摩罗南，Vipasyi 毘贝尸，Purastya 富赖沙他，Asvalāyana 蔼娑罗耶那，Astamaka 蔼沙多哿摩，Bṛhaspati 毗梨害娑波底等多组对音中，s 既可以理解为前一个字的韵尾，也可以理解成后一个字"霜、莎、尸、沙、

[①] 郑张尚芳：《汉语声调平仄之分与上声去声的起源》，《郑张尚芳语言学论文集》，中华书局 2012 年版，第 465 页。

[②] 在汉越语中，大部分次浊字其实是读平声（阴平），而不是弦声（阳平）。这一点与汉语各地的方言都不相同。汉语普通话中有各别次浊字也读阴平，如"妈、猫"等，这种现象值得关注。

[③] 丁邦新：《汉语声调源于韵尾说之检讨》，《丁邦新语言学论文集》，商务印书馆 1998 年版，第 89—90 页。

娑"等的擦音声母。因此去声的 *-s 韵尾形迹可疑,不足为信。

　　当一种语言中出现调位的内因成熟时,如徐先生所言,声调独立形成是有可能的。不过如上所述,魏晋南北朝前后,南下汉语与吴语、壮侗语言全面接触,"南染吴越",并在一定范围内经历了"语言替换"的过程。在这种情况下,各种语言的声调是否还能互不干涉,各行其是,真的很难说。从借词的情况看,壮侗语言的声调和汉语确实有一定的对应关系。藏语的声调表面看起来和汉语不同,但其实也许是音位归纳的问题。越南语声调的发生也和汉语的影响有关。

　　丁邦新先生很敏锐地关注到了借词的时代问题。王力先生在研究汉越语时,也曾经提到,"古汉越语"(唐以前)和"汉语越化"(唐以后)颇难辨别。① 这个问题属于疑难杂症,的确不好解释,需要逐一考证。不过其他几个问题或许还有商量的余地。

　　关于去声对应锐声、重声的问题,其实也涉及借用的历史层次问题。汉语的去声在上古末期对应古汉越语的问声和跌声,在唐以后则对应汉越语的锐声和重声。沙加尔先生还曾经画图示意这一变化:②

大约公元 6 世纪　　　　上声　　sắk nặng(锐声、重声)

　　　　　　　　　　　去声　　hỏi ngã(问声、跌声)

公元 10 世纪　　　　　上声 ↘ sắk nặng

　　　　　　　　　　　去声 ↗ hỏi ngã

　　所以,去声字对应"信 tín(锐声)、地 địa(重声)、御 ngự(重声)、命 mệnh(重声)"等字是正常的。另外,丁先生列举的去声对应平声的"绣、贩、放、豹、惯、雁、味、未"几个字,据笔者查询,在汉越语中的读音分别是 tú(锐声)、phản(问声)、phóng(锐声)、báo(锐声)、quán(锐声)、ngạn(重声)、vị(重声)vị(重声),并没有平声和玄声

---

　　① 王力:《汉越语研究》,王力《龙虫并雕斋文集》,中华书局 2015 年版,第 663 页。

　　② 沙加尔:《论去声》,《语文研究》1988 年第 3 期。

的读法。至于丁先生为什么将其归入平声，还需要进一步研究。此外，任何两个方言（语言）的声调对应关系都会有例外。去声对应越南语的锐、重声是主流，但"支流"的情况也占一定比例。如表 5-11 所示①：

表 5-11　　　　　　　　汉语去声与越南语对应情况

	声母	平 阴平	弦 阳平	问 阴上	跌 阳上	锐舒 阴去	锐入 阴入	重舒 阳去	重入 阳入
中古汉语去声	清	8.10%		5.60%	1.40%	76.80%		6.40%	
	次浊	4.50%			7.80%	6.30%		73.40%	
	全浊		5.50%	2.50%					

所以，语言对应中即使有例外出现，也不足以从根本上否定奥德里古尔先生的论证。

"罽宾"——Kashmir 的对音中"宾"和 m 的发音部位相同，用来对译 mir，也不算太离谱。不空三藏对音时，也曾经以"哆澁嚩（二合）"翻译 tasmāt，其中"嚩"是帮组入声字，对应 māt。这个汉字在房山石经和辽宁北塔经文中重复出现，说明塞音偶尔也可以对应发音部位相同的鼻音。汉语中一直都有塞音声母，但在唐五代的梵汉对音和汉藏对音中，鼻音声母也可以用来对译同部位的塞音。所以"罽宾"不能算有问题的对音。

Kushan "贵霜"类对音的问题，可以用梵汉对音中的"连声之法"来解释。安然《悉昙十二例》中说："梵音中有连声法。或以下字之首响连呼上字之尾响。或成上字之尾音重加下字之首字。"释子译经，毕恭毕敬，力求精准，因此辅音字母前后兼用的情况很常见。例如：《般若波罗蜜多心经》中的 **samyak**sambodhi② 译作"三藐三菩提"（玄奘）"三藐三没地"（不空）。三，心母谈韵，*sam，藐，明母觉韵 *mɔk，就是"以

---

① 统计数据来自北京语言大学严翠恒（Nghiem Thụy Hang）的博士论文《汉越语音系及其与汉语的对应关系》。

② 正等正觉。

下字头音（m）为上字终响"。又如：yama①（yam+ma,）译作"炎摩"。炎，盐韵，*ɣǐɛm，摩，明母戈韵 *muɑ。Anapana②（an+na, pan+na）译作"安那般那"。安，影母寒韵 *ɑn，那，泥母歌韵 *nɑ，般，帮母恒韵 *puɑn，那 *nɑ。bhaga③（bhag+ga）译作"薄伽"。薄，并母铎韵，*bhɑk，伽，群母戈韵，*ghǐɑ。upāsaka（sak+ka）邬波**索迦**④（玄奘译），索，心母铎韵 *sɑk，迦，见母戈韵 *kiɑ。kabhi（kab+bhi）译作"劫比"。劫，见母业韵 *kǐɐp，比，帮母脂韵 *pi。daha（dah+ha）捺贺⑤（施护译），捺，山摄曷韵，*sɑt 贺，匣母歌韵，*ɣɑ。前三组对音中鼻音复现，中间三组中塞音复现，最后一个是擦音、塞音复现，和"Kushan 贵霜"等译音的情况基本相同。因此，"Kushan 贵霜"类译音是正译，而且是证明去声韵尾的相对可靠的证据。

所以，去声的 *-s 韵尾是很有可能存在的，而且这种构拟的解释力很强。据郑张尚芳先生考证，从来源看，-s 可以出现在元音、鼻音和塞音后，因此去声可以与入声、平声谐声和押韵。从发展看，s>h> 降调，s>ʔ（紧喉特征）可以解释汉语中大多数的方言。⑥

朝鲜语中有一个辅音"ㅅ"，它的发展和演变，也可以和汉语中的 *-s 韵尾相互参照比对。北宋年间编纂的《鸡林类事·方言》一书，用汉字记录了当时的高丽词语。在中世纪韩国语中，辅音"ㅅ"用作"收

---

① 地狱之王。
② 数息观：数出息入息镇心之观法名。
③ 世尊。
④ 旧译优婆塞，即在家亲近奉事三宝和受持五戒的男居士，为"四众"或"七众"之一。
⑤ 译自《佛说无二平等最上瑜伽大教王经》。
⑥ 潘悟云先生在《汉语历史音韵学》中说："从现代方言的声调看，去声好像有两种发展方向。一种是像沙加尔所言，去声的 -s 尾发展为喉塞，再变成紧喉特征。这些去声带紧喉特征的方言中，没有发现上声带喉塞或紧喉的。另一种发展方向是 s- 发展为 h-，再变为降调。上声还带紧喉特征的方言，其去声往往属于这种变化，比较典型的例子是温州方言，上声带紧喉特征，去声读降调。"

音"时读作 –s，这个音经常与汉语收 –t 的入声字对应。① 例如"五曰打戍，六曰逸戍"中的"打戍"和"逸戍"分别是 [ta–sʌs] 和 ['jə–sis]。"梳曰苾（音必）"中的"苾"对应中世纪韩国语的 [pis]，"索缚曰那没香"中的"那没香"是 [no–mus–kə]。这些"收音""ㅅ"在现代韩语中都读 [–t]。现代韩语"ㅅ"用在音节开头时，读送气擦音 [sʰ]。如사과（苹果）读 [sʰa kʰuɑ]。从这个"ㅅ"的演变轨迹看来，汉语去声中 –s>–t，s>h 的演变也是有可能出现的。"秦陇则去声为入"，大概就是经历了类似 *–s>–t 的变化。"去声清而远"，说的大概是 *s>h 类演变。

不过丁邦新先生和徐通锵先生的怀疑也有一定道理。每个去声音节后都有整齐划一的 *–s 属于比较理想的情况，但自然语言是千变万化的。就好比现代英语中有 –s 词尾是肯定的，但不是每个词都有类似的变化，也有一些形态变化是可以通过其他方式或"零语素"实现的。

支持 *–s 韵尾说的梅祖麟先生在研究汉藏比较时，也指出：

"难得的是有些动变名型的同源词，去声字跟非去字在藏文里都找得着同源词，去声配藏文的 –s 词尾，非去声配零词尾。这种例子最可贵，但数量不多。"② 而且梅祖麟先生在行文中似乎也并不反对丁邦新先生对去声韵尾的构拟。他说："动词入声 –p 尾，名词去声 –b>–d 尾……动词入声 –t 尾，名词去声 –d 尾……动词入声 –k 尾，名词去声 –g 尾。"③

所以陆志韦先生、李方桂先生与丁邦新先生对阴声韵（去声部分）的构拟与 *–s 尾在根本上应该并不矛盾。根据郑张尚芳先生的"次入"理论，*–b–d–g 和 *–s 都可以作为去声的韵尾出现。如上所述，入声韵尾是浊塞音，那么，个别没有 *–s 的去声怎样和入声区别呢？大概两汉

---

① 凌云：《〈鸡林类事〉和〈广韵〉入声字韵尾比较研究》，硕士学位论文，南京大学，2014年，第31页。
② 梅祖麟：《四声别义中的时间层次》，梅祖麟《梅祖麟语言学论文集》，商务印书馆2000年版，第319页。
③ 梅祖麟：《四声别义中的时间层次》，梅祖麟《梅祖麟语言学论文集》，商务印书馆2000年版，第319—325页。

第五章 关于四声

前后，入声的浊音韵尾逐步清化，但去声的一部分仍然保留了浊音尾，[①]并以此与入声区别。上古汉语的声母有清浊对立，韵尾在一段时间内出现这种个别的对立也是有可能的。

王力先生关于去声来源的理论也可以用韵尾来解释。

《公羊传·庄公二十八年》："春秋伐者为客，伐者为主。"何休注："伐人者为客，读'伐'，长言之，齐人语也；见伐者为主，读'伐'，短言之，齐人语也。"[②]

这一条记载是王力先生关于长入（去声），短入（入声）理论的重要论据。王力先生的说法是很有道理的。古代去、入音节很可能有长短之分，否则何休不可能突然脑洞大开，凭空杜撰"长言""短言"的说法。去声长，入声短的区别在中古的梵汉对音中仍有体现。[③]不过，从现代汉语方言和少数民族语言的情况看，如果带塞音韵尾的音节（去、入声）元音分长短，那么带鼻音尾的音节中应该也有长短元音之分。例如：

粤语

sa:m 三　　　　sam 心

pet⁵ 笔　　　　pa:t³ 八

黎语

hɯt⁷ 死　　　　hɯ:t⁷ 抓，挠

ŋan¹ 发抖　　　ŋa:n¹ 月亮

壮语

tap⁷ 肝　　　　ta:p⁵ 塔

kam¹ 把，握　　ka:m¹ 黄果

mok⁷ 埋　　　　mo:k⁷ 猪食

ʔdaŋ¹ 鼻子　　　ʔda:ŋ¹ 身体

[①] 次入音节中的塞音受 -s 影响，应该也会清化成 *-ps, -ts, -ks。

[②] 王力：《汉语语音史》，商务印书馆 2008 年版，第 78 页。

[③] 去声对译长元音，入声对译短元音。

水语

fan 竹子　　　　fa:n 慢

tap 肝　　　　　ta:p 挑水 ①

但是在上古汉语中，阳声韵中的元音是否一定有音位意义上的长短之分，尚不可知。而且，如果认为 *–p–t–k 在长元音后失落，变成去声，没办法解释去声的派生作用可能会影响到所有的声调。其实，音节的长短不一定非要由元音来承担。辅音韵尾也可能影响整个音节的长度。如上所述，早期汉语中的入声韵尾是浊音，因此，长入（去声）的韵尾也可能是 *–b–d–g（s）。其中的浊音 *–b–d–g 和擦音 *–s 两种辅音都可能拉长整个音节。

klatt（1976）在研究英语时发现，同一个元音，处在浊辅音韵尾之前时，会比它在清辅音前面时的音长更长一些。例如，"bead [bi:**d**]（珠子）"和"beet [bi:**t**]（甜菜根；甜菜）"两个音节，前一个音节中的 [i] 元音更长。这种元音长短的差别对最后一个塞音清浊的识别也有一定的影响。② House & Fairbanks 的论文 The influence of consonant environment upon the secondary acoustic characteristics of the vowels；Peterson & Lehiste 的论文 Duration of syllable nuclei in English 中都提出了类似的观点，认为最能影响元音音长的是元音后的辅音。

擦音韵尾 –s 是可以延长的辅音，属于"久音"，但塞音韵尾 –p/–t/–k 突然发生，又"刜然而止无余音"，属于"暂音"。在音长方面，不送气塞音、不送气塞擦音、送气塞音、送气塞擦音、擦音的长度逐渐递增。擦音最长，不送气塞音最短。实验表明，将擦音的前后两段各截去一节，剩下的部分，还可以被听辨成一个塞音。③ 因此，擦音 –s 与不送气塞

---

①　倪大白：《侗台语概论》，民族出版社 2010 年版，第 138—139 页。

②　Klatt D. H.,"Linguistic uses of segmental duration in English: acoustic and perceptual evidence", *The Journal of the Acoustical Society of America*, Vol.5, May 1976.

③　鲍怀翘、林茂灿：《实验语音学概要》，北京大学出版社 2014 年版，第 144—145 页。

音 –p/–t/–k 在音长上的区别也是比较明显的，足以被感知成"长言""短言"的差异。

这样来看，王力先生理论体系中的"长入"（去声）和"短入"（入声）的对立，可能既有元音长短的对立，也有辅音韵尾发音方法（浊音性/清音性，突发性/延续性）的对立，其中辅音的差别是音节分长短的根本原因。去、入二声初步定型时，"长入"（去声）的韵尾是浊辅音，短入（入声）的韵尾有一部分已经清化了，参考英语的研究成果可知，浊辅音前的元音长，清辅音前的元音短。同时，"长入"（去声）后有余音悠长的 *–s，"短入"（入声）后是戛然而止的 *–p/–t/–k，因此整个音节会有"长言""短言"的分别。①

三　音值问题

从上古中后期开始，汉语音节结构简化，复辅音声母逐步消失，韵尾逐渐消变。平声音节中较弱的流音韵尾最先消失，平、上声的对立初步形成，接着擦音韵尾也逐步消失，最后只剩辅音性较强的塞音韵尾坚守阵地。为了保持基本的音类差别，作为补偿，高低起伏的超音段声调应运而生。但这些声调孰高孰低，如何起伏？历代学者各执一词。

《文镜秘府论·文笔十病得失》："平声哀而安，上声厉而举，去声清而远，入声直而促"。②

日本净严法师《三密钞》解云："平谓不偏，哀而安之声。上谓上升，励而举之声。去谓去逝，清而远之声。入谓收入，直而促之声。"③

---

① 这样来看，王力先生理论体系中的长平（平声）、短平（上声）的根本差别也在于韵尾。前者有可以延长的响音韵尾，后者有转瞬即逝的喉塞音韵尾，因此音节有长、短之分。

② ［日］遍照金刚撰，卢盛江校考：《文镜秘府论汇校汇考·三》，中华书局 2006 年版，第 1251 页。

③ ［日］净严：《大正藏·悉昙部·悉昙三密抄》，参见（http://www.nanputuo.com/nptlib/html/201001/1314190773499.html）。

平仄律源流考辨

顾炎武（清代）："平声音长，入声音短。平声字多，入声字少。长者多短者少。此天地自然之理也。"①

张成孙（清代）在《说文谐声谱》中说："平声长言，上声短言，去声重言，入声急言"。②

段玉裁（清代）《答江晋三论韵》中说："平稍扬之则为上，入稍重之则为去。"③

江永（清代）在《音学辨微》中说："平声音空，仄声音实。平声如击钟鼓，仄声如击木石。④

钱大昕（清代）在《音韵问答》中说："缓而轻者，平与上也；重而急者，去与入也。"⑤

这些描述有声有色又扑朔迷离，令人费解。正如罗常培先生所说："或者望文生训，或者取譬玄虚。"⑥王力先生也说："魏晋南北朝的声调和《切韵》的声调是一致的……隋唐时代仍旧是平上去入四声，我讲的是调类，至于调值有没有变化，就不得而知了。"⑦与此同时，现代汉语方言的声调，又五花八门，距离很近的方言点调值高低可以截然相反⑧，由此推知上千年前的调值，探讨平仄的差异，是很困难的。因此，中古时期的梵汉对音以及悉昙学家关于声调的记录应该是音值研究中最直观有效的材料。施向东先生从玄奘对音材料中得出了"平声高长，去声低长，上声中升短，入声中降短调"，整体上"平高仄低"的结论。尉迟治平先

---

① （清）顾炎武：《音学五书》，中华书局1982年影印本，第43页。
② （清）张成孙：《说文谐声谱》，转引自罗常培《汉语音韵学导论》，中华书局1956年版，第77页。
③ （清）段玉裁：《答江晋三论韵》，张斌，许威汉《中国古代语言学资料汇纂·音韵学分册》，福建人民出版社1993年版，第284页。
④ （清）江永：《音学辨微·一辨平仄》，中华书局1985年影印本，第1页。
⑤ （清）钱大昕：《潜研堂集》，上海古籍出版社1989年点校本，第245页。
⑥ 罗常培：《汉语音韵学导论》，中华书局1956年版，第77页。
⑦ 王力：《汉语语音史》，商务印书馆2008年版，第120—253页。
⑧ 例如，天津、北京相距不过二百余里，平声的音值就截然相反。

第五章 关于四声

生从北周及隋代天竺高僧的对音资料中也看到了类似的现象。① 刘广和先生从梵汉对音和《悉昙藏》的记载中得到了相反的结论,认为平声是低调。② 丁邦新、梅祖麟、金德平、丁锋等先生也持此论。邵荣芬先生认为平声是中平调。张洪明先生则认为梵汉两种语言各有一些对方所没有而又无法反映的特征,③ 因此对同一种现象可能有不同的解释,利用梵语材料推断中古四声的研究方法,作用有限。④

歧见纷出的原因应该主要还是方言和时代的差异。上古时期基本相同的音段特征(韵尾),为什么会发展出不同的调值呢?这个和声调发展的不平衡性有关。如上所述,声调是韵尾辅音消变时产生的一种补偿手段,但是这种补偿在不同方言中,不同声调中的发展速度是不平衡的。

美国学者马提索夫教授(Matisoff)曾经提出,声调的发生有两个阶段,第一个阶段为无声调阶段,音高是伴随音节首、尾的辅音出现的"非对比性"要素。在第二阶段中,辅音特征丧失,"非对比性音高"差别随之浮出水面,变成区别性特征。其实,这种"非对比性音高"在不同方言和语言中的体现也是不尽相同的,因此,它的发展也不可一概而论。

Hombert 研究了阿拉伯语、英语等非声调语言,指出喉塞音韵尾 *-ʔ 会使基频上升(9~48HZ),引起升调;喉擦音韵尾 *-h(< -s)会使音高下降,引起降调。从音理上讲,这一结论是比较可靠的。-ʔ 有紧喉作用,自然会使元音的振动频率提高,发 -h 时送气,也很可能会使基频下降。但在汉语不同的方言中,实际的情况是上声、去声各自都有升有降。即使在仍然保留塞音韵尾的南方方言(湘方言除外)中,入声调的音值

---

① 尉迟治平:《周、隋长安方音初探》,《语言研究》1982 年第 2 期。
② 刘广和:《唐代八世纪长安音的韵系和声调》,《河北大学学报》(哲学社会科学版)1991 年第 3 期。
③ 张洪明:《汉语近体诗声律模式的物质基础》,《中国社会科学》1987 年第 4 期。
④ 用统计的方法研究梵汉对音,还是可以得出相对可靠的结论的。世界上任何两种语言都有彼此没有的特征,如果为此放弃对音,那么所有关于借词的研究都将无法继续。

也有促平、升调、降调等多种形式①。在没有入声韵，只有入声调的湘方言和一部分赣方言中，入声也有平、升、降三种形式。因此，同一个韵尾的变化，对音值的影响可以是多元的。以 –ʔ 为例。–ʔ 会引起升调，–ʔ 消失后，声调的发展至少有两种可能，一是 –ʔ 的伴随性特征——升调上升为区别性特征。这一过程与马提索夫教授提出的理论基本一致。这种状态类似物理学中的"真空""匀速直线运动"等情况，属于相对理想的状态。另一种可能是，能够引起基频上升的因素消失，声调随之下降。如果再考虑声母的情况，以及声调变化中的"反转式交替"②，连读音变等情况，调值的情况会更加复杂。悉昙学家对声调的记录很有价值，但也不能尽信。"并不是只要有基频就能引起声调音高的感觉。"③基频（特别是女性发音人的基频）和听者感知到的调高之间不一定是线性的关系。所以，音节中基频的实际走向和人耳的感知不一定完全一致，即使是受过训练的语言学家也不能例外。例如，对于一个曲折调，一部分人听到的可能是前半段，另一部分人听到的可能是后半段。若加以表述，结果很可能大相径庭。

所以，如果纠结于四声的调值，执着地探索平高仄低，抑或仄高平低的问题，就目前的研究条件，只能感叹"山穷水尽疑无路"。如果从另一个角度考虑，或许还有探索的空间。

马伯乐先生曾经指出，汉语的声调包括音高和曲拱两种要素。④刘复先生在《四声实验录》中也指出，声调是音高和时长之间的函数。⑤赵元任先生也提道："假如把……'长短、轻重、高低'，……等纯乎定性的字眼来解释声调，无论说得再详细，也不能使人用口或器具依那声调

---

① 余蔼芹：《韵尾塞音与声调——雷州方言一例》，《语言研究》1983 年第 1 期。
② 王士元：《声调的声系特征》，《国外语言学》1987 年第 2 期。
③ 林茂灿：《汉语语调实验研究》，中国社会科学出版社 2012 年版，第 5 页。
④ ［法］A. G. 奥德里古尔：《越南语声调的起源》，潘悟云《境外汉语音韵学论文选》，上海教育出版社 2010 年版，第 320 页。
⑤ 刘复：《四声实验录》，群益出版社 1924 年版，第 5 页。

第五章　关于四声

发出来,这是定性的字眼不够做字调定义的证据。……一字声调之构成,可以此字之音高与时间之函数关系为完全适度之准确定义;如画成曲线,即为此字调之准确代表。"① 可见,四声是音高旋律在时间上的延续,声调的音值也应该是二维的,可以用一个平面来表示。所以,以四声为基础的平仄二声,不仅有音高的差异,也应该有音长的对比。

---

①　赵元任:《中国言语字调底实验研究法》,吴宗济、赵新那《赵元任语言学论文集》,商务印书馆 2002 年版,第 27—36 页。

第六章　关于平仄

第一节　命名之由

南朝沈约在《宋书·谢灵运传论》中写道：

> 夫五色相宣，八音协畅，犹乎玄黄律吕，各适物宜。欲使宫羽相变，低昂互节；若前有浮声，则后须切响。一简之内，音韵尽殊；两句之中，轻重悉异。妙达此旨，始可言文。①

引文中出现了很多两两相对的概念，据此，启功先生认为沈约等人虽然在音理上提出了"四声"，但在写作运用上只要求抑扬起伏，高下顿挫。也就是说，沈约的观念中已有平仄之实。②郭绍虞先生也认为"浮声"和"切响"分别指清音和浊音，"轻重"二字义近"清浊"，这里可以看作平仄的异称。③俞敏先生结合刘勰《文心雕龙·声律》中的"沉则响发而断，飞则声飏不还"考证，认为"浮声"为"飞"，"切响"为"沉"，

---

① （梁）沈约：《宋书·卷六十七·列传第二十七》，中华书局1974年点校本，第1779页。

② 启功：《诗文声律论稿》，中华书局2000年版，第61—62页。

③ 郭绍虞：《永明声病说》，郭绍虞《照室隅古典文学论文集》，上海古籍出版社2009年版，第234—235页。

第六章 关于平仄

"响发而断"就是入声。①罗根泽先生引用黄侃先生"飞则平清,沈则仄浊"的观点,认为沈约"宫羽相变,低昂互节"的方法,不止分平仄,也分清浊。②刘师培先生则认为,这段话的意思是"一句之内,不得两用同纽之字及同韵之字也。"③

"低昂""轻重""浮声""切响"等概念确实与平仄相关。但是如上文"诗乐分离"一节所述,早期的声调术语并不完善,一辞多用的情况太多,所以"轻重""低昂"等说法是不是直接指代平仄,目前难有定论。"平仄"是一对绝对反义词,在某一具体语言环境中出现的汉字,非平即仄,但"宫羽"是相对反义词,我们很难说非宫即羽。四声"发明"后,沈约等人脑海中可能也影影绰绰地闪现着平仄的观念,以及比较宽泛的声律二元论,但从"永明体"的创作实践来看,平仄二分的理论在当时尚未完全成型。

与"轻重""清浊"等类似,"平仄"的说法最早也来自音乐术语。"侧调"是汉代相和歌所用的一个特殊调式。梵呗唱诵,也会用到"平调""侧调"。《高僧传》:"释法邻:平调牒句。殊有宫商。""智欣善能侧调,慧光喜骋飞声。"④敦煌讲唱变文中也标有"平""侧""平侧""侧吟""断侧"等符号。向达先生考证说:"平、侧、断"诸字来自梵呗。⑤孙楷第先生认为"平、侧"的说法出自汉魏六朝乐府曲子中的"清、平、瑟"三调,在敦煌变文中代表某种读诵方法。⑥戏曲音乐也讲"平""侧"。严长明《秦云撷英小谱》记载:"同州腔有平侧二调。工侧调者,往往不能高。其弊

---

① 俞敏:《永明运动的表里》,《俞敏语言学论文集》,商务印书馆2008年版,第291页。
② 罗根泽:《中国文学批评史》,古典文学出版社1957年版,第171页。
③ 刘师培:《中国中古文学史讲义》,《刘师培中古文学论集》,中国社会科学出版社1997年版,第97页。
④ (梁)释慧皎:《高僧传》,中华书局1992年整理本,第502—505页。
⑤ 向达:《唐代的长安与西域文明》,生活·读书·新知三联书店1957年版,第309页。
⑥ 孙楷第:《唐代俗讲轨范与其文本之体裁》,周绍良、白化文《敦煌变文论文录》,上海古籍出版社1982年版,第84页。

也，将流为小唱。唱平调者，又不能下。其弊也，将流为弹词。"① 传统诗律学借用了这对音乐术语，经年累月，"平仄律"逐渐变成了近体诗格律中最重要的组成部分。

梁代的刘滔已经初步认识到，平声与上去入三声在数量上不相上下，《文镜秘府论》载刘滔语云："平声赊缓，有用处最多，参彼三声，殆为太半。"② 而最早对四声做二元化处理，明确区分平声与上去入三声的是初唐的文学家元兢。但他并没有给上、去、入三声统一命名。用"平仄（侧）"描述诗歌格律的最早记录见于唐代的寒山诗："有个王秀才，笑我诗多失。云不识蜂腰，仍不会鹤膝。平侧不解压，凡言取次出……"③ 殷璠（714—753）《河岳英灵集叙》："或五言并侧，或十字俱平，而逸驾终存。"④ 那么，这种"侧（仄）""平"的对立究竟有哪些表现？各派学者说法不一。

第二节 历史面貌

一 各说纷陈

（一）轻重说

其说内部又有差异。顾炎武先生认为平声是"其轻其迟"，上、去、入声为"其重""其疾"，⑤ 所以平轻仄重。刘尧民先生认为平声是"重音"，仄声是"轻音"。⑥ 王光祈先生也提出：平声则强于仄声。"余遂将中国平

---

① （清）徐珂：《清稗类钞选（文学艺术戏剧音乐）》，书目文献出版社1984年点校本，第353页。
② ［日］遍照金刚撰，卢盛江校考：《文镜秘府论汇校汇考·二》，中华书局2006年版，第956页。
③ （唐）王梵志、寒山：《王梵志、寒山诗全集》，海南出版社1992年标点本，第109页。
④ （唐）殷璠：《河岳英灵集叙》，转引自王筑民《中国古代文论选篇注析》，贵州人民出版社2005年版，第214页。
⑤ （清）顾炎武：《音学五书》，中华书局1982年影印本，第41页。
⑥ 刘尧民：《词与音乐》，云南人民出版社1982年版，第106页。

声之字，比之于近代西洋语言之'重音'（accent）。平仄之声，为造成中国诗词曲的'轻重律'（metrik）之说。"①维宝《文镜秘府论笺》则提道："四声各有轻重。"②

"轻重说"内部分歧的主要原因是各家对"轻重"的界定不同。顾炎武和维宝两位先生所讲的大概是"轻（清）重（浊）"，清高浊低，是音高的问题。刘尧民先生和王光祈先生说的大概是音强的问题。至于"平仄律"可以类比"轻重律"，属于似是而非的说法，留待下文讨论。

（二）长短说

顾炎武在《音论》中描述说："平声最长，上去次之，入则诎然而止，无余音矣。"③

江永《音学辨微》描述道："平声音长，仄声音短。"④

王力先生在《汉语诗律学·近体诗·平仄和对仗》一节中也指出了平声长，仄声短。

周法高先生详细考证了唐朝初年梵文翻译的记录，认为梵文长音的，全是平声，代表梵文短音的，全是仄声。平仄有长短之分，这种分别虽不像梵文那么显著，但足以被感知。⑤

张世禄先生指出，平仄的区别在于能否任意延长：⑥

---

① 王光祈：《中国诗词曲之轻重律》，山西人民出版社2015年版，第2页。
② ［日］遍照金刚撰，卢盛江校考：《文镜秘府论汇校汇考·一》，中华书局2006年版，第210页。
③ （清）顾炎武：《音学五书》，中华书局1982年影印本，第43页。
④ （清）江永：《音学辨微·一辨平仄》，中华书局1985年影印本，第1页。
⑤ 周法高：《说平仄》，《中国语言学论文集》，中联经出版事业公司1975年版，第105—114页。
⑥ 张世禄：《诗歌当中的平仄问题》，《张世禄语言学论文集》，学林出版社1984年版，第248页。

```
平声  衡调  舒收，可以任意延长，平类
上声 ┐
     ├ 非衡调    舒收 ┐
去声 ┘                ├ 不能任意延长，仄类
入声（可假定为衡调）促收 ┘
```

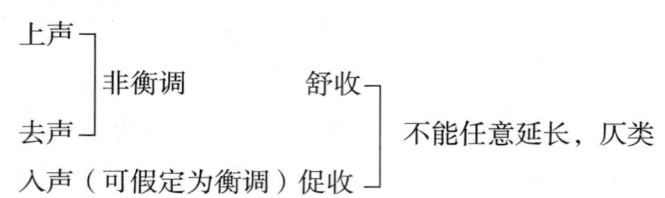

（三）高低说

梅祖麟先生、张洪明先生都认为平仄有高低的分别。① 平声是低调，上去是高调。② 平仄有高低的差别是不争的事实，至于孰高孰低，很难拟测。即使是拟测出来了，也要考虑"梁益则平声似去"的情况，顾及方言差异，不能一概而论。

（四）平调/非平调说

以王力先生为代表的学者除了认为平仄有长短之分外，也认为

> 平声是……不升不降的；上去入三声都是……或升或降的。这样，自然地分为平仄两类了。"平"字指的是不升不降，"仄"字指的是"不平"（如山路之险仄）……平仄递用也就是长短递用，平调与升降调或促调递用。③

丁邦新先生认为仄即是"侧"，仄调就是侧倾，不平的调。丁先生考察了《悉昙藏》中所有关于长短音对译的材料，指出平上去三声都是普通长度的调，只有入声特别短，平上去和入声对比构成"长短律"。"长短律"是中国文学的"暗律"。平、仄声的对立就是平调与非平调的对

---

① 张洪明：《汉语近体诗声律模式的物质基础》，《中国社会科学》1987年第4期。
② 梅祖麟：《中古汉语的声调与上声的来源》，潘悟云《境外汉语音韵学论文选》，上海教育出版社2010年版，第41—43页。
③ 王力：《汉语诗律学》，上海教育出版社2005年版，第6页。

立,也就是"平仄律"。"平——不平"是文学中的"明律"①。

(五)外来说

梅维恒先生(Victor H. Mair)和梅祖麟先生认为汉语平仄之分来自梵文的影响。近体诗律的创造者是从梵文诗律中获得灵感的。沈约等人受到梵文长短律的启发,将四声二元化为"轻重",进而发展出了"平仄律"。②

二 平仄之辨
(一)"平长仄短"问题

如上所证,早期平声音节有响音韵尾,上声有紧喉韵尾,去声有擦音韵尾,入声有塞音韵尾。后三种韵尾都是噪声。因此从音理上看,大部分平声音节可以曼声延长,而上、去、入声的乐音部分是不能任意延长的。仄声中去声的擦音韵尾也是可以延长的,但 *s(h)是清辅音,清辅音为噪声,在音高显示图中,"它表现为紊乱的线条,不显出连续的音高变化"。③ 例如,图6-1是英语中 peace[piːs](和平)一词的宽带语图,图中的蓝线为基频曲线。[s]发音时没有蓝线出现,也就是说,[s]发音时并不负载基频(F0)。

可见,去声音节中的 *s(h)并不能承载声调。有 *-s 的"去声音节"可以是长音节,但去声的 F0 部分不能随意延长。

---

① 丁邦新:《平仄新考》,载《丁邦新语言学论文集》,商务印书馆1998年版,第64—82页。
② 梅维恒、梅祖麟、王继红:《近体诗律的梵文来源》,《国际汉学》2007年第2期。
③ 林茂灿:《汉语语调实验研究》,中国社会科学出版社2012年版,第14页。

平仄律源流考辨

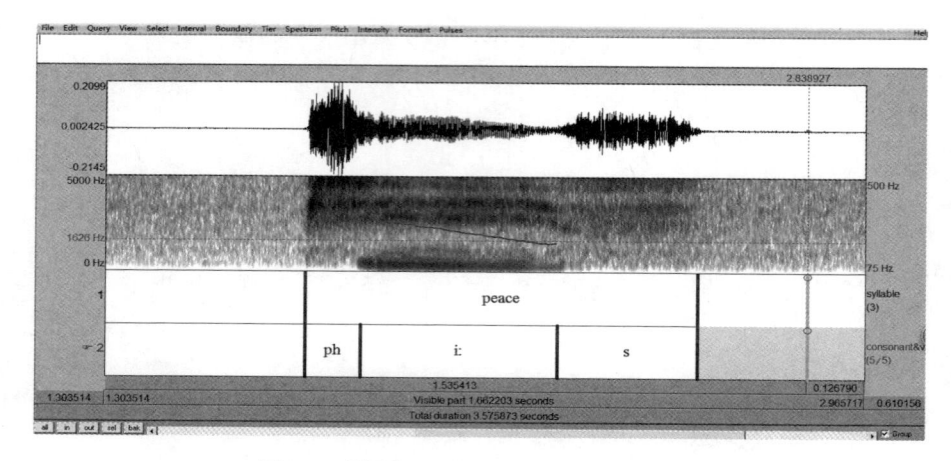

图 6-1　英语中 peace[pi:s]（和平）的宽带语

"仄"，早期经常写作"侧"。仄、侧两字同音，在《广韵》中都是阻力切，庄母职韵，二者音、义相通。《周礼·考工记·车人》："行山者仄輮"郑玄注："故书仄为侧。"郑思农云："侧当为仄。"① 这个"侧"字不仅有侧倾的含义，还有逼侧，狭小的意思。《释名·释姿容》："侧，偪。"《广雅·解诂三》："侧，缩也。"② 因此，与"侧"相通的"仄"也很可能是逼侧（仄）的意思。逼侧（仄）则狭小不通，不能任意伸展。所以，总的来说，"平声赊缓"（文镜秘府论）、"平声轻迟"（顾炎武）、"平声长言"（江永），仄声逼仄。平声音节不一定长于仄声（特别是去声）音节，但平声的乐音部分可以自由延伸，上、去、入三声的乐音部分多少会收到韵尾塞音（擦音）的束缚，无法曼声长引。

上述情况只能适用于韵尾尚未消失的上古时代，在平仄明确二分，近体诗律盛行的唐代，上、去声逐渐失去了辅音韵尾（鼻音韵尾除外），语音又有所变化。玄奘法师梵汉对音的情况清楚地显示，唐代洛阳的去

---

① 宗福邦、陈世铙、萧海波：《故训汇纂》，商务印书馆 2003 年版，第 79 页。
② 宗福邦、陈世铙、萧海波：《故训汇纂》，商务印书馆 2003 年版，第 141 页。

声是一个长调。① 在可以与中古汉语相比较的汉越语中，锐（舒）声（对应中古汉语去声的一部分）调也略长于问、跌、重三声，大致和平声等长。所以，在四声明确二分，"平仄律"广泛盛行的唐代，平仄的区别，特别是平声与仄声中去声的区别，并不是长调与短调的区别。近体诗中的"平仄律"也不是典型的长短律。

（二）仄声是否"非平调"？

平声大致是平调可以理解，不过调值问题属于古代汉语研究中的难解之谜。因此，仄声是否一定"不平"，笔者目前还没有能力妄加断言。

从现代汉语方言的情况看，很多保留塞音韵尾的入声并不是非平调，而是"促平调"。很多方言中的去声也是平调。如表6-1所示②：

表6-1　　　　　　　　　　现代汉语方言平调统计

方言区	方言点	上声	去声		入声	
			阴去	阳去	阴入	阳入
官话区	1 济南	55				
	2 青岛	55				
	3 南京		44			
	4 西安		44			
吴语区	5 温州			22		
徽语区	6 歙县			22		
湘语区	7 长沙		55	11		
	8 湘潭		55			
客家区	9 桃园		55		22	55
粤语区	10 广州		33	22		
	11 南宁		33	22		
	12 香港		33	22		

---

① 施向东：《玄奘译著中的梵汉对音和唐初中原方音》，《语言研究》1983年第1期。
② 统计数据来自"现代汉语方言音库"中的9个方言区，40个方言点。

续表

方言区	方言点	上声	去声		入声	
			阴去	阳去	阴入	阳入
闽语区	13 厦门			22		
	14 建瓯		33	44		
	15 海口			33	长入 55	
	16 台北		11	33		

以今律古，固然不对。但是从上表可以看出，汉语 7 个方言区，16 个代表方言点（40%）都有仄声（特别是去声）读成平调，所以，去声读平调不像是偶然现象。因此，我们现在至少还不能确切地说仄声就是"非平调"。

（三）梵文诗歌影响问题

梅维恒先生（Victor H. Mair）和梅祖麟先生在《近体诗律的梵文来源》一文中独出机杼，提出了两条别具一格的意见：第一，沈约在《宋书·谢灵运传论》中提到的"轻重"来自梵文的梵语的 laghu（轻）和 guru（重）。"轻重"是长、短与平、仄之间的过渡概念。[1] 第二，沈约"八病"与《文镜秘府论》"二十八病"都出自印度诗学（《诗镜》《舞论》等）。每种诗病的名字、功能和含义都有印度的来源。例如，"平头"相当于梵语"pādādi-Yamaka"，"上尾"相当于"samudga-Yamaka"。[2]

"轻重"二字在汉语史上所指太多，可以代表清浊、开合口、不送气/送气等很多概念，在沈约的理论中，这两个字是否真的能和平仄对应，不得而知。

梵文诗律讲究长短相间，例如：梵语诗歌 jiagatī 的韵律格式是：[3]

---

[1] 梅维恒、梅祖麟、王继红：《近体诗律的梵文来源》，《国际汉学》2007 年第 2 期。
[2] 梅维恒、梅祖麟、王继红：《近体诗律的梵文来源》，《国际汉学》2007 年第 2 期。
[3] 梵文诗歌引用自施向东先生的《梵汉对音》讲义 11。

第六章 关于平仄

∨—∨—∣—∨ ∨—∣ ∨—∨ ∨‖ ∨—∨—∣—∨ ∨—∣ ∨—∨ ∨‖
∨—∨—∣—∨ ∨—∣ ∨—∨ ∨‖ ∨—∨—∣—∨ ∨—∣ ∨—∨ ∨‖

  魏晋南北朝时期，佛学大兴，梵文"长短律"随之进入汉人视野，并有可能敦促汉人审视自己的语言和艺术，比照梵文发现汉语的内部规律。不过，从沈约等人的实践来看（详见第二章），当时的永明诗人并不具备明确的轻重（平仄）二分意识，"碎用四声""颠倒相配"，才是他们的创作常态。这种四元对立，错综复杂，"巧历不能尽"创作模式，恐怕很难从梵文的"长短律"中搬引和学习。所以"长短律"的对魏晋诗坛的影响是有限的。如上所述，平仄律真正定型，是在唐朝"沈宋体"诗歌之后，这种成就，是几代中国诗人共同努力的结果，不像是直接从梵语的诗律中模仿过来那么简单。

  梵文的长短区别是音位区别，汉语的四声虽然有长短之别，但却不是音位性质的差别。就好比在现代汉语普通话的四声当中，带音段的平均时长最长的是上声，最短的是去声。① 这种差别是人耳可以感知到的，但它并不区别意义，也不能作为汉语诗律的物质基础而出现。

  至于沈约等人的"八病"理论来自印度诗学的观点，目前还没有直接的证据。沈约虽然精通佛法，但不一定懂得梵文，即使他懂得梵文，书海浩瀚，他究竟研究了哪一种（几种）文献也无从考证。所以梅先生自己也说："我们无法确切得知沈约等人参考了哪种印度文献。"②

  其实，直接受到印度诗学影响的是藏语的格律诗。13世纪前后，藏族学者萨班·贡嘎坚参择要译述了檀丁的《诗镜》，后来藏族翻译家雄敦·多吉坚参和印度学者拉卡弥迦罗在萨迦寺将其全部译成了藏文，并逐渐成为《大藏经·丹珠尔》中"声明"部的重要经典。③ 藏文的《诗镜》叫作《年阿买隆》（sṇan ṇag me loṇ）。"sṇan ṇag"是"美文"的意思，"me

---

① 林茂灿：《汉语语调实验研究》，中国社会科学出版社2012年版，第23页。
② 梅维恒、梅祖麟、王继红：《近体诗律的梵文来源》，《国际汉学》2007年第2期。
③ 意娜：《藏族美学名著〈诗镜〉解读》，《当代文坛》2006年第1期。

loŋ"是"镜子"的意思，合起来就是"美文镜"。以此为依据写成的格律诗叫作"年阿体"。例如，下文是五世达赖阿旺罗桑嘉措的著作《诗镜释难妙音欢歌》中的一首。

grol ba 自解①

rab dkar tcʰu skjes rgjas pafii lte ba 身在洁白水生之蕊心，
极   白   水   生   盛   的   中心

tsʰaŋs pafii bu mo jid fipʰrog fidzo sgeg tɕan 梵天女儿妩媚夺人魂，
梵   天的   女儿   心   夺   妩媚   具有

rgjud maŋ sgra las ŋag gi dpal ster ba 弹奏琵琶铮铮声悠扬，
琵琶   声   从   语的   吉祥   给

dpag bsam fiod fidzo sniŋ gi dpjid der fidud 向您致敬您是心头春。
如意   满意   心   的   春   那   致敬

如果汉语的声病理论和藏语一样直接借自印度，那么藏语"年阿体"诗在形式上多少应该反映永明时代的审美倾向。这首诗有四句，类似汉语的绝句。除此之外，看不出这首"年阿体"与汉语的声律有任何关系。如果骑马乘舟，强行用"八病"理论来衡量这首诗，第二句似乎还有"小韵"的问题，第四句也有"旁纽"的问题。其实藏文诗歌在接受《诗镜》审美倾向的同时，也根据本民族自己的文艺传统对形式进行了改造，并没有囫囵吞枣，生搬硬套印度的长短律。藏语诗歌不拘泥于长短音的固定位置，只记音节数，不计音量，也不要求像汉文诗歌那样讲究押韵，在形式上相对自由。②因此"年阿体"对《诗镜》的学习也是有限度的，仅仅是"择其善者而从之"，并没有亦步亦趋地模仿。

藏文诗歌的情况尚且如此，更不要说永明"八病"，甚至"二十八病"了。《诗镜》《舞论》等文献即便对沈约等理论家有所影响，在传入

---

① 中央民族学院少数民族文学艺术研究所文学研究室：《少数民族诗歌格律》，西藏人民出版社1986年版，第70—71页。

② 赵康：《〈诗镜〉及其在藏族诗学中的影响》，《西藏研究》1983年第3期。

中国的过程中也要"入乡随俗",接受汉语声律传统的改造和同化,"改梵为秦,失其藻蔚,虽得大意,殊隔文体"①,在这种情况下,声病理论不能随心所欲地相互搬用,也很难出现刚好对应的情况。

(四)平"重"仄"轻"

这里的轻重,不是指音强大小、音高上下或声母清浊,而是韵律上的相对"凸显"。这种凸显与多种要素有关,如"更大、更长的发音动作,不易协同发音,更长的时长,更大的强度和响度,元音空间扩展以及音高变化的出现等"②。因此,轻重对比,可能涉及多种超音段要素。意西微萨·阿错教授在研究藏语的重音模式时指出,现代藏语双音节韵律词的音高模式,常常是前低后高,似乎是重音在后,但是许多双音节名词的后音节是词缀,按理说,重音应该落在词根上。进一步考证,可以发现,体词结构的双音节韵律词,尽管是"低高"模式,但首音节往往更长、更强。当体词负载焦点,或者处于格标志前时,前长后短的现象更加明显。综合考虑,古代藏语的体词应该是"前重"的。③阿错教授的观点对汉语韵律研究很有启发。参考藏语研究可知,汉语诗歌的平仄之别,不仅包含音高的旖旎变化,也要承载时长的参差交错。

梵文中有"时位",因此印度诗歌讲究长短律,英语中有"重位",所以英语诗歌讲究轻重律,魏晋南北朝以后,汉语中出现了"调位",所以永明以降,汉语诗歌逐步发展出了以调位为基础的韵律模式——"四声律",唐代以后,"四声律"逐步进化为"平仄律"。汉语的四声是一个随时长变化的音高曲线。平仄的对立,就包含在这种函数当中。

施向东先生在《玄奘译著中的梵汉对音和唐初中原方音》一文中,为唐代洛阳音中的平、上、去、入四声分别构拟了高平长调,中升短调,

---

① (梁)释慧皎:《高僧传》,中华书局1992年整理本,第53页。
② 石锋:《语调格局:实验语言学的奠基石》,商务印书馆2013年版,第50页。
③ 意西微萨·阿错:《藏语重音问题讨论》,《韵律语法研究》2020年第2期。

平仄律源流考辨

低长调和中降短调。①《永明体与唐代近体诗格律的若干问题研究》②一文进一步将洛阳音的音高和时长结合起来考察，如图 6-2 所示：

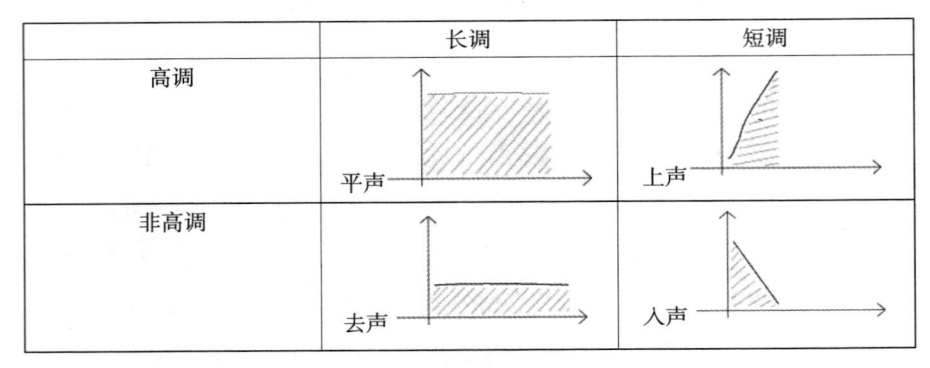

	长调	短调
高调	平声	上声
非高调	去声	入声

图 6-2　唐代洛阳音平仄对比示意

图中的阴影部分是四声音高与时长的积分"s"。由图可知，平声字的"s"大，仄声字的"s"小。从韵律凸显的角度看，平声的超音段特征得到了更多的彰显，这就是汉语平仄对立的实质。

在玄奘法师所讲的唐代洛阳音中，声调的高低模式为平高仄低。据《悉昙藏·卷五》记载，表信公传到日本的汉音是"平声直低"。③ 这种方言差异是否会影响平仄对比的结果？应该不会。表信公所传平声只是低而已，不一定短，参考上文所引阿错教授的研究成果可以看出，低音经过积分之后照样可以更重。因此，无论调值如何，平声较"重"的总趋势不会有太大的改变。下文将用语音实验进一步验证这一问题。

---

① 施向东：《玄奘译著中的梵汉对音和唐初中原方音》，《语言研究》1983 年第 1 期。
② 施向东：《永明体与唐代近体诗格律的若干问题研究》，陈新雄教授八秩诞辰纪念论文集编辑委员会《陈新雄教授八秩诞辰纪念论文集》，台湾台北万卷楼图书股份有限公司 2015 年版，第 609—628 页。
③ ［日］平山久雄：《日僧安然〈悉昙藏〉里关于唐代声调的记载》，《平山久雄语言学论文集》，商务印书馆 2005 年版，第 113—141 页。

三 相关问题

（一）平前仄后

汉语并列式复音词（固定语）内部音节的排列，早在四声定型之前，就有平前仄后的一般规律。最早发现这一规律的是余嘉锡先生。余先生在《世说新语·排调》笺疏中指出："凡以二名同言者，如其字平仄不同……则必以平声居先，仄声居后，……在未有四声之前，固已如此。"[①] 此后，丁邦新、周祖谟[②]、张博[③]、赵小刚[④]、张文轩[⑤]等先生研究不同的材料，不约而同地得出了类似的结论。与此同时，陈其光[⑥]、戴庆厦[⑦]等先生在苗语、景颇语等少数民族语言中也发现了类似的规律。陈其光先生认为，这种与汉语一致的音节排列顺序，绝不是偶合，而是有共同的基础。各位学者的共识是：并列式复音词（固定语）的音节依平、上、去、入（苗瑶语A、B、C、D）的顺序排列。如果两个音节声调相同，汉语的排列规律是清声母在浊声母之前，全清声母在次清声母之前。一些少数民族语言（白语）为高调在低调前，另一些少数民族语言（景颇语）是高元音在低元音之前。

仔细研究这些规律，可以发现，相对而言，全清辅音，不送气辅音和高元音等容易在前面音节中出现的音段要素都比较容易和高调相关联；浊音、送气音和低元音等后出现的音段要素一般和低调相关联。而白语

---

① 余嘉锡：《世说新语笺疏》，转引自周祖谟《汉语骈列的词语和四声》，北京大学学报（哲学社会科学版）1985年第3期。
② 周祖谟：《汉语骈列的词语和四声》，《北京大学学报》（哲学社会科学版）1985年第3期。
③ 张博：《先秦并列式连用词序的制约机制》，《语言研究》1996年第2期。
④ 赵小刚：《先秦汉语并列式结构音节排序的规律、声调搭配的趋势及音节声母的倾向》，《语言研究》2012年第4期。
⑤ 张文轩：《并列式成语的四声序列》，《兰州大学学报》1991年第1期。
⑥ 陈其光：《汉藏语声调探源》，《民族语文》1994年第6期。
⑦ 戴庆厦：《汉藏语并列复合词韵律词序的类型学特征——兼论汉藏语语法类型学研究的一些认识问题》，《吉林大学社会科学学报》2015年第3期。

的情况更加直接：高调在前低调在后。汉语平仄的情况如前所述，是平"重"仄"轻"。在此，笔者妄自揣测，初步假设，原始汉藏语中有一种类似古藏语的"前重"模式①，复音词的前一个音节或者更长、或者更高。前音节中超音段要素的整体积分值相对较大，而后面音节的"重量"则要依次递减。"重量"的变化在不同语言，同一语言的不同历史阶段中可能会以不同的形式（如清浊、不送气/送气、平仄、高低元音等）凸显，但积分的结果是一样的，都是由大到小，由"重"到轻。所以，平前仄后，高前低后，都是对原始汉藏语韵律特征的保留。至于这一假设能否成立，还需要更多的研究。

（二）"平仄律"与"轻重律"

和汉语的"调位"类似，一些语言中"重位"的声学表现也不是单一的，其中既有音强的因素，也有音高和时长的因素，且三者是相辅相成的。说话时气流量越大，声音就越强，声带也更容易紧绷，声音频率也会相应提高。在这个过程中，肌肉额外的活动还"可能会导致声音的延长"②。所以，有些"重音"不仅重，而且高（长）。很多语言学家都认为，英语"重音"最重要的声学表现不是响度，而是音高。Fry的重音知觉实验显示，时长对重音的影响大于强度。基频的作用又超过了时长。Lehiste的研究也显示，基频是重音出现的重要征兆，时长的作用比强度更大。③由此可见，"轻重律"其实也是一种包含了复合语音特征的韵律模式，也需要借助几种超音段特征来"凸显"重音。从这个意义上讲，"轻重律"和"平仄律"可能并没有本质区别。

（三）渐行渐远的"平仄律"

某种韵律模式的形成，需要建立在一定的语言基础上。现代汉语中

---

① 意西微萨·阿错：《藏语重音问题讨论》，《韵律语法研究》2020年第2期。
② ［美］彼得·赖福吉：《语音学教程》，张维佳译，商务印书馆2011年版，第238页。
③ 鲍怀翘、林茂灿：《实验语音学概要》，北京大学出版社2014年版，第242—249页。

虽然也有四声，但此四声非彼四声，中古以后，汉语（北方话）的声调格局再一次发生了翻天覆地的变化。从杜甫的名作《丽人行》开始，平声分化的趋势已现端倪。① 诗歌前三联奇句的韵脚都是清声母字（新、真、春），偶句韵脚都是浊声母字（人、匀、麟）。后五联的情况正好相反。奇句的韵脚都是浊声母字（尘、神、巡、苹、伦），偶句韵脚都是清声母字（珍、津、茵、巾、嗔）。这说明中唐以后，清浊声母的平声字已经出现了人耳可以感知的差别。"平分二义"的明确记载最早出现在元代的曲韵专著《中原音韵》中。《中原音韵》还记载了入声分化的过程："入声派入平、上、去三声者，以广其押韵，为作词而设耳。然呼吸言语之间，还有入声之别。"②

从唐、五代开始，全浊上声字逐渐开始向去声靠拢。《开蒙要训》等文献的注音③，《悉昙藏》中"上中重声与去不分"④ 等记载都印证了上声的变化。

平分阴阳，（全）浊上归去，入派三声，奠定了现代汉语四声的基础，也疏远了传统平仄律和汉语新诗的关系。除非时光不前，否则，随着语言的发展，以古代语言为物质基础的韵律标准迟早要发生变化。用普通话诵读近体诗，意犹未尽，用平仄律束缚汉语新诗，削足适履。因此，新的艺术形式需要新的格律来规范。所以，我们可以根据普通话的实验数据"设计几套新诗声调分布格式，进行创作和吟诵实验，评估其效果，筛选出优胜者，再加以鼓吹推广，假以时日，相信一定会收到效果。"⑤

---

① 王士元、刘汉成、张文轩：《声调发展方式一说》，《语文研究》1988 年第 1 期。
② （元）周德清：《中原音韵·正语作词起例》，中国戏曲研究院《中国古典戏曲论著集成》（一），中国戏曲出版社 1959 年版，第 211 页。
③ 罗常培：《唐五代西北方音》，商务印书馆 2012 年版，第 28 页。
④ ［日］平山久雄：《日僧安然〈悉昙藏〉里关于唐代声调的记载》，《平山久雄语言学论文集》，商务印书馆 2005 年版，第 113—141 页。
⑤ 施向东：《韵律与格律》，施向东《音史寻幽：施向东自选集》，南开大学出版社 2009 年版，第 301 页。

第七章　关于"平仄律"的实验研究

如上所述，诗律的形成与特定的语言特征密不可分，本章试图用声学实验来探讨与汉语平仄律相关的语言特征。

第一节　材料与方法

一　实验材料

（一）关于汉越语

下文将以汉越语（Sino-Vietnamese）①为主要实验对象。选择汉越语主要有三个方面的原因。

第一，越南语与汉语的结构类型相似，都属于有声调的语言。

第二，汉越语的声调与中古汉语的声调有比较整齐的对应关系，而且也有平仄之分。

表 7-1　　　　　　汉越语与汉语声调对应关系

序号	汉越语声调	调值	描述	对应的汉语声调
1	平声（横声）thanh bằng	44	平调	阴平

---

① 王力：《汉越语研究》，王力《龙虫并雕斋文集》，中华书局 2015 年版，第 655 页。

第七章 关于"平仄律"的实验研究

续表

序号	汉越语声调	调值	描述	对应的汉语声调
2	玄声 thanh huyền	32	缓降调	阳平
3	问声 thanh hỏi	212	凹调，部分问声的基频在低频处有断裂。	阴上
4	跌声 thanh ngã	315	凹调，大部分跌声的基频在低频处有断裂。	阳上
5	锐声 thanh nắc	35	对应阴去调的锐（舒）是升调，对应阴入调的锐（入）声音长较短，升调的特征不明显，调值接近5。	阴去 阴入
6	重声 thanh nhặp	21	对应阳去的重（舒）和对应阳入的重（入）都很短促。	阳去 阳入

越南汉诗（包括五言诗、七言诗、六八体诗和双七六八体诗）和汉语近体诗一样，都讲究平仄律（bằng trắc）。"平" bằng 包括平声和玄声，"仄" trắc 包括问声、跌声、锐声和重声。讲究平仄的越南五、七言文人诗，在粘、对、押韵上与唐代近体诗基本一致。例如：

1.《春日漫兴》阮福昱[①]

Tân thi bần hậu sách, Cựu sự mộng trung sinh.

新诗贫后索，旧事梦中生。

平平平仄仄，仄仄仄平平。bA

Địa tịch vô nhân đáo, Thung lai bất thế tình.

地僻无人到，从来不世情。

仄仄平平仄，平平仄仄平。aB

2.《感作》黄叔沆

Vô quốc hà năng bối, Ngu dân khỉ hữu quyền.

无国何能背，愚民岂有权。

平仄平平仄，平平仄仄平。aB

---

① cao, tự, thanh：《越南百家诗》，柴棍（西贡）文化出版社2005年版，第1—106页。

Hợp thương thành hoạ tuy, Giảng học bị chu liên.

合商成祸祟，讲学被株连。

仄平平仄仄，仄仄仄平平。bA

Bàn quận danh sơn phú, Cam danh ngoại quốc thuyền.

槃郡名山赋，甘名外国船。

平仄平平仄，平平仄仄平。aB

Viên thư như phát bố, Đương tác tiểu biên niên.

爱书如发布，当作小编年。

平平平仄仄，仄仄仄平平。bA

3.《难友吹笛》胡志明

Ngục trung hốt thính tư hương khúc, Thanh chuyển thê lương điệu chuyển sầu.

狱中忽听思乡曲，声转凄凉调转愁。

平平仄仄平平仄，平仄平平仄仄平。aB

Thiên lí quan hà vô hạn cảm, Khuê nhân canh thượng nhất tầng lâu.

千里关河无限感，闺人更上一层楼。

平仄平平平仄仄，平平仄仄仄平平。bA

4.《赠陈台川·其一》潘佩珠

Tự biệt xuân thành lục thử chu, Hựu ma cuồng nhãn kiểm tiền du.

自别春城六暑周，又磨狂眼检前游。

仄仄平平仄仄平，仄平平仄仄平平。BA

Thân bằng hải khoáng thiên trường mộng, Phong thuỷ vân thôn vụ thổ thu.

亲朋海旷天长梦，风水云吞雾吐秋。

平平仄仄平平仄，平仄平平仄仄平。aB

Hữu tửu hữu hoa nhân vị hạ, Vô phong vô vũ khách thiên sầu.

有酒有花人未暇，无风无雨客偏愁。

仄仄仄平平仄仄，平平平仄仄平平。Ba

Thuỳ gia lãng tụng tam đô phú, Nhất biến mai hoa nhất thượng đầu.

谁家朗诵三都赋，一遍梅花一上头。

平平仄仄平平仄，仄仄平平仄仄平。aB

如果不看作者，几乎可以认为上述越南汉诗就是汉语的近体诗。所以，越南发音人对平仄律的感性认知与中国人应该是基本一致的。

第三，汉越音大致可以反映 10 世纪前后的汉语语音。[①] 而这正是唐代近体诗成熟、盛行的年代。因此，越南发音人用汉越音朗读的唐诗，应该与唐人用中古音读出的近体诗有相似之处。我们可以通过汉越语，部分还原汉语中曾经出现过的声音，以及唐代近体诗"平仄律"得以建立的语言基础。

（二）录音材料

实验使用的录音材料主要有两种，一种是用于比对的汉越语单字音。另一种是唐代近体诗对应的汉越语读音。根据汉越语与汉语调类的对应情况，我们将汉越语单字分为八类，每类有六个实验用字。如表 7-2 所示：

表 7-2　　　　　　　　汉越语单字音实验用字

序号	实验用字	汉越语声调	汉语调类
1	东 đông　该 cai　灯 đăng 天 thiên　诗 thi　春 xuân	平声	阴平
2	铜 đồng　皮 bì　糖 đường 平 bình　时 thời　红 hồng	玄声	阳平
3	懂 đổng　古 cổ　九 cửu 纸 chỉ　草 thảo　丑 sửu	问声	阴上
4	抱 bão　肚 đỗ　以 dĩ 缓 hoãn　士 sĩ　有 hữu	跌声	阳上
5	冻 đống　怪 quái　半 bán 四 tứ　痛 thống　放 phóng	锐（舒）声	阴去

---

① 麦耘、胡明光：《从史实看汉越音》，《语言研究》2010 年第 3 期。

续表

序号	实验用字	汉越语声调	汉语调类
6	洞 động　地 địa　共（共同）cộng 异 dị　树 thụ　饭 phạn	重（舒）声	阳去
7	急 cấp　得 đắc　笔 bút 割 cát　搭 đáp　百 bách	锐（入）声	阴入
8	白 bạch　局 cục　夺 đoạt 逸 dật　石 thạch　合 hợp	重（入）声	阳入

本次实验选取了各种结构的唐代近体五言诗共 16 首。其中有八首绝句，8 首律诗，每种结构的近体诗有 2 首，如表 7-3 所示。

表 7-3　　　　　　　　　录音所用诗歌

序号	诗作	作者	类型	结构
1	《登鹳雀楼》	王之涣	首句仄起不入韵，平韵式五言绝句	aB, bA
2	《渡汉江》	宋之问		
3	《和张仆射塞下曲·其二》	卢纶	首句仄起入韵，平韵式五言绝句	AB, bA
4	《江馆》	王建		
5	《游春辞三首之一》	令狐楚	首句平起不入韵，平韵式五言绝句	bA, aB
6	《池上》	白居易		
7	《婕妤春怨》	皇甫冉	首句平起入韵，平韵式五言绝句	BA, aB
8	《白鹭》	李嘉祐		
9	《春夜喜雨》	杜甫	首句仄起不入韵，平韵式五言律诗	aB, bA aB, bA
10	《旅夜书怀》	杜甫		
11	《彩书怨》	上官昭容	首句仄起入韵，平韵式五言律诗	AB, bA aB, bA
12	《月夜忆舍弟》	杜甫		
13	《山居秋暝》	王维	首句平起不入韵，平韵式五言律诗	bA, aB bA, aB
14	《赋得古原草送别》	白居易		
15	《游禁苑陪幸临渭亭遇雪应制》	李峤	首句平起入韵，平韵式五言律诗	BA, aB bA, aB
16	《送郭司马赴伊吾郡请示李明府》	岑参		

第七章 关于"平仄律"的实验研究

上述汉语诗歌对应的汉越语字母以及声调情况如下所示。①

1.《登鹳雀楼》王之涣

Bạch nhật y sơn **tận**, Hoàng hà nhập hải lưu.

bɛk²¹ ɲɤt²¹ i⁴⁴ sɤn⁴⁴ **tɤ̆n²¹**, huaŋ³² ha³² ɲɤ̆p²¹ hai²¹² luɯ⁴⁴.

重（入）重（入）平平重（舒），玄玄重（入）问平。

入入平平上，平平入上平。

Dục cùng thiên lí mục, Cánh thượng nhất tầng lâu.

zuk²¹ kuŋ³² tʰien⁴⁴ li³⁵ muk²¹, kɛŋ³⁵ tʰɯɤŋ²¹ ɲɤt⁵ tɤ̆ŋ³² lɤ̆u⁴⁴.

重（入）玄平锐（舒）重（入），锐（舒）重（舒）锐（入）玄平。

入平平上入，去去入平平。

2.《渡汉江》宋之问

Lãnh ngoại âm thư đoạn, Kinh đông phục lịch xuân.

lɛŋ³¹⁵ ŋuai²¹ ɤ̆m⁴⁴ tʰɯ⁴⁴ duan²¹, kiŋ⁴⁴ doŋ⁴⁴ fuk²¹ lik²¹ suɤ̆n⁴⁴.

跌重（舒）平平重（舒），平平重（入）重（入）平。

上去平平去，平平入入平。

Cận hương tình cánh khiếp, Bất cảm vấn lai nhân.

kɤ̆n²¹ huɯɤŋ⁴⁴ tiŋ³² kɛŋ³⁵ ᵏxiep⁵, bɤt⁵ kam²¹² vɤ̆n³⁵ lai⁴⁴ ɲɤ̆n⁴⁴.

重（舒）平玄锐（舒）锐（入），锐（入）问锐（舒）平平。

去平平去入，入上去平平。

3.《和张仆射塞下曲·其二》卢纶

Lâm ám thảo kinh phong, tương quân dạ dẫn cung.

lɤ̆m⁴⁴ am³⁵ tʰau²¹² kiŋ⁴⁴ fɔŋ⁴⁴, tɯɤŋ⁴⁴ kuɤ̆n⁴⁴ za²¹ zɤ̆n³¹⁵ kuŋ⁴⁴.

平锐（舒）问平平，平平重（舒）跌平。

平去上平平，平平去上平。

---

① 第一行为汉语近体诗对应的汉越语字母，第二行为相应的国际音标，第三行为汉越语声调，第四行是近体诗中汉语音节的声调。个别汉越语音节与中古汉语声调的对应不太规律，在行文中用加粗字体表示。

Bình minh tầm bạch vũ, Một tại thạch lăng trung.

biŋ³² miŋ⁴⁴ tɤ̌m³² bɛk²¹ vu³¹⁵, mot²¹ tai²¹ tʰɛk²¹ lăŋ⁴⁴ ʧuŋ⁴⁴.

玄平玄重（入）跌，重（入）重（舒）重（入）平平。

平平平入上，入去入平平。

4.《江馆》王建

Thuỷ diện tế phong sinh, Lăng ca mạn mạn thanh.

tʰui²¹² zien²¹ te²¹ fɔŋ⁴⁴ siŋ⁴⁴, lăŋ⁴⁴ ka⁴⁴ man²¹ man²¹ tʰɛŋ⁴⁴.

问重（舒）锐（舒）平平，平平重（舒）重（舒）平。

上去去平平，平平去去平。

Khách đình lâm tiểu **thị**, Đăng hoả dạ trang minh.

ᵏxɛk⁵ diŋ³² lɤ̌m⁴⁴ tieu²¹² **tʰi**²¹, dăŋ⁴⁴ hua²¹² za²¹ ʧaŋ⁴⁴ miŋ⁴⁴.

锐（入）玄平问重（舒），平问重（舒）平平。

入平平上上，平上去平平。

5.《游春辞三首之一》令狐楚

Vãn du lâm bích điện, Nhật thượng vọng xuân đình.

van³¹⁵ zu⁴⁴ lam⁴⁴ bik⁵ dien²¹, ɲɤt²¹ tʰɯɤŋ²¹ vɔŋ²¹ suɤ̌n⁴⁴ diŋ³².

跌平平锐（入）重（舒），重（入）重（舒）重（舒）平玄。

上平平入去，入去去平平。

Phương thụ la tiên trượng, Tinh sơn triển thuý bình.

fɯɤŋ⁴⁴ tʰu²¹ la⁴⁴ tien⁴⁴ ʧɯɤŋ²¹, tiŋ⁴⁴ sɤn⁴⁴ ʧien²¹² tʰui³⁵ biŋ³².

平重（舒）平平重（舒），平平问锐（舒）玄。

平去平平去，平平上去平。

6.《池上》白居易

Tiểu oa xanh tiểu đĩnh, Thâu **thái** bạch liên hồi.

tieu²¹² ua⁴⁴ sɛŋ⁴⁴ tieu²¹² diŋ³¹⁵, tʰɤ̌u⁴⁴ **tʰai**³⁵ bɛk²¹ lien⁴⁴ hoi³².

问平平问跌，平锐（舒）重（入）平玄。

上平平上上，平上入平平。

Bất giải tàng tung tích, Phù bình nhất đạo khai.

bɤ̆t⁵ zai²¹² taŋ³² tuŋ⁴⁴ tik⁵, fu³² biŋ³² ɲɤ̆t⁵ dau²¹ ᵏxai⁴⁴.

锐（入）问玄平锐（入），玄玄锐（入）重（舒）平。

入上平平入，平平入上平。

7.《婕妤春怨》皇甫冉

Hoa chi xuất kiến chương, Phượng quản phát chiêu dương.

hua⁴⁴ tʃi⁴⁴ suɤ̆t⁵ kien³⁵ tʃɯɤŋ⁴⁴, fɯɤŋ²¹ kuan²¹² fat⁵ tʃieu⁴⁴ zɯɤŋ⁴⁴.

平平锐（入）锐（舒）平，重（舒）问锐（入）平平。

平平入去平，去上入平平。

Tá vấn thừa ân giả, Song nga kỷ **hứa** trường

ta³⁵ vɤ̆n³⁵ tʰɯɤ³² ɤ̆n⁴⁴ za²¹², sɔŋ⁴⁴ ŋa⁴⁴ ki²¹² **hɯɤ**³⁵ tʃɯɤŋ³².

锐（舒）锐（舒）玄平问，平平问锐（舒）玄。

去去平平上，平平上上平。

8.《白鹭》李嘉祐

Giang nam lộc thuỷ đa, Cố ảnh đậu khinh ba.

zaŋ⁴⁴ nam⁴⁴ lok²¹ tʰui²¹² da⁴⁴, ko³⁵ ɛŋ²¹² dɤ̆u²¹ ᵏxiŋ⁴⁴ ba⁴⁴.

平平重（入）问平，锐（舒）问重（舒）平平。

平平入上平，去上去平平。

Lạc nhật tần vân **lí**, Sơn cao nại nhã hà.

lak²¹ ɲɤ̆t²¹ tɤ̆n⁴⁴ vɤ̆n⁴⁴ **li**³⁵, sɤn⁴⁴ kau⁴⁴ nai²¹ ɲa³¹⁵ ha³².

重（入）重（入）平平锐（舒），平平重（舒）跌玄。

入入平平上，平平去入平。

9.《春夜喜雨》杜甫

Hảo vũ tri thì tiết, Đương xuân nãi phát sinh.

hau²¹² vu³¹⁵ tʃi⁴⁴ tʰi⁴⁴ tiet⁵, dɯɤŋ⁴⁴ suɤ̆n⁴⁴ nai³¹⁵ fat⁵ siŋ⁴⁴.

问跌平玄锐（入），平平跌锐（入）平。

上上平平入，平平上入平。

Tuỳ phong tiềm nhập dạ, Nhuận vật tế vô thanh.

tui³² fɔŋ⁴⁴ tiem³² ɲɤ̆p²¹ za²¹, ɲuɤ̆n²¹ vɤ̆t²¹ te³⁵ vo⁴⁴ tɛŋ⁴⁴.

205

玄平玄重（入）重（舒），重（舒）重（入）锐（舒）平平。

平平平入去，去入去平平。

Dã kính vân câu hắc, Giang thuyền hoả độc minh.

za³¹⁵ kiŋ³⁵ vɤ̆n⁴⁴ kɤ̆u⁴⁴ hɤ̆k⁵, zaŋ⁴⁴ tʰuien⁴⁴ hua²¹² dok²¹ miŋ⁴⁴.

跌锐（舒）平平锐（入），平玄问重（入）平。

上去平平入，平平上入平。

Hiểu khan hồng thấp xứ, Hoa trọng cẩm quan thành.

hieu²¹² kxan⁴⁴ hoŋ³² tʰɤ̆p⁵ sɯ³⁵, hua⁴⁴ tʃɔŋ³⁵ kɤ̆m²¹² kuan⁴⁴ tʰɛŋ³².

问平玄锐（入）锐，平重（舒）问平玄。

上平平入去，平去上平平。

10.《旅夜书怀》杜甫

Tế thảo vi phong ngạn, Nguy tường độc dạ châu.

te³⁵ tʰau²¹² vi⁴⁴ foŋ⁴⁴ ŋan²¹, ŋui⁴⁴ tɯɤŋ³² dok²¹ za²¹ tʃɤ̆u⁴⁴.

锐（舒）问平平重（舒），平玄重（舒）重（入）平。

去上平平去，平平入去平。

Tinh thuỷ bình dã khoát, Nguyệt dũng đại giang lưu.

tiŋ⁴⁴ tʰui³² biŋ³² za³¹⁵ kxuat⁵, ŋuiet²¹ zuŋ³¹⁵ dai²¹ zaŋ⁴⁴ lɯu⁴⁴.

平玄玄跌锐（入），重（入）跌重（舒）平平。

平平平上入，入上去平平。

Danh khỉ văn chương trước, Quan nhân lão bệnh hưu.

zɛŋ⁴⁴ kxi²¹² văn⁴⁴ tʃɯɤŋ⁴⁴ tʃɯɤk⁵, kuan⁴⁴ ɲɤ̆n⁴⁴ lau³¹⁵ beŋ²¹ hɯu⁴⁴.

平问平平锐（入），平平跌重（舒）平。

平上平平去，平平上去平。

Phiêu phiêu hà sở tự, Thiên địa nhất sa âu.

fieu⁴⁴ fieu⁴⁴ ha³² sɤ²¹² tɯ²¹, tʰien⁴⁴ die²¹ ɲɤ̆t⁵ sa⁴⁴ ɤ̆u⁴⁴.

平平玄问重（舒），平重（舒）锐（入）平平。

平平平上上，平去入平平。

11.《彩书怨》上官昭容

Diệp hạ động đình sơ, Tư quân vạn **lí** dư.

ziep²¹ ha²¹ doŋ²¹ diɲ³² sɤ⁴⁴, tɯ⁴⁴ kuɤ̃n⁴⁴ van²¹ **li**³⁵ zɯ⁴⁴.

重（入）重（舒）重（舒）玄平，平平重（舒）锐（舒）平。

入去去平平，平平去上平。

Lộ nồng hương bị lãnh, Nguyệt lạc cẩm bình hư.

lo²¹ noŋ³² hɯɤŋ⁴⁴ bi²¹ laɲ³¹⁵, ŋuiet²¹ lak²¹ kɤ̌m²¹² biɲ³² hɯ⁴⁴.

重（舒）玄平重（舒）跌，重（入）重（入）问玄平。

去平平上上，入入上平平。

Dục tấu giang nam khúc, Tham phong kế bắc thư.

zuk²¹ tɤ̌u³⁵ zaŋ⁴⁴ nam⁴⁴ ᵏxuk⁵, tʰam⁴⁴ foŋ⁴⁴ ke³⁵ băk⁵ tʰɯ⁴⁴.

重（入）锐（舒）平平锐（入），平平锐（舒）锐（入）平。

入去平平入，平平去入平。

Thư trung vô biệt ý, Duy trướng cửu li cư.

tʰɯ⁴⁴ ʧuŋ⁴⁴ vo⁴⁴ biet²¹ i³⁵, zui⁴⁴ ʧɯɤŋ³⁵ kɯu²¹² li⁴⁴ kɯ⁴⁴.

平平平重（入）锐（舒），平锐（舒）问平平。

平平平入去，平去上平平。

12.《月夜忆舍弟》杜甫

Thú cổ đoạn nhân hành, Thu biên nhất nhạn thanh.

tʰu³⁵ ko²¹² duan²¹ ɲɤ̌n⁴⁴ haŋ³², tʰu⁴⁴ bien⁴⁴ ɲɤ̌t⁵ ɲan²¹ tʰaŋ⁴⁴.

锐（舒）问重（舒）平玄，平平锐（入）重（舒）平。

去上去平平，平平入去平。

Lộ thung kim dạ bạch, Nguyệt thị cố hương minh.

lo²¹ tʰuŋ⁴⁴ kim⁴⁴ za²¹ bɛk²¹, ŋuiet²¹ tʰi²¹ ko³⁵ hɯɤŋ⁴⁴ miɲ⁴⁴.

重（舒）平平重（舒）重（入），重（入）重（舒）锐（舒）平平。

去平平去入，入去去平平。

Hữu đệ giai phân tán, Vô gia vấn tử sinh.

hɯu³¹⁵ de²¹ zai⁴⁴ fɤ̌n⁴⁴ tan²¹², vo⁴⁴ za⁴⁴ vɤ̌n³⁵ tɯ²¹² siɲ⁴⁴.

跌重（舒）平平问，平平锐（舒）问平。

上去平平上，平平去上平。

Ký thư trường bất tị, Huống nãi vị hưu binh.

ki³⁵ tʰɯ⁴⁴ ʧɯɤŋ³² bɤt̚⁵ ti²¹, huoŋ³⁵ nai³¹⁵ vi²¹ hɯɯ⁴⁴ biŋ⁴⁴.

锐（舒）平玄锐（入）重（舒），锐（舒）跌重（舒）平平。

去平平入去，去上去平平。

13.《山居秋暝》王维

Không sơn tân vũ hậu, Thiên khí vãn lai thu.

ᵏxoŋ⁴⁴ sɤn⁴⁴ tɤ̌n⁴⁴ vu³¹⁵ hɤ̌u²¹, tʰien⁴⁴ ᵏxi³⁵ van³¹⁵ lai⁴⁴ tʰu⁴⁴.

平平平跌重（舒），平锐（舒）跌平平。

平平平上去，平去上平平。

Minh nguyệt tùng gian chiếu, Thanh tuyền thạch thượng lưu.

miɲ⁴⁴ ŋuiet²¹ tuŋ³² zan⁴⁴ ʧieu³⁵, tʰaŋ⁴⁴ tuien³² tʰɛk²¹ tʰɯɤŋ²¹ lɯɯ⁴⁴.

平重（入）玄平锐（舒），平玄重（入）重（舒）平。

平去平平去，平平入去平。

Trúc huyên quy **cán** nữ, Liên động hạ ngư châu.

ʧuk̚⁵ huien⁴⁴ kui⁴⁴ kan³⁵ nɯ³¹⁵, lien⁴⁴ doŋ²¹ ha²¹ ŋɯ⁴⁴ ʧɤ̌u⁴⁴.

锐（入）平平锐（舒）跌，平重（舒）重（舒）平平。

入平平上上，平去去平平。

Tuỳ ý xuân phương yết, Vương tôn tự khả lưu.

tui³² i³⁵ suɤ̌n⁴⁴ fɯɤŋ⁴⁴ iet⁵, vɯɤŋ⁴⁴ ton⁴⁴ tɯ²¹ ᵏxa²¹² lɯɯ⁴⁴.

玄锐（舒）平平锐（入），平平重问平。

平去平平入，平去上平。

14.《赋得古原草送别》白居易

Li li nguyên thượng thảo, Nhất tuế nhất khô vinh.

li⁴⁴ li⁴⁴ ŋuien⁴⁴ tʰɯɤŋ²¹ tʰau²¹², ɲɤt̚⁵ tue³⁵ ɲɤt̚⁵ xo⁴⁴ viɲ⁴⁴.

平平平重（舒）问，锐（入）锐（舒）锐（入）平平。

平平平去上，入去入平平。

Dã hoả thiêu bất tận, Xuân phong xuy hựu sinh.

za³¹⁵ hua²¹² tʰieu⁴⁴ bɤ̌t⁵ tɤ̌n²¹, suɤŋ⁴⁴ fɔŋ⁴⁴ sui⁴⁴ huɯ²¹ siɲ⁴⁴.

跌问平锐（入）重（舒），平平平重（舒）平。

上上平入去，平平平去平。

Viễn phương xâm cổ đạo, Tình thuý tiếp hoang thành.

vien³¹⁵ fɯɤŋ⁴⁴ sɤ̌m⁴⁴ ko²¹² dau²¹, tiɲ⁴⁴ tʰui³⁵ tiep⁵ huaŋ⁴⁴ tʰaɲ³².

跌平平问重（舒），平锐（舒）锐（入）平玄。

上平平上去，平去入平平。

Hựu tống vương tôn khứ, Thê thê mãn biệt tình.

huɯ²¹ toŋ³⁵ vɯɤŋ⁴⁴ ton⁴⁴ kxɯ³⁵, tʰe⁴⁴ tʰe⁴⁴ man³¹⁵ biet²¹ tiɲ³².

重锐（舒）平平锐（舒），平平跌重（入）玄。

去去平平去，平平上入平。

15.《游禁苑陪幸临渭亭遇雪应制》李峤

Đồng vân tiếp dã yên, Phi tuyết ám trường thiên.

doŋ³² vɤ̌n⁴⁴ tiep⁵ za³¹⁵ ien⁴⁴, fi⁴⁴ tuiet⁵ am³⁵ tʃɯɤŋ³² tʰien⁴⁴.

玄平锐（入）跌平，平锐（入）锐（舒）玄平。

平平入上平，平入去平平。

Phật thụ thiêm mai sắc, **Quá** lâu trợ **phấn** nghiên.

fɤ̌t²¹ tʰu²¹ tʰiem⁴⁴ mai⁴⁴ săk⁵, kua³⁵ lɤ̌u⁴⁴ tʃɤ²¹ fɤ̌n³⁵ ɲien⁴⁴.

重（入）重（舒）平平锐（入），锐（舒）平重锐（舒）平。

入去平平入，平平去上平。

Quang hàm ban nữ phiến, Vận nhập sở vương huyền.

kuaŋ⁴⁴ ham³² ban⁴⁴ nɯ³¹⁵ fien³⁵, vɤ̌n²¹ ɲɤ̌p²¹ sɤ²¹² vɯɤŋ⁴⁴ huien³².

平玄平跌锐（舒），重（舒）重（入）问平玄。

平平平上去，去入上平平。

Lục xuất nghênh tiên tảo, Thiên tương đáp thuy niên.

luk²¹ suɤ̌t⁵ ŋeɲ⁴⁴ tʰien⁴⁴ tau²¹², tʰien⁴⁴ tɯɤŋ⁴⁴ dap⁵ tʰui²¹ nien⁴⁴.

重（入）锐（入）平平问，平平锐（入）重（舒）平。

入入平平上，平平入去平。

16.《送郭司马赴伊吾郡请示李明府》岑参

An tây mĩ thiếu niên, Thoát kiếm tạ cung huyền.

an⁴⁴ tɤĭ⁴⁴ mi³¹⁵ tʰieu³⁵ nien⁴⁴, tʰuat⁵ kiem³⁵ ta²¹ kuŋ⁴⁴ huien³².

平平跌锐（舒）平，锐（入）锐重（舒）平玄。

平平上去平，入去去平平。

Bất ý tương quân thế, Giai xứng tư mã hiền.

bɤĭ⁵ i²¹² tuɤŋ⁴⁴ kuɤň⁴⁴ tʰe³⁵, zai⁴⁴ sɯŋ³² tɯ⁴⁴ ma³¹⁵ hien³².

锐（入）问平平锐（舒），平玄平跌玄。

入上平平去，平平平上平。

Thu sơn thành bắc diện, Cổ trị quận đông biên.

tʰu⁴⁴ sɤn⁴⁴ tʰɛŋ³² băt⁵ zien²¹, ko²¹² tʃi²¹ kuɤň²¹ doŋ⁴⁴ bien⁴⁴.

平平玄锐（入）重（舒），问重（舒）重（舒）平平。

平平平入去，上去去平平。

Giang thượng châu trung nguyệt, Dao tư lí quách tiên.

zaŋ⁴⁴ tʰɯɤŋ²¹ tʃɤŭ⁴⁴ ʈʂuŋ⁴⁴ ŋuiet²¹, zau⁴⁴ tɯ⁴⁴ li³⁵ kuɛk⁵ tien⁴⁴.

平重（舒）平平重（入），平平锐（舒）锐（入）平。

平去平平入，平平上入平。

实验时只给发音人看汉越语字母（第一行），不展示汉越音对应的汉字。对于没有系统学习过中国古典文学的越南留学生来说，这些与近体诗对应的汉越语字母基本上相当于没有意义的音节串，它们的读音应该可以反映近体诗最原始、最自然的声律特征。

二　实验方法

请黎黄石（男1）、阮文雄（男2）、阮雪梅（女1）、黎秋贤（女2）四位越南留学生①以自然的状态，平稳的语速朗读单字音与汉越语版的唐

---

①　四位发音人的具体情况详见第五章。

诗。每个字、每首诗读三遍。

用 praat 软件录音，采样率设为 11025HZ。用南开大学桌上语音工作室 Mini Speech Lab，矩阵实验室 MATLAB，Praat，以及 Exel 软件提取和分析实验数据。分析数据时使用每位发音人三组数据中的平均值。

第二节　幅度积测试

幅度积是综合考虑振幅和音强的语音参数。某段语音的幅度积等于平均振幅与时长的乘积。① 音长越长，音强越大，幅度积就越大。幅度积测试的目的是探讨近体诗歌平仄的对比中是否蕴含着"力"与"时间"的差异。

将录音导入 Mini Speech Lab 软件中，就可以从波形窗口中测量到幅度积的数据。如图 7-1 所示：

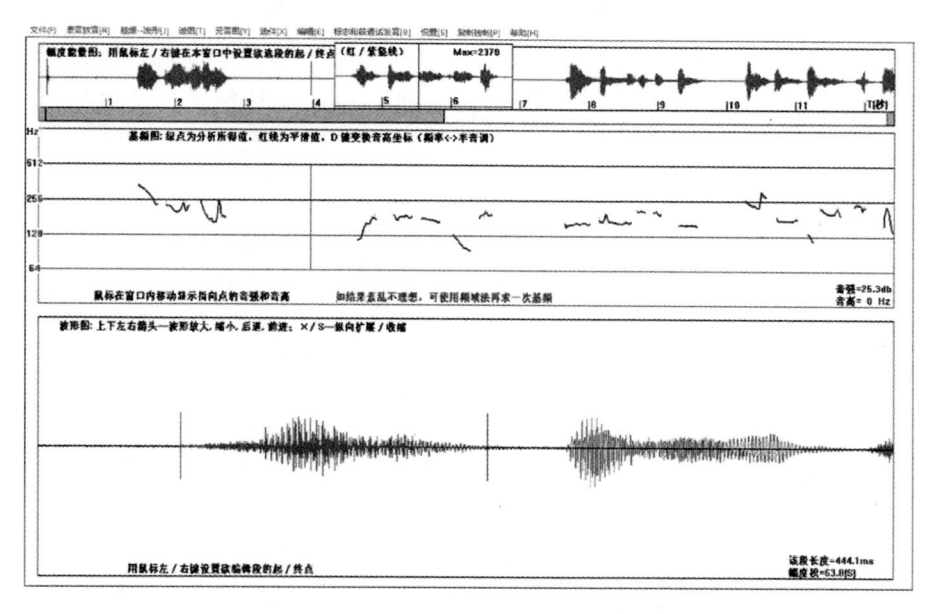

图 7-1　在 Mini Speech Lab 软件中测试幅度积

---

① 梁磊，石锋：《普通话两字组的音量比分析》，《南开语言学刊》2010 年第 2 期。

以《春夜喜雨》《彩书怨》《山居秋暝》《游禁苑陪幸临渭亭遇雪应制》四首结构不同的五言律诗为例，男1发音人和女1发音人的幅度积平均数据分别为：

表7-4　　　　　　　男1发音人《春夜喜雨》幅度积数据

句	字				
	1	2	3	4	5
1	问	跌	平	玄	锐（入）
	53	67.8	47.6	61.1	61.7
2	平	平	跌	锐（入）	平
	117.5	68.3	59.1	26.5	77
3	玄	平	玄	重（入）	重（入）
	118.7	62.7	104.3	41.0	48.9
4	重（舒）	重（入）	锐（舒）	平	平
	74	41.9	112.2	50.8	58.5
5	跌	锐（舒）	平	平	锐（入）
	83.3	83.2	71.9	55.4	18.6
6	平	玄	问	重（入）	平
	72.3	89.6	36.3	42.8	65.3
7	问	平	玄	锐（入）	锐（舒）
	118.4	42.2	48.0	26.1	95.5
8	平	重（舒）	问	平	玄
	75.4	41.1	65.2	39.6	52.3
平均值	89.075	62.1	68.075	42.9125	59.725

表7-5　　　　　　　女1发音人《春夜喜雨》幅度积数据

句	字				
	1	2	3	4	5
1	问	跌	平	玄	锐（入）
	104.7	134.1	97.2	98.2	66.2
2	平	平	跌	锐（入）	平
	161	182.1	70.1	39.5	171.2
3	玄	平	玄	重（入）	重（入）
	178.3	123.5	125.8	65.5	67.7
4	重（舒）	重（入）	锐（舒）	平	平
	117.9	48.2	163.9	222.5	126

第七章 关于"平仄律"的实验研究

续表

句	字				
	1	2	3	4	5
5	跌	锐（舒）	平	平	锐（入）
	88.9	125.4	119.9	215.0	29.1
6	平	玄	问	重（入）	平
	126.6	188.8	67.7	63.8	214.8
7	问	平	玄	锐（入）	锐（舒）
	138.2	88.3	93.1	29.9	142.2
8	平	重（舒）	问	平	玄
	108.2	55.8	78.5	116.5	57.7
平均值	127.975	118.275	102.025	106.3625	109.3625

表 7-6　　　　　　　　男1发音人《彩书怨》幅度积数据

句	字				
	1	2	3	4	5
1	重（入）	重（舒）	重（舒）	玄	平
	65.0	56.4	73.9	86.2	86.9
2	平	平	重（舒）	锐（舒）	平
	130.9	99.1	57.4	90.7	114
3	重（舒）	玄	平	重（舒）	跌
	121.5	97.3	87	54.5	94.2
4	重（入）	重（入）	问	玄	平
	61.8	69.2	59.9	55.9	111.8
5	重（入）	锐（舒）	平	平	锐（舒）
	63	161.7	96	81.2	26.2
6	平	平	锐（舒）	锐（入）	平
	62.5	66.0	123.9	21.8	118.2
7	平	平	平	重（入）	锐（舒）
	123.7	182.4	126.6	79.6	118.8
8	平	锐（舒）	问	平	平
	65.6	127.4	101.9	87.3	120.3
平均值	86.75	107.4375	90.825	69.65	98.8

表 7-7　　　　　　　女 1 发音人《彩书怨》幅度积数据

句	字				
	1	2	3	4	5
1	重（入）	重（舒）	重（舒）	玄	平
	104.7	86.3	74.9	136.9	181.9
2	平	平	重（舒）	锐（舒）	平
	164.4	164.2	47.6	123.0	160.9
3	重（舒）	玄	平	重（舒）	跌
	143.1	146.5	161.8	63.5	69.6
4	重（入）	重（入）	问	玄	平
	134.3	70.9	75.5	124.2	144.7
5	重（入）	锐（舒）	平	平	锐（舒）
	74.8	136.4	100.7	89.2	48.1
6	平	平	锐（舒）	锐（入）	平
	74.1	77.1	103.7	28.5	138.6
7	平	平	平	重（入）	锐（舒）
	163.0	106.8	193.4	70	125.0
8	平	锐（舒）	问	平	平
	182.5	150.1	114.6	109.3	103.2
平均值	130.1125	117.2875	109.025	93.075	121.5

表 7-8　　　　　　　男 1 发音人《山居秋暝》幅度积数据

句	字				
	1	2	3	4	5
1	平	平	平	跌	重（舒）
	99.9	101.9	101.4	78.9	61.6
2	平	锐（舒）	跌	平	平
	141.4	113.6	46.9	95.3	107.6
3	平	重（入）	玄	平	锐（舒）
	174.2	88.7	97.0	57.7	111.7
4	平	平	重（入）	重（舒）	平
	63.7	123.5	27.4	52.5	170.7
5	锐（入）	平	平	锐（舒）	跌
	48	230.3	191.8	66.8	119.6
6	平	重（舒）	重（舒）	平	平
	128.9	94.1	53.6	74.8	147.6
7	玄	锐（舒）	平	平	锐（舒）

续表

句	字				
	1	2	3	4	5
	176.7	168.2	140.6	105	85
8	平	平	重（舒）	问	平
	73.2	125.9	90.9	60	147.8
平均值	113.25	130.775	93.7	73.875	118.95

表 7-9　　女1发音人《山居秋暝》幅度积数据

句	字				
	1	2	3	4	5
1	平	平	平	跌	重（舒）
	112.6	196.5	133.1	78	70.8
2	平	锐（舒）	跌	平	平
	136.5	99.6	63.7	106.9	119.2
3	平	重（入）	玄	平	锐（舒）
	171.8	168.5	123.3	82.8	115.9
4	平	平	重（入）	重（舒）	平
	110.6	113.9	27.1	57.9	190.2
5	锐（入）	平	平	锐（舒）	跌
	41.1	139.1	110.5	62.8	141.3
6	平	重（舒）	重（舒）	平	平
	170.1	108.8	60	132.2	216.4
7	玄	锐（舒）	平	平	锐（舒）
	128.7	118.1	112.9	95.6	54.8
8	平	平	重（舒）	问	平
	111.4	147.9	50.6	52.9	140.9
平均值	122.85	136.55	85.15	83.6375	131.1875

表 7-10　　男1发音人《游禁苑陪幸临渭亭遇雪应制》幅度积数据

句	字				
	1	2	3	4	5
1	玄	平	锐（入）	跌	平
	120.7	102.5	85.4	117.5	161.1
2	平	锐（入）	锐（舒）	玄	平
	166.9	80.3	100.3	113.2	109.3

续表

句	字				
	1	2	3	4	5
3	重(入)	重(舒)	平	平	锐(入)
	64.3	87.3	169.0	124.2	60.8
4	锐(舒)	平	重(舒)	锐(舒)	平
	191.1	139.2	119.0	53.4	211.1
5	平	玄	平	跌	锐(舒)
	206.6	112.2	91.8	67.3	121.1
6	重(舒)	重(入)	问	平	玄
	105.8	114.6	120.5	169.3	125.9
7	重(入)	锐(入)	平	平	问
	135.2	52.6	216.2	156.2	108.3
8	平	平	锐(入)	重(舒)	平
	217.1	191.3	108.6	44.7	109.5
平均值	150.9625	110	126.35	105.725	125.8875

表7-11　女1发音人《游禁苑陪幸临渭亭遇雪应制》幅度积数据

句	字				
	1	2	3	4	5
1	玄	平	锐(入)	跌	平
	190.3	99.5	42.9	104.6	178.9
2	平	锐(入)	锐(舒)	玄	平
	141.5	42.7	120.3	141.5	157.6
3	重(入)	重(舒)	平	平	锐(入)
	36.9	56.8	106.2	71.1	35.6
4	锐(舒)	平	重(舒)	锐(舒)	平
	140.1	185.4	97.2	110.3	172
5	平	玄	平	跌	锐(舒)
	145.1	129.5	73.3	106.9	113.6
6	重(舒)	重(入)	问	平	玄
	65.7	63.7	103.7	114.4	165.4
7	重(入)	锐(入)	平	平	问
	70	72.2	152.1	124.9	118.5
8	平	平	锐(入)	重(舒)	平
	133.6	198.5	66.5	61.6	164.9
平均值	115.4	106.0375	95.275	104.4125	138.3125

第七章　关于"平仄律"的实验研究

其他实验用诗，以及另外两位发音人的情况与上述八组数据基本相同，在此不一一列举。

从这八组数据中可以看出，在一首诗歌中，锐（入）声、重声的幅度积相对较小，平声、玄声、锐（舒）声、问声、跌声的幅度积相对较大。汉越语中的锐（入）声和重声平均时长都在 100ms 左右，而其他几类音的时长都在 200ms 以上，所以，这个结果主要和时长相关。

单句五言诗的幅度积数据目前看不出特别明显的规律，但从整首诗的平均值来看，几乎所有的诗歌第一、五字的幅度积均值都是最大的，第三、四字的均值最小，第二字的数值居中。也就是说，幅度积变化的总趋势是大——小——大，整首诗的能量变化呈现出类似 U 形的曲线。如图 7-2，7-3 所示：

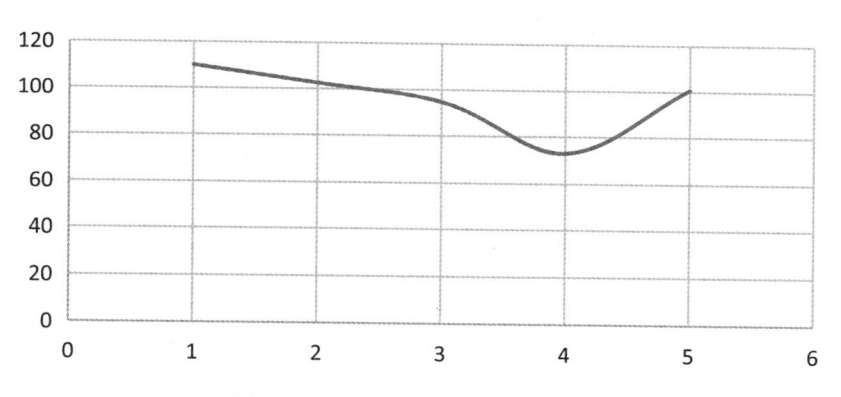

图 7-2　男 1 发音人幅度积平均值曲线

从幅度积数据看，平声（平声、玄声）和仄声（问声、跌声、锐声、重声）的能量差异并不明显。① 也就是说，以声调为基础的"平仄律"对力重音不太敏感，平仄对立不是音强的对立。

---

① 一般来说，频率越高，能量越大的规律只适用于高频段的波形，例如，在振幅相同的条件下，超声波的能量跟频率的二次方成正比。但是人类的语音显然达不到这样的频率高度。四位发音人的声调基频基本都在 60HZ 到 400HZ 的范围内徘徊，没有高频段。

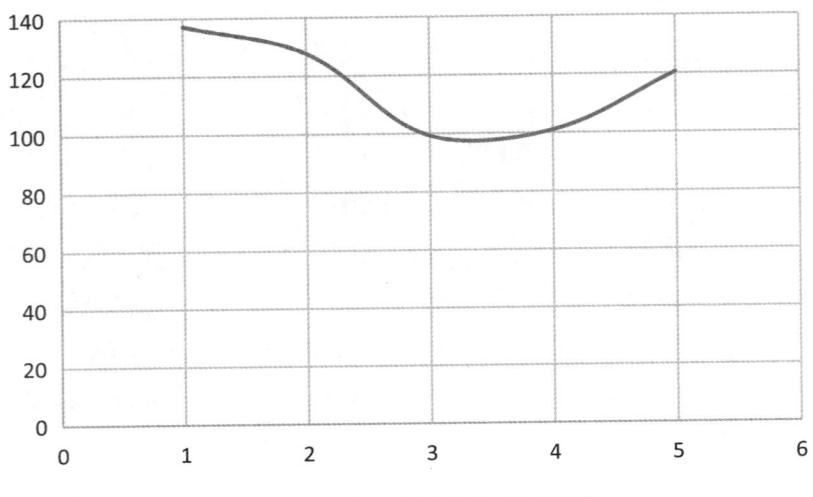

图 7-3 女 1 发音人幅度积平均值曲线

第三节　s 值实验

s 值是施向东先生在《永明体与唐代近体诗格律的若干问题研究》一文中提出的概念。s 值是一个积分值。

一　实验过程

（一）确定调型段

音节中的基频一般是伴随着带音段的出现而产生的。但是并非所有带音段上的基频都有调位的意义。浊辅音声母的基频只承载辅音的固有发音特征，例如，图 7-4 是男 1 发音人读"白" Bạch[bɛk²¹] 时的语图。浊辅音部分的基频和韵母部分的基频中间有明显的断层。

一般认为，声调的基本曲拱与主要元音以及元音后的带音有关。林茂灿先生通过声调信息域的感知实验，得出声调信息域存在于主要元音中

第七章 关于"平仄律"的实验研究

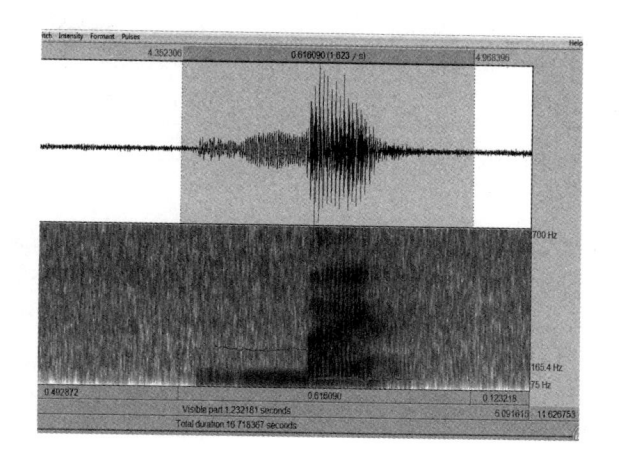

图 7-4 汉越语"白"Bạch 语

的结论。^① 因此，当音节是 CV 结构时，我们只提取元音段的基频，当音节为 CVC 结构时，如果韵尾是鼻音，则提取整个韵母段的基频，当韵尾的 C 是塞音时，只提取元音段的基频。当韵母段中有介音时，截取介音音长的一半提取基频。

（二）提取和修改基频（F0）

将 praat 软件中的 view——time step settings——time step strategy 从系统默认的"automatic"改为"fixed"。选中调型段，读取调形段的时长，根据时长在"fixed time step"中修改数据，将调型段平分为 99 等份，提取 100 个点的基频和时间数据。当个别点的基频数据缺失时，在语图上读取声波的周期，用 f=1/T 公式补点。对于基频断裂明显，基频缺失部分持续时间较长的跌声和一部分问声，提取基频时将一个音节分成两段来分析，不再一一补点。

---

① 林茂灿：《汉语语调实验研究》，中国社会科学出版社 2012 年版，第 4 页。

（三）用 MATLAB 软件求 s 值

将每个音节基频和时间数据导入 MATLAB（矩阵实验室）软件中，运行"sn=trapz（xn, yn）"指令，求取每个音节中频率（y 值）随时间（x 值）变化的函数图像的面积。如图 7-5 所示：

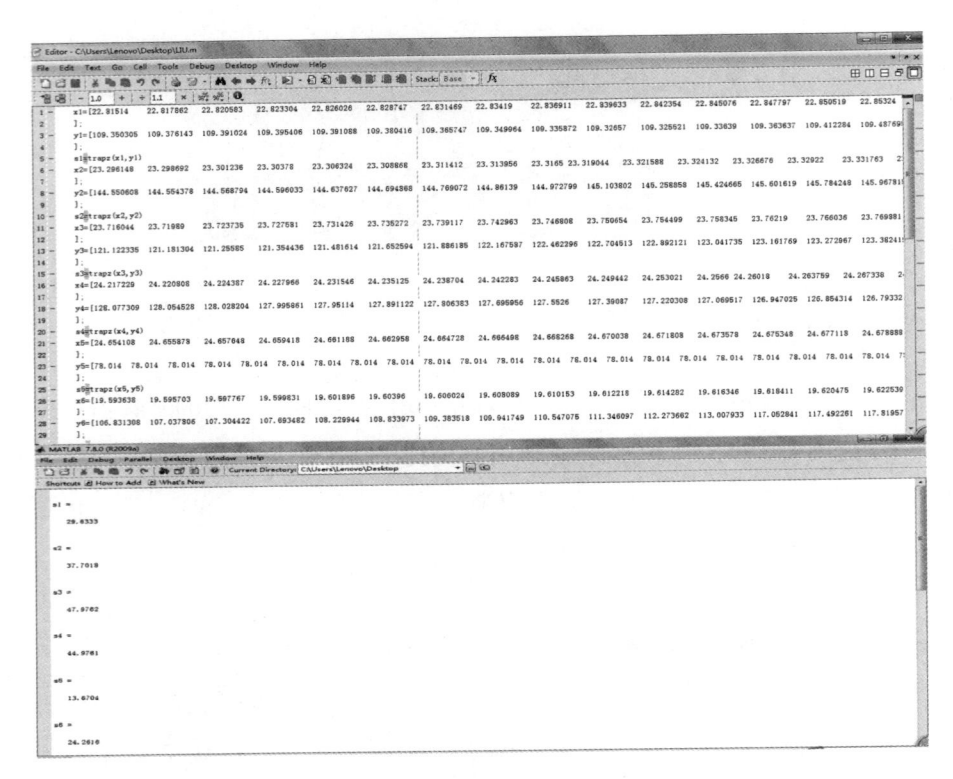

图 7-5　用 MATLAB 软件计算 s 值

平、玄、锐、重四声都各有一个 s 值，跌声和部分问声由于基频断裂，需要计算两次 s 值，再将两次的数值相加。

二　数据分析

四位发音人发单字音时的 s 值数据如表 7-12 所示：

第七章　关于"平仄律"的实验研究

表 7-12　　　　　　　　　男 1 发音人单字音 s 值数据

序号	1	2	3	4	5	6	平均值
1	50.2344	61.1388	52.1966	59.9924	66.9072	55.8654	57.72247
2	41.4901	47.5019	34.9175	44.4620	38.8997	33.3286	40.09997
3	23.6307	23.6036	22.1322	7.1632	21.6965	22.5361	20.12705
4	29.5293	41.7042	54.4428	22.7165	38.1673	51.2712	39.63855
5	53.5410	50.6293	50.7873	50.0626	50.0626	38.8228	48.98427
6	10.8702	18.5122	8.5544	36.6128	15.4617	10.4261	16.73957
7	17.0422	14.2138	27.9354	24.8719	25.6587	19.3360	21.50967
8	11.7892	8.7101	16.3111	14.6600	7.4774	9.8348	11.46377

表 7-13　　　　　　　　　男 2 发音人单字音 s 值数据

序号	1	2	3	4	5	6	平均值
1	48.4385	58.5338	43.1134	51.7172	57.7978	47.4235	51.1707
2	27.7134	45.4961	40.7471	37.5690	39.3774	32.7705	37.27892
3	25.8034	37.8908	25.0351	31.7942	18.2236	26.8002	27.59122
4	36.7755	25.4081	35.6681	39.7751	35.6610	40.4312	35.61983
5	46.2588	41.1232	46.1639	42.7728	39.6158	32.0769	41.33523
6	18.5506	29.0279	13.3045	17.1937	13.9952	11.3653	17.23953
7	22.1480	20.0885	20.5635	16.8803	14.9877	16.7465	18.56908
8	13.0534	17.0977	13.9689	14.1466	10.6346	12.3796	13.5468

表 7-14　　　　　　　　　女 1 发音人单字音 s 值数据

序号	1	2	3	4	5	6	平均值
1	123.3652	133.9038	119.3568	132.8074	122.3879	102.7169	122.423
2	102.7102	93.6309	98.2287	93.5898	88.5896	76.6365	92.23095
3	68.2449	54.4127	72.1650	69.2693	61.8581	61.2988	64.54147
4	62.5778	88.4421	76.1219	46.2263	84.7681	79.9858	73.02033
5	78.0786	96.6420	87.7818	88.3406	68.1689	49.2953	78.0512
6	30.7141	35.3298	20.5764	32.4728	35.4066	27.0640	30.26062
7	29.3365	29.8389	44.4491	49.0600	47.2553	31.6964	38.60603
8	18.5570	24.2159	36.5304	29.4900	24.2520	27.6016	26.77448

表 7-15　　　　　　　　　女 2 发音人单字音 s 值数据

序号	1	2	3	4	5	6	平均值
1	124.2527	119.3086	109.2852	112.5543	109.6341	97.7667	112.1336
2	79.7741	90.1368	106.6523	89.0917	92.2662	84.8011	90.4537
3	76.2684	66.6594	65.8610	70.1016	70.2463	64.6413	68.963
3	83.7239	102.6650	96.0683	83.0274	64.3025	58.3936	81.36345
5	93.9247	102.3455	95.5389	70.1016	70.2463	68.0662	83.37053
6	33.4696	46.2737	26.0850	37.4039	43.0615	23.3276	34.93688
7	37.8459	42.6280	50.0255	55.2788	49.3784	35.9331	45.18162
8	37.3552	28.0783	45.1753	26.3371	21.0180	29.2803	31.2067

四位发音人单字音 s 值的平均数可归纳为以下图表：

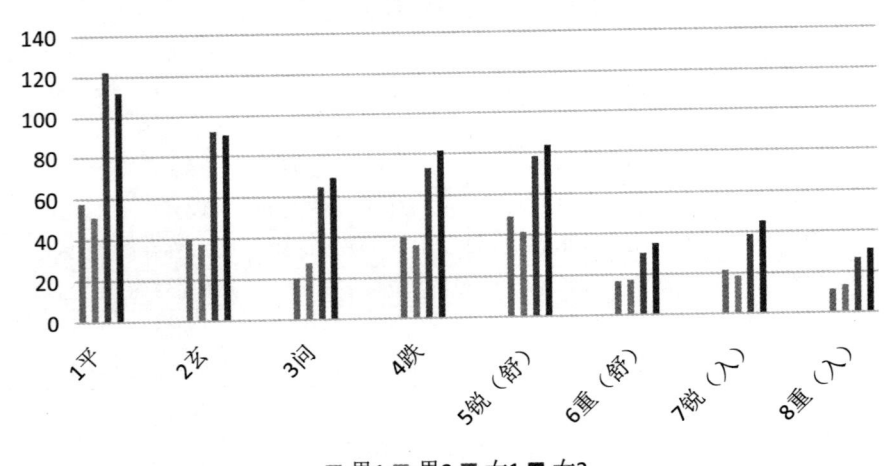

图 7-6　汉越语单字音 s 值对比

从统计数据可以看出，平声的 s 值最大，玄声、锐（舒）声次之，问声、跌声的数值再次之，锐（入）声和重声的数值最小。男性发音人锐（舒）声的数值略大于玄声，除此之外，汉越语单字音 s 值分布的总趋势为平声、玄声 s 值大，问声、跌声、锐声、重声 s 值小，平声的 s 值大，仄声的 s 值小。那么，近体诗语流中的平、仄是否也有类似的表现呢？

第七章　关于"平仄律"的实验研究

下面仍将《春夜喜雨》《彩书怨》《山居秋暝》《游禁苑陪幸临渭亭遇雪应制》四首结构不同的诗歌的 s 值数据列举如下：

表 7-16　　　　　　　　男 1 发音人《春夜喜雨》数据

1	问	跌	平	玄	锐
	23.7012	21.4633	53.7646	26.9775	21.5784
2	平	平	跌	锐	平
	56.6622	45.8143	16.6346	19.2908	60.2439
3	玄	平	玄	重	重
	42.3421	44.7775	39.8337	10.4361	18.5678
4	重	重	锐	平	平
	13.3406	18.4096	36.8280	38.6423	52.6515
5	跌	锐	平	平	锐
	41.2761	34.5674	63.2733	47.7953	20.2924
6	平	玄	问	重	平
	62.2176	36.2600	23.4550	10.3066	51.9315
7	问	平	玄	锐	锐
	31.1591	58.9534	31.5384	18.0245	25.4061
8	平	重	问	平	玄
	46.5667	7.7466	17.4109	35.752	37.8823

平声共 20 字，s 平均值 46.694005，仄声共 20 字，s 平均值 21.49476。

表 7-17　　　　　　　　男 1 发音人《彩书怨》数据

1	重	重	重	玄	平
	11.6240	15.9569	10.7400	28.9863	47.1787
2	平	平	重	锐	平
	41.5681	54.2215	19.3664	23.4900	58.5543
3	重	玄	平	重	跌
	29.3916	49.2298	49.0120	8.6705	21.4402
4	重	重	问	玄	平
	13.8943	17.6542	20.1810	22.7487	43.7507
5	重	锐	平	平	锐
	10.5882	35.0201	56.100	38.8296	23.5424
6	平	平	锐	锐	平
	43.1140	54.1701	28.8535	22.9200	62.2048
7	平	平	平	重	锐

续表

	41.9521	57.6248	57.3016	11.4754	25.9894
8	平	锐	问	平	平
	41.7568	32.7757	24.6834	38.9137	52.1976

平声共 20 字，s 平均值 46.97076，仄声共 20 字，s 平均值 20.41286。

表 7-18　　　　男 1 发音人《山居秋暝》数据

1	平	平	平	跌	重
	55.5775	54.0256	35.9057	35.0968	12.9621
2	平	锐	跌	平	平
	60.8064	37.0545	16.6358	60.4788	53.5686
3	平	重	玄	平	锐
	70.5181	15.6803	44.7439	44.9671	31.7227
4	平	平	重	重	平
	49.2858	51.0103	7.4113	25.5566	56.6701
5	锐	平	平	锐	跌
	42.7797	74.4266	64.0718	25.9531	37.7044
6	平	重	重	平	平
	52.2781	16.9189	12.4974	54.2750	57.1716
7	玄	锐	平	平	锐
	32.3526	31.7679	62.6121	50.2860	38.0826
8	平	平	重	问	平
	55.1863	54.6356	11.6344	23.8605	53.5315

平声共 23 字，s 平均值 54.27761，仄声共 17 字，s 平均值 24.90112。

表 7-19　　　　男 1 发音人《游禁苑陪幸临渭亭遇雪应制》数据

1	玄	平	锐	跌	平
	43.5275	58.4953	23.4756	29.6253	78.6478
2	平	锐	锐	玄	平
	57.5933	30.6256	22.0782	33.5818	61.8620
3	重	重	平	平	锐
	9.0139	19.4914	52.7070	62.1509	23.1161
4	锐	平	重	锐	平
	38.8837	64.9929	14.7775	21.7316	77.8290
5	平	玄	平	跌	锐
	50.0086	34.8050	54.6599	18.4218	40.7295
6	重	重	问	平	玄

第七章 关于"平仄律"的实验研究

续表

7	11.2079	9.2803	27.6637	57.5477	39.2052
	重	锐	平	平	问
	18.7340	18.9081	65.4779	52.9679	25.0527
8	平	平	锐	重	平
	58.9700	70.470	31.7595	17.6070	52.4798

平声共 20 字，s 平均值 56.39898，仄声共 20 字，s 平均值 22.60917。

表 7-20　　　　　　　　男 2 发音人《春夜喜雨》数据

1	问	跌	平	玄	锐
	12.0099	14.0701	45.2128	28.0385	22.6500
2	平	平	跌	锐	平
	35.3124	31.8356	12.6185	19.6998	41.4579
3	玄	平	玄	重	重
	29.8455	38.6595	16.6402	11.3246	11.7849
4	重	重	锐	平	平
	16.1485	12.0737	22.4202	44.6786	36.3422
5	跌	锐	平	平	锐
	13.7343	21.7722	43.4800	46.8281	23.3163
6	平	玄	问	重	平
	49.8773	24.9057	11.1077	3.0925	40.2648
7	问	平	玄	锐	锐
	14.8247	30.6436	21.8570	16.8252	24.9735
8	平	重	问	平	玄
	34.7934	5.5119	12.4495	32.2906	48.5392

平声共 20 字，s 平均值 36.07515，仄声共 20 字，s 平均值 15.1204。

表 7-21　　　　　　　　男 2 发音人《彩书怨》数据

1	重	重	重	玄	平
	19.1421	9.6398	27.0505	28.4850	48.1993
2	平	平	重	锐	平
	37.7831	36.1537	10.3623	20.8133	53.4436
3	重	玄	平	重	跌
	20.3137	44.1033	40.0169	16.4962	25.2993
4	重	重	问	玄	平
	11.0256	11.6919	18.4354	23.2567	55.7656
5	重	锐	平	平	锐

续表

	24.6854	38.3778	43.8191	47.0643	44.3936
6	平	平	锐	锐	平
	49.4338	46.6486	26.5147	35.6394	50.4562
7	平	平	平	重	锐
	40.2146	42.1450	45.4554	19.4898	35.3030
8	平	锐	问	平	平
	46.2540	34.2403	14.6885	43.8592	44.6014

平声共 20 字，s 平均值 43.35794，仄声共 20 字，s 平均值 23.18013。

表 7-22　　男 2 发音人《山居秋暝》数据

1	平	平	平	跌	重
	48.1882	51.6340	45.9596	32.8968	14.1141
2	平	锐	跌	平	平
	49.5359	30.7404	19.4694	48.4281	44.2824
3	平	重	玄	平	锐
	42.2647	13.9252	24.1754	40.2249	23.6720
4	平	平	重	重	平
	38.1770	25.0971	6.9328	11.1097	48.7345
5	锐	平	平	锐	跌
	43.8816	56.9051	50.9862	29.5912	39.4613
6	平	重	重	平	平
	47.7086	16.7686	7.5703	42.5479	47.9759
7	玄	锐	平	平	锐
	35.0299	22.0591	53.5844	43.9836	35.6104
8	平	平	重	问	平
	39.4389	44.9602	11.9831	12.6185	47.9759

平声共 23 字，s 平均值 44.2521，仄声共 17 字，s 平均值 21.90615。

表 7-23　　男 2 发音人《游禁苑陪幸临渭亭遇雪应制》数据

1	玄	平	锐	跌	平
	37.6597	49.1470	34.9697	19.8308	46.8518
2	平	锐	锐	玄	平
	42.5590	28.9571	37.9673	21.9114	48.4650
3	重	重	平	平	锐

第七章 关于"平仄律"的实验研究

续表

	17.4026	14.0547	44.1119	41.7057	34.9170
4	锐	平	重	锐	平
	30.7697	56.4193	14.6658	24.8218	51.0943
5	平	玄	平	跌	锐
	42.3887	27.8657	43.2539	16.2947	43.9936
6	重	重	问	平	玄
	24.2616	17.8670	11.8097	39.7960	30.7757
7	重	锐	平	平	问
	29.6333	37.7018	47.9762	44.9761	13.6704
8	平	平	锐	重	平
	38.0957	42.7501	24.2616	9.5902	42.8504

平声共 20 字，s 平均值 42.03268，仄声共 20 字，s 平均值 24.37202。

表 7-24   女 1 发音人《春夜喜雨》数据

1	问	跌	平	玄	锐（入）
	52.4340	53.1639	95.9174	59.0778	48.1807
2	平	平	跌	锐	平
	95.3445	107.3352	38.1666	46.7173	112.1791
3	玄	平	玄	重	重
	80.6444	93.4290	62.4543	26.9983	29.7268
4	重	重	锐	平	平
	37.2100	31.6250	55.3554	88.8158	112.8788
5	跌	锐	平	平	锐
	29.9164	65.3624	101.9637	93.7096	33.5015
6	平	玄	问	重	平
	101.4752	69.1430	39.9902	31.4057	121.1245
7	问	平	玄	锐	锐
	48.4372	63.5805	68.4626	28.2795	65.6339
8	平	重	问	平	玄
	95.3387	25.1904	35.5317	83.6643	52.1666

平声共 20 字，s 平均值 87.93525，仄声共 20 字，s 平均值 41.14135。

表 7-25   女 1 发音人《彩书怨》数据

1	重	重	重	玄	平
	33.4964	21.2541	16.8542	64.3087	111.6186

续表

2	平	平	重	锐	平
	81.8738	89.2219	36.7902	56.4075	110.0492
3	重	玄	平	重	跌
	39.4300	65.3195	96.9596	22.0719	33.1306
4	重	重	问	玄	平
	38.0509	35.9330	54.5966	52.8324	100.4007
5	重	锐	平	平	锐
	24.3327	53.9095	84.8828	82.5995	37.0540
6	平	平	锐	锐	平
	80.6964	83.6404	48.0386	16.7689	110.1831
7	平	平	平	重	锐
	74.3331	89.6701	87.5536	29.7080	60.8984
8	平	锐	问	平	平
	82.2340	52.3565	50.2324	80.8848	88.4569

平声共 20 字，s 平均值 85.88596，仄声共 20 字，s 平均值 38.06572。

表 7-26　　　　　　　女 1 发音人《山居秋暝》数据

1	平	平	平	跌	重
	86.4914	87.5968	77.1129	37.8767	27.3583
2	平	锐	跌	平	平
	97.9957	59.7835	43.0834	97.7821	109.7814
3	平	重	玄	平	锐
	105.9452	35.9064	76.2637	77.9353	63.7795
4	平	平	重	重	平
	87.7258	59.1165	26.0367	26.4046	129.6486
5	锐	平	平	锐	跌
	47.3710	99.4537	93.0492	45.7442	48.3882
6	平	重	重	平	平
	104.9448	25.7113	23.0551	89.9908	108.3930
7	玄	锐	平	平	锐
	55.8484	46.3309	85.6598	74.5768	46.6503
8	平	平	重	问	平
	92.6018	81.2066	25.6124	38.0170	93.8935

平声共 23 字，s 平均值 90.13103，仄声共 17 字，s 平均值 39.24174。

第七章 关于"平仄律"的实验研究

表 7-27　　　　女 1 发音人《游禁苑陪幸临渭亭遇雪应制》数据

1	玄	平	锐	跌	平
	69.1479	80.6634	31.9540	35.6205	128.7567
2	平	锐	锐	玄	平
	90.8848	44.0704	57.0781	62.5841	117.6333
3	重	重	平	平	锐
	30.7532	29.7912	91.4215	95.0369	42.1822
4	锐	平	重	锐	平
	75.9729	92.3382	21.5015	61.8776	114.0777
5	平	玄	平	跌	锐
	96.1082	61.3205	99.7741	32.1575	62.9638
6	重	重	问	平	玄
	38.7221	32.8923	34.6730	97.7950	75.1807
7	重	锐	平	平	问
	33.5269	42.6542	93.8900	79.6759	39.5064
8	平	平	锐	重	平
	98.4371	110.4623	35.9061	24.4761	92.3852

平声共 20 字，s 平均值 92.378675，仄声共 20 字，s 平均值 40.414。

表 7-28　　　　　　　女 2 发音人《春夜喜雨》数据

1	问	跌	平	玄	锐
	44.6821	45.2512	72.1455	52.4801	43.9533
2	平	平	跌	锐	平
	67.2362	70.9698	20.6146	31.2948	79.2206
3	玄	平	玄	重	重
	52.6129	71.8049	59.1162	22.5098	22.0629
4	重	重	锐	平	平
	19.9065	20.5732	44.5139	71.6104	84.2265
5	跌	锐	平	平	锐
	44.6675	63.0974	79.6508	48.7255	24.5475
6	平	玄	问	重	平
	76.8810	92.1281	44.0608	34.3191	81.2098
7	问	平	玄	锐	锐
	54.0134	84.3615	74.7120	23.8536	58.4023
8	平	重	问	平	玄
	81.4963	25.7998	51.3121	62.7963	59.9514

平声共 20 字，s 平均值 71.16679，仄声共 20 字，s 平均值 36.97179。

表 7-29　　　　　　　　女 2 发音人《彩书怨》数据

1	重	重	重	玄	平
	34.1521	37.5378	47.2979	60.9555	87.0012
2	平	平	重	锐	平
	89.9156	91.5047	15.8568	55.3753	84.0636
3	重	玄	平	重	跌
	39.1708	82.8837	85.4880	11.6690	40.3621
4	重	重	问	玄	平
	34.4129	30.5253	45.6581	60.1468	89.3060
5	重	锐	平	平	锐
	24.3073	55.5652	73.1642	80.5894	47.4081
6	平	平	锐	锐	平
	69.4091	67.0958	48.5555	6.2063	91.2055
7	平	平	平	重	锐
	79.1444	85.366	80.9478	24.7415	50.0703
8	平	锐	问	平	平
	59.5553	44.7792	35.2169	35.2169	68.6698

平声共 20 字，s 平均值 76.08147，仄声共 20 字，s 平均值 36.44342。

表 7-30　　　　　　　　女 2 发音人《山居秋暝》数据

1	平	平	平	跌	重
	57.6608	81.8292	74.8836	48.9419	22.6216
2	平	锐	跌	平	平
	68.9354	58.4259	21.5194	75.2644	75.2455
3	平	重	玄	平	锐
	81.8199	23.9513	60.1129	67.7538	50.0414
4	平	平	重	重	平
	65.1397	61.6738	25.1155	27.8758	86.2942
5	锐	平	平	锐	跌
	29.2844	69.5082	70.4794	61.3443	36.6568
6	平	重	重	平	平
	75.4585	22.8029	43.5012	104.1533	89.7593
7	玄	锐	平	平	锐
	51.2460	66.1002	64.2130	51.3049	35.8647
8	平	平	重	问	平
	65.2066	70.5910	8.2246	38.4137	68.7746

平声共 23 字，s 平均值 71.1873，仄声共 17 字，s 平均值 36.51092。

表 7-31　　　　女 2 发音人《游禁苑陪幸临渭亭遇雪应制》数据

1	玄	平	锐	跌	平
	70.0303	83.5433	54.0622	27.4645	81.6649
2	平	锐	锐	玄	平
	70.8855	50.7644	47.2186	53.1390	82.3711
3	重	重	平	平	锐
	30.9069	34.6992	88.8990	80.1399	36.9332
4	锐	平	重	锐	平
	71.5786	96.2082	17.0259	65.9315	93.5041
5	平	玄	平	跌	锐
	82.1991	72.7768	92.3121	57.6113	52.1399
6	重	重	问	平	玄
	32.3860	42.4341	58.2621	87.4723	68.6946
7	重	锐	平	平	问
	41.1536	56.6073	95.3745	57.1589	32.1936
8	平	平	锐	重	平
	69.6950	78.7314	33.2682	23.0010	82.1932

平声共 20 字，s 平均值 79.34966，仄声共 20 字，s 平均值 43.28211。

其他实验用诗平仄对立的情况与上文所引数据基本相同，在此不一一列举。

总的来说，近体诗语流中的平、玄、问、跌、锐、重各调的 s 值略小于单字音的数值，但平、仄二声 s 值的区别与它们在单字音中的表现一致：平声的 s 值大，仄声的 s 值小。从韵律凸显的角度看，平声在韵律中较"重"，仄声相对较"轻"（这里的"轻""重"不是指音强的大小）。这样一来，近体诗的"平仄律"就可以用 s 值周而复始的交替变化来表示：

　　　　a：○轻○重重
　　　　B：○重○轻重
　　　　b：○重○轻轻
　　　　A：○轻○重重
　　　　……

与汉族人朗读五言诗的习惯相同，汉越语版的近体诗中第二、第五个音节的音长也相对较长，但是同一声调的 s 值，在第二、第五个音节的位置上并不一定表现得更"重"。这可能是因为节奏点上的字在音长增加的同时，频率也有所降低的缘故。

第四节　边界测试

一般认为，频率的上线与焦点相关，频率的下线与边界相关。沈炯先生研究发现，节奏重音的主要表现是低音线的下移。[1] 石锋先生在研究语调时也发现，调域的最大化扩展主要以末字下线降低的方式来实现。[2] 王蓓、杨玉芳、吕士楠等学者的研究也表明，低音点随着韵律边界等级的增加而逐渐下降，边界的等级越高，低音点的数值就越低。[3] 因此，我们也许可以通过语流中低音点的起伏情况大致推断韵律边界所处的位置。

一　实验过程

1. 用 excel 表格中的"min"函数提取每个音节的低音点的基频。用 St=12lg（f/fref）/lg2 公式[4] 将赫兹值转换为半音值。其中"fr"为参考频率，男性发音人设置为 55HZ，女性发音人设置为 65HZ。

2. 根据每个音节的调类与出现位置，对低音点的数据进行分类。用 Excel 表格求出每类声调出现在不同位置时半音的平均值。诗歌中音节的分类情况如表 7-32 所示：

---

[1]　沈炯：《汉语语调模型刍议》，《语文研究》1992 年第 4 期。
[2]　石锋：《语调格局：实验语言学的奠基石》，商务印书馆 2013 年版，第 20 页。
[3]　王蓓、杨玉芳、吕士楠：《汉语韵律层级边界结构的声学相关物》，新世纪的现代语音学——第五届全国现代语音学学术会议论文，北京，2001 年 6 月，第 169—173 页。
[4]　邓丹、石锋：《普通话韵律词内部下倾度的初步分析》，《南开语言学刊》2009 年第 1 期。

第七章 关于"平仄律"的实验研究

表 7-32　　　　　　　　　诗歌中音节的分类情况

调类	出现位置				
	1	2	3	4	5
平	林名光菱当思清飞芳书安晴江花贪莲千花飘秋花危惟王皆江空江双官春晴遥看偷天秋无蓑星明经山无天	乡明游娃枝南风飘中从书山喧离芳孙云西山冬军歌山蛾高春因君封边家泉孙风娄楼箱称思	依千音寻临罗撑知无今皆长江无今皆长江添班迎将舟吹司	山书惊风仙踪恩云俱风章南人分间芳孙梅仙军中来棱妆春莲昭轻无官江沙离乡休来渔枯荒王弓东	风生章多初烟年流楼明开阳波中声明舟流休鸥余虚书居声明生兵秋流舟留荣生天妍年边仙
玄	平随随① 同黄	穷亭垂浓含河浮船樯	情藏承秦潜红平何松城萍	时庭层屏长	行亭屏回长何城情弦弦贤
问	水小好晓古	解草岂鼓火倚敢火管影	草展几火锦久楚锦	小小水所古海死可	者散草藻
跌	岭晚野有野远	雨涌乃	美乃老晚满	野雨野女引若马	羽艇冷照女
锐	客不借细戍寄竹不更不顾况一过脱	暗问径奏意送出采怅气岁剑	细出接一问一发细一蓟一故问一接暗答李	里更怯碧建湿不浇不少北翠许发里北粉郭	迹里节黑处阔著曲意照歌去色扇势
重	白欲近落叶露欲露又拂六没日凤润月月韵	日外面树日下弟月树上上上物重地落是动入治	渌洞断人复夜石慢夜望白逗奈独大万未石下自助卸郡	白人被别夜上历慢道独夜病雁上又别瑞	尽目断市殿仗夜岸似白避后尽道面月

二　数据分析

四位发音人的低音点数据如表 7-33，7-34，7-35，7-36 所示：

表 7-33　　　　　　　　　男 1 发音人低音点平均值

调类	出现位置				
	1	2	3	4	5
平	18.77315	17.66887	18.63117	17.56284	16.73972
玄	11.86227	10.26976	10.8404	10.16803	10.09112

---

① 有些汉字在不同诗歌的同一位置上出现两次或者两次以上。

续表

调类	出现位置				
	1	2	3	4	5
问	9.740261	8.890467	9.216319	8.870391	8.836698
跌	18.10572	17.33303	17.13302	15.40802	12.8152
锐	18.76106	16.34378	16.63951	16.30519	12.03704
重	15.40333	13.97431	14.45976	13.81565	13.61057
平均值	15.44097	14.08004	14.48669	13.68836	12.35506

表 7-34　　　　　　　　女 1 发音人低音点平均值

调类	出现位置				
	1	2	3	4	5
平	23.23181	22.7926	23.19532	22.90801	22.56246
玄	16.74204	15.9193	16.19353	15.94249	15.87363
问	15.80258	14.70204	15.25388	15.37871	13.73525
跌	23.5453	21.16263	19.77198	15.93153	13.62726
锐	22.94149	20.53959	22.87803	20.25839	20.24838
重	19.18814	18.66167	18.40137	18.48706	18.33417
平均值	20.24189	18.96297	19.28235	18.15103	17.39686

表 7-35　　　　　　　　男 2 发音人低音点平均值

调类	出现位置				
	1	2	3	4	5
平	14.54953	13.9697	14.158	13.83675	13.83413
玄	11.11836	10.7045	10.71688	10.80823	10.46274
问	13.30611	10.59817	11.02067	9.97229	9.892385
跌	13.9406	12.31986	7.713008	10.6233	6.383352
锐	14.39261	13.34486	13.51697	13.02646	12.57287
重	12.62159	11.75582	12.27458	11.58611	10.72576
平均值	13.32147	12.11549	11.56668	10.55045	10.64521

表 7-36　　　　　　　　女 2 发音人低音点平均值

调类	出现位置				
	1	2	3	4	5
平	24.54019	23.4291	23.4759	22.84548	22.81145
玄	18.84589	18.34408	18.34751	17.70058	17.61571

续表

调类	出现位置				
	1	2	3	4	5
问	17.95316	17.39739	17.57795	16.90968	15.08647
跌	19.08589	17.02541	17.90164	15.25412	14.71134
锐	22.56886	21.73517	22.21322	21.58893	19.94116
重	20.8029	20.26886	20.67294	19.56974	19.01928
平均值	20.63281	19.7	20.03153	18.97809	18.19757

从统计数据中可以看出，随着位置的后移，每个声调低音点的半音值都有逐渐降低的趋势。第五个音节的音值最低。大多数情况下，第三个音节的低音点有音高重置的现象，同时第四个音节的音高小于第三个音节。也就是说，五言诗的节奏点在第二、四、五个音节上。女性发音人低音点的变化更加明显，音高重置的幅度大于男性发音人。但是也有一部分声调（如女1发音人的玄声和重声，男2发音人的玄声）第三个音节的低音点低于第二个音节。男1发音人的玄声、锐声和重声，女2发音人的玄声，第三音节的低音点虽然高于第二音节，但二者相差不大。总的来说，从低音点变化的情况看，不受意义干扰的五言诗倾向于选用2-2-1节奏，但也有一部分句子使用了2-1-2节奏。

第八章 结论

综上所述，本研究初步得出以下结论：

永明声律论中的"平头"和"上尾"，是近体诗"对式律"的萌芽。"鹤膝"是近体诗"粘式律"的前奏。"蜂腰"理论初步切分了五言诗歌的内部节奏。但永明律诗还不是近体格律诗。二者的根本区别有两点：第一，近体诗平仄二分，永明诗歌"碎用四声"。第二，大多数近体诗第二、四字平仄相间，而永明"蜂腰"论更讲究二、五异调。

在"徐庾体"诗歌中，从二、五异调到二、四异调的转变基本完成，律句数量迅速增长，但近体诗的粘、对关系还没有建立起来。

唐代的"沈宋体"诗歌，标准律句的比例较高，失粘、失对的情况较少，齐梁诗"有句无篇"的缺陷得到了根本改善，从"永明律"到近体诗律的进化过程至此基本完成。

近体诗的律句问题可以用"原型范畴"理论来阐释。"平平仄仄平，仄仄仄平平，仄仄平平仄，仄平平仄仄，平仄仄平平，平平平仄仄，平仄平平仄"七种格式为第（一）类，是标准律句，也是律句的"原型"。"平平仄仄仄，平平仄平仄，平平平仄平"三种格式为第（二）类，"变格律句"。"仄仄仄平仄，平仄仄平仄，仄平平仄平"三种格式为第（三）类，"准律句"。"仄仄平平平，平仄平平平，仄平仄仄仄，仄平仄平仄，仄仄平仄仄，平仄仄仄仄，仄仄仄仄仄，平仄平仄仄"八种格式为第（四）类，是偶尔出现在近体诗中的"拗句"。从（一）到（四），合律的

第八章 结论

程度逐渐降低，典型程度逐层下降。

第（二）类中的"平平仄平仄"格式是永明律句在近体诗中的遗留，王力先生称其为"子类特殊形式"。从形式上说，这种特殊形式与永明律句一脉相承；从审美上说，"拗字"常常是"诗眼""活字""响字"，有画龙点睛之妙；从内容上说，很多"特殊形式"的意义节奏为 2-1-2；从听感上说，节奏变换，边界转移，依然保有近体诗回环婉转的韵律；从结构上说，"平平仄平仄"是"平平平仄仄""仄平平仄仄"等 b 式句的替补形式，频繁出现在近体诗的单数句当中，虽不合理却基本合情。

在四声（超音段）理论尚未成熟时，音乐术语中的"五音"曾经是"平上去入"的代名词。但是，"平上去入"与"宫商角徵羽"之间并没有明确的对应关系。"五音"与"四声"虽然都能表示相对音高，但性质不同。"五音"作为阶名，可以出现在音阶的不同位置，在一组音阶中，"宫"不一定是低音，"羽"也不一定高音。所以，我们不能以"五音"为依据拟测古四声的调值。

"四声"作为能够区别意义的音类，有两层含义。一是"上古汉语音节中不同类的音质性成分"，二是永明以后"低昂错节"，能够区别词汇意义的超音段的"音调"。各家对"四声"内涵的认识不同，处理材料的方法不同，所以才会用不同的方式来描述这种正在形成中的语言现象。

魏晋南北朝前后，汉语的音节结构简化，需要新的别义手段减少同音词，超音段的声调作为补偿手段应运而生。在这个过程中，韵母中"韵尾"的消变是"四声"从"不同类的音质性成分"渐变为"有辨义功能的超音段成分"的关键性因素。佛经转读、民族融合、语言接触等外部因素有可能敦促沈约等学者审视自己从前不自知的语言特点，阐明并完善四声理论，但不能从根本上改变汉语四声的发展步伐。

上古汉语中，一部分平声字有鼻、流音和元音等响音韵尾，和 *-k（g）类入声字押韵（谐声）的平声字有 *-ɦ 韵尾。上声字有 *-ʔ 韵尾或紧喉特征，入声字有塞音韵尾，去声字有擦音尾。因此，上古汉语中大部分平声字的乐音部分能够曼声延长，上、去、入声音节的乐音部分不能随意延长。在平仄明确二分，近体诗律盛行的唐代，上、去声逐渐失去了辅音韵尾（鼻音韵尾除外），"乐音部分能否延长"就不再是区分平仄的标准了。近体诗中的"平仄律"也不是典型的"长短律"。

汉越语的"幅度积"测试表明，平声（平声、玄声）和仄声（问声、跌声、锐声、重声）的能量差异并不明显。也就是说，平仄对立不是音强的对立，平仄律不是"轻重律"。唐代近体诗中平仄的区别在于 s 值。s 值是每个音节中频率（y 值）随时间（x 值）变化的函数图像的面积，音高与音长共同决定图像面积的大小。总的来说，平声的 s 值大，仄声的 s 值小，从韵律凸显的角度看，平声的表现更为突出，这就是中古汉语平仄对立的实质。

汉越语版唐诗低音点的实验表明，不受意义影响的五言诗倾向于使用 2–2–1 节奏，有时也会使用 2–1–2 节奏。

韵律出于自然，格律是人为规定的。当人为规定与自然规律一致时，"法"就是善法，为人们所欢迎。相反的情况，"法"就是恶法，为人们所摒弃。从上述统计与实验的情况看，近体诗的格律规定与自然的韵律特征大致上是吻合的，所以，这种形式才能盘亘上千年，塑造出中国文学特有的靓丽风景。

参考文献

一 工具类

郭锡良：《汉字古音手册》，北京大学出版社1986年版。

逯钦立：《先秦汉魏南北朝诗》，中华书局1983年版。

上海高校比较语言学E-研究院：东方语言学网站（http://www.eastling.org/）。

李铎等：全唐诗分析系统（http://202.106.125.44:8082/tang/）。

侯精一等：现代汉语方言音库，上海教育出版社2003年版。

二 著作类

陈寅恪：《四声三问》，陈寅恪《金明馆丛稿初编》，上海古籍出版社1980年版。

丁邦新：《汉语声调源于韵尾说之检讨》，《丁邦新语言学论文集》，商务印书馆1998年版。

杜晓勤：《齐梁诗歌向盛唐诗歌的嬗变》，北京大学出版社2009年版。

杜亚雄：《中国乐理教程》，安徽文艺出版社2012年版。

黄易青、王宁、曹述敬：《传统古音学研究通论》，商务印书馆2015年版。

何伟棠：《永明体到近体》，广东高等教育出版社1994年版。

罗常培：《唐五代西北方音》，商务印书馆2012年版。

罗常培:《汉语音韵学导论》,中华书局,1958年版。

李方桂:《上古音研究》,商务印书馆1980年版。

林茂灿:《汉语语调实验研究》,中国社会科学出版社2012年版。

刘现强:《现代汉语节奏研究》,北京语言大学出版社2007年版。

卢盛江:《〈文镜秘府论〉研究》,人民文学出版社2013年版。

卢盛江:《空海与〈文镜秘府论〉》,宁夏人民出版社2013年版。

〔日〕遍照金刚撰,卢盛江校考:《文镜秘府论汇校汇考》,中华书局2006年版。

梅祖麟:《梅祖麟语言学论文集》,商务印书馆2000年版。

〔美〕彼得·赖福吉:《语音学教程》,张维佳译,商务印书馆2011年版。

启功:《诗文声律论稿》,中华书局2004年版。

施向东:《古音研究存稿》,南开大学出版社2013年版。

施向东:《汉语和藏语同源体系的比较研究》,华语教学出版社2000年版。

施向东:《诗词格律初阶》,天津大学出版社2001年版。

施向东:《音史寻幽:施向东自选集》,南开大学出版社2009年版。

施向东:《关于上古汉语阴声音节的韵尾、韵素和声调问题的探讨》,冯胜利《汉语韵律语法新探》,中西书局2015年版。

施向东:《永明体与唐代近体诗格律的若干问题研究》,陈新雄教授八秩诞辰纪念论文集编辑委员会《陈新雄教授八秩诞辰纪念论文集》,台湾台北万卷楼图书股份有限公司2015年版。

(梁)释慧皎:《高僧传》,中华书局1992年整理本。

石锋:《语调格局:实验语言学的奠基石》,商务印书馆2013年版。

沈松勤、胡可先、陶然:《唐诗研究》,浙江大学出版社2006年版。

王力:《汉语语音史》,商务印书馆2008年版。

王力:《汉语诗律学》,上海教育出版社2005年版。

王力:《汉语史稿》,中华书局2004年版。

王力:《诗词格律》,中华书局2000年版。

王力：《诗词格律概要》，北京出版社 1979 年版。

王力：《龙虫并雕斋文集》，中华书局 2015 年版。

王洪君：《汉语非线性音系学》，北京大学出版社 2008 年版。

（清）王夫之：《清诗话》，上海古籍出版社 1963 年版。

吴相洲：《永明体与音乐关系研究》，北京大学出版社 2006 年版。

萧涤非：《杜甫全集校注》，人民文学出版社 2014 年版。

俞敏：《俞敏语言学论文集》，商务印书馆 1999 年版。

（南北朝）颜之推撰，庄辉明、章义和译注：《颜氏家训译注》，上海古籍出版社 1999 年版。

潘悟云：《境外汉语音韵学论文选》，上海教育出版社 2010 年版。

游汝杰、杨剑桥：《吴语声调的实验研究》，复旦大学出版社 2001 年版。

周法高：《中国语言学论文集》，联经出版事业公司 1975 年版。

中央民族学院少数民族文学艺术研究所文学研究室：《少数民族诗歌格律》，西藏人民出版社 1986 年版。

曾晓渝：《语音历史探索——曾晓渝自选集》，南开大学出版社 2004 年版。

郑张尚芳：《上古音系》，上海教育出版社 2003 年版。

郑张尚芳：《郑张尚芳语言学论文集》，中华书局 2012 年版。

朱晓农：《上海声调实验录》，上海教育出版社 1989 年版。

朱晓农：《音韵研究》，商务印书馆 2008 年版。

朱光潜：《中国诗何以走上"律"的路》，上海文艺出版社 2015 年版。

张清常：《张清常文集》第一卷，北京语言大学出版社 2006 年版。

张世禄：《张世禄语言学论文集》，学林出版社 1984 年版。

周祖谟：《问学集》，中华书局 1966 年版。

三　论文类

薄克礼：《宫调名称释义》，《广西社会科学》2005 年第 5 期。

储泰松：《梵汉对音与中古音研究》，《古汉语研究》1998 年第 1 期。

代红燕：《古典汉诗文的私塾吟诵与朝暮课诵中的梵呗之比较》，硕士学位论文，中央民族大学，2012年。

邓葵：《〈诗经〉押韵及相关问题研究》，博士学位论文，南开大学，2014年。

范桂忠：《汉泰诗歌音乐性的对比》，硕士学位论文，复旦大学，2010年。

冯蒸：《试论藏文韵尾对于藏语方言声调演变的影响——兼论藏语声调的起源与发展》，《西藏民族学院学报》1984年第2期。

葛晓音：《诗歌形式研究的古为今用》，《北京大学学报》2010年第4期。

黄布凡：《藏语方言声调的发生和分化条件》，《民族语文》1994年第3期。

黄霞：《佛教文化对汉语的影响》，《语文研究》2003年第2期。

孔江平：《哈尼语发声类型声学研究及音质概念的讨论》，《民族语文》1996年第1期。

刘广和：《唐代八世纪长安音的韵系和声调》，《河北大学学报》（哲学社会科学版）1991年第3期。

刘广和：《唐代八世纪长安音声纽》，《语文研究》1984年第8期。

刘广和：《唐代八世纪长安音的韵系和声调》，《河北大学学报》（哲学社会科学版）1991年第3期。

李海英：《诗格"八病"现象研究》，硕士学位论文，山东师范大学，2009年。

梁小玲：《初唐七律格律研究》，硕士学位论文，广西师范大学，2001年。

卢盛江：《齐梁声律论几个问题新探》，《江西师范大学学报》（哲学社会科学版）2010年第5期。

林庚：《略谈唐诗的语言》，《文学评论》1964年第1期。

梅维恒、梅祖麟、王继红：《近体诗律的梵文来源》，《国际汉学》2007年第2期。

麦耘、胡明光：《从史实看汉越音》，《语言研究》2010年第3期。

聂鸿音：《永明声律说的本质和起源》，《兰州大学学报》1984年第4期。

普慧：《齐梁诗歌声律论与佛经转读及佛教悉昙》，《文史哲》2000年第6

期。

潘悟云：《"轻清、重浊"释——罗常培〈释轻重〉〈释清浊〉补注》，《社会科学战线》1983 年第 2 期。

启功：《"八病""四声"的新探讨》，《复旦学报》2002 年第 4 期。

沈炯：《汉语语调模型刍议》，《语文研究》1992 年第 4 期。

吴相洲：《永明体始于诗乐分离说再分析》，《文学遗产》2006 年第 5 期。

吴相洲：《永明体的产生与佛经转读关系再探讨》，《文艺研究》2005 年第 3 期。

王小盾：《经呗新声与永明时期的诗歌变革》，《文学遗产》2007 年第 6 期。

尉迟志平：《论隋唐长安音和洛阳音的声母系统》，《语言研究》1985 年第 2 期。

袁謇正：《律诗——中国式的艺术美——闻一多律诗研究述评》，《武汉大学学报》1985 年第 1 期。

［越南］Nghiem Thuy Hang（严翠恒）：《汉越语音系及其与汉语的对应关系》，博士学位论文，北京语言大学，2006 年。

朱娜：《沈约"八病"考论》，硕士学位论文，南京大学，2011 年。

张洪明、李雯静：《庾信五言诗声律考察——二项检验在汉语诗律中的案例研究》，《文学与文化》2011 年第 4 期。

张洪明：《汉语近体诗声律模式的物质基础》，《中国社会科学》1987 年第 4 期。

张洪明：《语言的对比与诗律的比较》，《复旦学报》1987 年第 4 期。

张培阳：《近体诗律研究》，博士学位论文，南开大学，2013 年。

朱晓农、阮廷贤：《越南语三域八调：语音性质和音法类型》，《民族语文》2014 年第 6 期。

曾晓渝：《论次清声母在汉语上古音系里的音类地位》，《中国语文》2007 年第 1 期。